NORDKOREA

Geschichte, Kultur, Sehenswürdigkeiten

Arno Maierbrugger

Trescher Verlag

3., aktualisierte Auflage 2014

Trescher Verlag Berlin
Reinhardtstr. 9
10117 Berlin
www.trescher-verlag.de

ISBN 978-3-89794-257-8

Herausgegeben von Detlev von Oppeln und
Bernd Schwenkros

Reihenentwurf und Gesamtgestaltung:
Bernd Chill
Gestaltung, Satz und Bildbearbeitung:
Ulla Nickl
Lektorat: Corinna Grulich
Stadtpläne und Karten: Johann Maria Just,
Martin Kapp, Ulla Nickl
Druck: Druckhaus Köthen

Gedruckt auf chlorfrei gebleichtem Papier

Printed in Germany

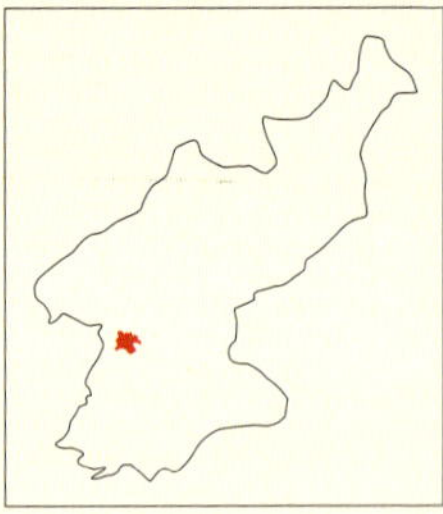

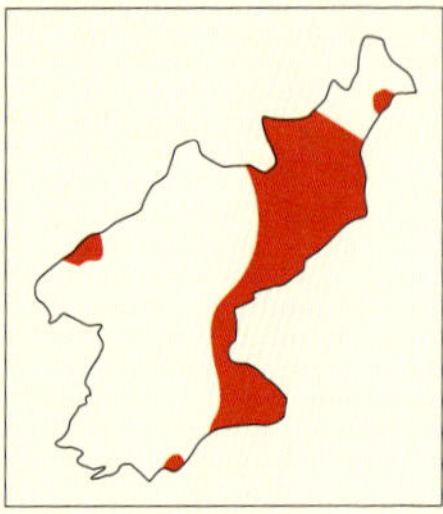

Alle Angaben in diesem Reiseführer wurden sorgfältig recherchiert und überprüft. Dennoch können aktuelle Entwicklungen vor Ort dazu führen, dass einzelne Informationen unvollständig oder nicht mehr korrekt sind. Gerne nehmen wir dazu Ihre Hinweise und Anregungen entgegen. Bitte schreiben Sie an: **post@trescher-verlag.de**

Blick über den Taedong-Fluss auf die Skyline von Pyongyang

Ein Land im langsamen Wandel

Nordkorea, der am stärksten abgeschottete Staat der Welt, ist in Bewegung. Im Vergleich zu früher bemerkt der Reisende eine fortschreitende Modernisierung des bettelarmen Landes, zumindest in den Metropolen Pyongyang, Hamhung, Chongjin und anderen strategisch wichtigen Städten.

Am auffälligsten gestaltet sich dieser Wandel in der Hauptstadt Pyongyang. Das zentrale Gebäude, das früher als Bauruine die Skyline der Hauptstadt charakterisierte und oftmals von offiziellen Postkarten und Fotos wegretuschiert wurde, das Ryugyong-Hotel, ist heute dank des Investments des ägyptischen Orascom-Konzerns zumindest in Teilen fertiggestellt, erhielt eine schillernde blaue Glasfassade und sollte ab Sommer 2013 von der deutsch-thailändischen Kempinski-Hotelgruppe als Ausländer-Luxushotel betrieben werden, die sich jedoch im Frühjahr 2013 bereits wieder aus dem Projekt zurückzog.

Mit Orascom hielt auch der Mobilfunk wieder Einzug in das Land: Im Dezember 2008 wurde Koryolink, ein 3G-Mobilfunkservice, gestartet, zu dem nun auch die breite Bevölkerungsschicht Zugang hat – ein großer Unterschied zu dem stark reglementierten Mobilfunknetz von Korea Telecom, das zwischen 2002 und 2004 in Betrieb war, allerdings nur 20 000 Nutzer, großteils Beamte und Armeeangehörige, hatte.

Orascom dagegen verlautete im April 2013, dass die Nutzerzahl von Koryolink die Zwei-Millionen-Grenze überschritten habe. Der ägyptische Konzern hatte sich dabei mit Pyongyang auf einen Deal eingelassen: Zur Erlangung der 400 Millionen US-Dollar teuren Mobilfunklizenz hatte sich Orascom zusätzlich bereit erklärt, das Ryugyong-Hotel zu sanieren und dafür 180 Millionen US-Dollar springen lassen.

Und nicht nur das: Die nordkoreanische Führung verkündete im August 2013 mit viel Fanfare, dass Techniker im Land ein eigenes Smartphone auf Android-Basis entwickelt hätten, das nun dem Volk zur Verfügung stehe. Allerdings meinen ausländische Tech-Experten, das Smartphone sei mit hoher Wahrscheinlichkeit in China entwickelt worden und die stolze Präsentation durch Kim Jong Un persönlich über die staatliche Nachrichtenagenturen ein Propagandatrick.

Nun, in der Tat sieht man auf einem Spaziergang durch Pyongyang (der heute leichter und unüberwachter möglich ist als noch vor ein paar Jahren) viele Menschen Mobiltelefone benutzen. Das Netz versorgt den Angaben von Orascom zufolge 94 Prozent der Bevölkerung mit allerdings einer geringen territorialen Abdeckung von 14 Prozent, den größeren Städten eben. Nicht wenige Menschen tragen interessanterweise teure und in Nordkorea schwer zu erstehende Geräte und Smartphones, zum Beispiel von Apple oder Samsung, mit sich herum und benutzen auch Bluetooth-Headsets. Der Import von Mobiltelefonen aus China nach Nordkorea hat nach offiziellen Zahlen des chinesischen Handelsministeriums 2012 um 330 Prozent zugenommen.

Die Kehrseite der Medaille ist: Trotz 3G-Funktion ist das Internet für Mobilfunknutzer gesperrt. Seit Januar 2013 können Mobiltelefone von Besuchern zwar mitgeführt werden (zuvor wurden sie an der Grenze einbehalten und bei Ausreise retourniert), Gespräche sind aber nur ins Ausland und im Land nur zu

Botschaften und Hotels möglich. Zwar existiert in Nordkorea ein Internet-Netzwerk mit Anschluss nach außen, es ist allerdings nach Schätzungen nur für die oberen 1000 in Armee und Führung zu benutzen. Der Rest (Universitäten etc.) kann nur ein staatlich approbiertes Intranet benutzen.

Doch mit all diesen kleinen Verbesserungen sind auch Reisen ins Land generell einfacher zu organisieren geworden. Mehr internationale Reisebüros haben nun Nordkorea-Reisen im Programm, die staatliche Reiseagentur Korea International Travel Company (KITC, → S. 193) bietet neben dem üblichen Gruppenreiseprogramm nun auch wieder individuelle Einzelreisen nach Wunsch der Teilnehmer an (Genehmigung vorausgesetzt), und für US-Bürger wurden die Einreisebestimmungen erleichtert, was sogar die Eröffnung eines eigenen, auf Nordkorea spezialisierten Reisebüros (New Korea Tours in Connecticut, www.newkoreatours.com) zur Folge hatte.

Die offizielle Website des Landes, www.korea-dpr.com, hat nun einen wesentlich professionelleren Auftritt als früher und verfügt nun auch über ein eigenes Business-Portal, wo sich potentielle Investoren über Geschäftsmöglichkeiten informieren können.

Die Veränderungen haben mit zweierlei zu tun: Auf der einen Seite scheint die vorsichtige Orientierung Nordkoreas am chinesischen Erfolgsmodell (Einparteien-Kapitalismus) langsam Früchte zu tragen, auf der anderen Seite ist der Grund in der Verjüngung der Staatsführung und im ›neuen Stil‹ des 1983 geborenen Machthabers Kim Jong Un zu finden, der seinem verstorbenen Vater am 29. Dezember 2011 an die Staatsspitze folgte.

Kim Jong Un hatte in seiner Neujahrsansprache 2013 eine ›radikale Wende‹ in der Politik des Landes angekündigt und die Verbesserung der Lebensbedingungen zum obersten Ziel im neuen Jahr erklärt. Er wolle Nordkorea zu einem ›wirtschaftlichen Riesen‹ machen, den Lebensstandard der Menschen anheben und den Konflikt mit Südkorea endlich beilegen. Wenngleich viele Kommentatoren dies aufs Neue als Propagandagebärde empfanden, scheint sich doch etwas zu tun: Insiderinformationen zufolge arbeitet das Land an einer neuen Investitionsgesetzgebung für ausländische Investoren. Dabei orientiert man sich an erfolgreichen Modellen von südostasiatischen Staaten, etwa Vietnam oder Myanmar, und lässt sich dabei von ausländischen Wirtschaftsexperten beraten.

Allerdings herrschen im Machtapparat auch Kräfte vor, die dies behindern wollen, vor allem im Militär. Daher waren die bisherigen Bemühungen, Sonderwirtschaftszonen einzurichten, nur bedingt von Erfolg gekrönt. Die größte Sonderwirtschaftszone des Landes an der südlichen Grenze bei Kaesong, wo vor allem südkoreanische Unternehmen seit 2003 einige Fabriken aufgebaut haben und die einen direkten Zugang von der südkoreanischen Seite quer durch die Demilitarisierte Zone besitzt, war zeitweise geschlossen und stagniert heute mehr oder weniger.

Die Zone ist ein steter Zankapfel zwischen den beiden Koreas und stand zuletzt im April 2013 in Mittelpunkt eines neuen Konfliktes, der durch Drohgebärden des Nordens bezüglich eines möglichen nuklearen Angriffs Nordkoreas auf die USA ausgelöst wurde. Das Resultat waren ›Truppenübungen‹ der USA in Südkorea inklusive des Einsatzes zweier B2 Stealth Bomber und mächtiges

Fabrik in der Sonderwirtschaftszone Kaesong

Säbelrasseln im Norden über mehrere Wochen, inklusive des Abschusses von vier Kurzstreckenraketen durch den Norden im Mai 2013, die im Meer vor der Koreanischen Halbinsel landeten.

Kim Jong Un ließ die Sonderwirtschaftszone in Kaesong schließen, wies alle ausländischen Manager aus und rief seine 53 000 nordkoreanischen Arbeiter zurück. Die Schließung traf die südkoreanischen Firmen relativ hart: Sie büßten insgesamt 300 Millionen US-Dollar an Umsatz ein. Allerdings schienen dem Regime in Pyongyang ziemlich schnell die rund 90 Millionen US-Dollar, die von den Südkoreanern an Löhnen direkt an die Regierung pro Jahr bezahlt werden, abzugehen. Im August 2013 kamen Nord und Süd auf diplomatischen Wege zusammen, um über eine Wiedereröffnung des Industriekomplexes zu verhandeln, die dann im September tatsächlich stattfand. Bislang allerdings blieb der Kaseong-Industriepark nichts anderes als ein Mikrokosmos von Hoffnungen und Frustrationen beider Seiten.

Das Projekt der Sonderwirtschaftszone Sinuiju wurde auf Betreiben Chinas verhindert, und die Zone von Rajin-Sonbong im Nordosten ist nach wie vor in Entwicklung, wobei derzeit um die 2,4-Milliarden-Euro-Finanzierung zum Bau von Stromversorgung und Containerhafen seitens China gefeilscht wird. Neue Sonderwirtschaftszonen sollen nun auf den beiden Flussinseln Hwanggumphyong und Wihwa, die im Grenzfluss Yalu zwischen Nordkorea und China liegen, errichtet werden und visafreien Aufenthalt für ausländische Investoren ermöglichen.

Für Reisende bedeutet all das, dass Wirtschaft und Handel keine Tabuthemen mehr in Nordkorea sind. War es früher für Ausländer unmöglich, die beiden größen Märkte in Pyongyang, den Tongilmarkt im Süden der Stadt und den Zentralmarkt am Ufer des Taedonggang-Flusses, zu besuchen, kann man dies heute sogar alleine machen. Der Zentralmarkt ist vom Yanggakdo-Hotel leicht zu erreichen (gleich vis-à-vis am anderen Flussufer.) Man bekommt einen

Der Straßenverkehr nimmt zu, ist aber immer noch sehr überschaubar

Markt zu sehen, der genausogut in einem Außenbezirk von Bangkok oder Jakarta sein könnte, mit einem Angebot von Lebensmitteln wie Hühnerfleisch, Früchten, Saucen und Getränken sowie chinesischer Billig-Textilware, Essensständen, Plastikeimern und Küchenutensilien und einigen Elektronikartikeln inklusive Mobiltelefonen. Erspähbare Preise für Kleidungsstücke wie etwa Hosen, Blusen oder Jacken lagen Mitte 2013 zwischen 15 000 und 20 000 Won, etwa 5 bis 7 US-Dollar nach Schwarzmarktkurs, der zur selben Zeit bei 3000 Won zu 1 US-Dollar lag, fast das 23-fache des offiziellen Wechselkurs von 131:1 zwischen Won und US-Dollar. Man sieht auch, dass gelegentlich chinesische Yuan den Besitzer wechseln. Während Herumspazieren auf dem Markt zur Zeit geduldet wird, sollte man allerdings keine Fotos machen und sich auch nicht irgendwo auf einen Imbiss niederlassen, das würde dann die Aufpasser auf den Plan rufen.

In Pyongyang haben auch mehr Geschäfte und Läden aufgemacht, vor allem rund um das Koryo-Hotel, den Hauptbahnhof, den Kumsusan-Palast und entlang der ›Prachtstraßen‹ Changgwang und Cholima, und es gibt auch kleine Straßenmärkte sowie Getränke und Eisverkäufer, ein Eis zu 20 Won. Auch der Verkehr ist intensiver geworden, auch wenn es sich meistens um Regierungskarossen, Diplomatenautos oder Dienstwagen von NGOs oder ausländischen Geschäftsleuten handelt, die mitunter im Lexus-SUV oder Audi Q7 aufkreuzen.

Man hat den Eindruck, dass sich zumindest in Pyyongyang, wo mittlerweile 3,5 Millionen der 24 Millionen Nordkoreaner wohnen, eine gewisse ›Mittelschicht‹ heranzubilden beginnt, die von den engeren wirtschaftlichen Beziehungen zu China profitiert, und dass dieser neue ›Kleinkapitalismus‹ vom Regime geduldet wird. Daraus ist aber wenig darüber abzuleiten, wie es den Leuten am Land und in den ärmeren Regionen Nordkoreas geht. Der Reformismus von Kim Jong Un, sollte er tatsächlich stattfinden, wird daran zu messen sein, ob vom verstärkten Zufluss ausländischen Kapitals nicht nur die Nomenklatura profitiert oder Raketenprogramme finanziert werden, die zwar außenpolitische Schlüsselfunktionen haben, aber nicht das unterversorgte Volk ernähren können.

Warum nach Nordkorea reisen?

Reisen in Nordkorea ist mit gewöhnlichen Aufenthalten in fremden Ländern nicht zu vergleichen. Die Bewegungsfreiheit des Touristen ist nach wie vor erheblich eingeschränkt. Schließlich handelt es sich bei der ›Demokratischen Volksrepublik Korea‹ um das am meisten abgeschottete Land der Welt, das Besucher seit 1989 ungern, aber aus zwingender Notwendigkeit wegen dringenden Devisenbedarfs ins Land lässt. Dementsprechend rigide gestaltet sich der Aufenthalt selbst: Sich als Fremder frei in Nordkorea zu bewegen, ist zumindest ausserhalb Pyongyangs unmöglich. Ein gut organisierter Apparat an staatlichen ›Reiseführern‹ (geheimdienstlichen Aufpassern) sind der ständige Begleiter des Ausländers. Individuelle Ausflüge ohne Begleitung sind bis auf geringfügige Ausnahmen nicht möglich. Und wer sich nicht an diese Regeln hält, bekommt in aller Regel Schwierigkeiten bis hin zu einer zwangsweisen Ausweisung oder zumindest einem Verhör mit strenger Rüge.

Dennoch sollen diese Repressalien kein Grund sein, nicht nach Nordkorea zu kommen. Zum einen handelt es sich um ein landschaftlich wunderschönes Land, zum anderen ist es auch für den politisch Desinteressierten eine spannende Erfahrung, die Kuriositäten eines autoritär geführten Staatssozialismus stalinistischer Prägung in der Gegenwart zu erleben. Dafür lohnt es sich, Bürokratie und Reiseeinschränkungen in Kauf zu nehmen sowie sich gewisse Verhaltensregeln zu eigen zu machen, die verhindern sollen, dass man unangenehme Bekanntschaft mit der Staatsgewalt macht.

Eine Reise nach Nordkorea ist heute an und für sich kein Problem, sofern man nicht Bürger Südkoreas ist. US-Bürgern sind Gruppenreisen ins Land kürzlich erlaubt worden – zuvor war US-Staatsangehörigen ausschließlich der Besuch der Arirang-Massenspiele im April jeden Jahres möglich –, Südkoreaner brauchen nach wie vor die Genehmigung beider Regierungen, wenn sie nach Nordkorea reisen wollen (Ausnahme: Tourismuszone Kumgang-Berge). Grundsätzlich muss eine Reise über die staatliche Reiseagentur KITC (→ S. 193) oder ihre diversen

Lobby des Hotel ›Yanggakdo International‹ in Pyongyang

Suborganisationen arrangiert werden – und über keine anderen. Dies übernehmen auch auf Nordkorea spezialisierte Reisebüros, oder man kann es auch selbst erledigen, wenn man die Geduld dazu hat. Mit der Einladung der KITC erhält man dann ein Visum von einer nordkoreanischen Botschaft in seinem Residenzland. Die einzigen, die Nordkorea ohne Visum besuchen dürfen, sind malaysische Staatsangehörige.

Von nordkoreanischer Seite werden keine Statistiken über Touristenzahlen herausgegeben, Schätzungen von internationalen Organisationen gehen allerdings von rund 80 000 Besuchern im Jahr 2012 aus, davon der überwiegende Teil aus China, aus dem restlichen Asien und zwischen 1500 und 2000 westliche Touristen und Geschäftsleute. Dazu kommen noch Tagestouristen aus China und Russland, die kurz in die Grenzorte Sinuiju oder Rajin-Sonbong fahren, aber nicht ins eigentliche Land kommen, und die meist südkoreanischen Ausflügler in das abgeschlossene Tourismusgebiet Kumgang. Zugenommen haben auch Wirtschaftsdelegationen durch die langsame Öffnung der Sonderwirtschaftszonen für ausländische Unternehmen. Andere Besuche betrafen Sport- und Kulturdelegationen, Studienaufenthalte, Wissenschaftsmeetings und ein paar Verwandtentreffen. Auch Einzelreisende wagen sich zunehmend in das abgeschottete Land, gelegentlich werden auch Journalisten oder Fotoreporter eingelassen, die allerdings einer besonders aufmerksamen Kontrolle ausgesetzt sind. Hilfsorganisationen haben sich nach den großen Aktionen während der Flut- und Hungerkatastrophe in den neunziger Jahren teilweise wieder aus Nordkorea zurückgezogen.

Nordkoreaner im Ausland

In umgekehrter Richtung findet wenig Grenzverkehr statt. Nordkoreanern ist es grundsätzlich nicht freigestellt, ins Ausland zu reisen, nicht einmal in andere Provinzen im eigenen Land. Ausnahmen gelten für Diplomaten, Auslandsstudenten und andere privilegierte Personen. Wurden Beamte und Techniker früher zur Ausbildung nach Moskau geschickt, sind heute Peking und Hanoi die Ziele. Nach Macao zieht es nordkoreanische Oligarchen auf Air-Koryo-Charterflügen gelegentlich zur Geldwäsche.

Die Samil-Lagune in den Kumgang-Bergen

Für Nordkoreaner, die aus dem Land flüchten wollen, haben sich die Bedingungen verschlechtert. Kostete früher die Bestechung eines nordkoreanischen Grenzsoldaten an der Grenze zu China gemäss NGO-Berichten etwa 50 000 Won oder 16 US-Dollar nach Schwarzmarktkurs – ein zweifacher Monatslohn eines nordkoreanischen Fabrikarbeiters –, so verlangen die Grenzer zunehmend mehr Geld und Dinge wie Elektronikartikel für sich selbst und ihre Vorgesetzten, damit sie bei einer Fluchtaktion über den Tumen- und Yalu-Fluss weggucken. Auch hat China seine eigenen Grenzkontrollen verschärft und schickt ertappte Flüchtlinge erbarmungslos wieder nach Nordkorea zurück, wo sie dann in den zahlreichen Arbeitslagern an der Grenze darben müssen. Die Zahl der Flüchtlinge lag bei etwa 3000 im Jahre 2009 (nach südkoreanischen Regierungsangaben) und ist seither ständig im Sinken begriffen.

Sonderwirtschaftszonen und Tourismus

Gleichzeitig hat Nordkorea in den letzten Jahren am Ausbau seiner Sonderwirtschaftszonen und der Tourismusregion Kumgang gearbeitet. Auf diese Weise soll in kontrollierten Regionen von Devisen profitiert werden. Über die Effekte dieser Maßnahmen sind sich Beobachter uneins. Einerseits fließen durch die Aktivitäten in Kumgang und der Sonderwirtschaftzone in Kaesong, so sie operiert, erhebliche Mengen an Devisen ins Land, andererseits bewegt sich das Regime in punkto Öffnung oder Wirtschaftsreformen fast keinen Millimeter. Es ist mitunter erstaunlich zu beobachten, mit welchem Aufwand dafür gesorgt wird, dass keinerlei Spuren westlich-kapitalistischer Lebensart nach Nordkorea dringen, etwa, wenn man von Südkorea aus eine Besuchstour in die Sonderwirtschaftszone Kaesong unternimmt – und dabei quer durch die Demilitarisierte Zone (DMZ) fährt, was neuerdings für lange vorher angemeldete Besucher in speziellen Fällen möglich ist. Zeitungen werden konfisziert, Digitalkameras auf ›verbotene‹ Fotos kontrolliert, jeder Schritt wie üblich beobachtet. Was bedeutet das alles für den Tourismus in Nordkorea? Es hat sich nichts daran geändert, dass die staatliche nordkoreanische Agentur KITC nach wie vor ihre Reisen anbietet und dies auch genutzt wird.

Das Sondertourismusgebiet im Kumgang-Gebirge wurde von der südkoreanischen Hyundai-Konzerntochter Hyundai Asan erschlossen und erzeugt als eine Art touristische Enklave auf nordkoreanischem Boden eine prickelnde Disneyland-Stimmung für Kurzbesucher. Dem ›echten‹ Nordkorea begegnet man dort freilich nicht – fast die gesamte touristische Infrastruktur im Kumgang-Gebirge ist neu errichtet und vom Rest Nordkoreas durch Zäune und grimmige Wachen getrennt. Dennoch bleibt es vor allem für Südkoreaner die einzige Möglichkeit, nordkoreanischen Boden zu betreten, und die lassen sich das auch etwas kosten. Angeblich überweist Hyundai den Nordkoreanern jährlich zwölf Millionen US-Dollar nur an Nutzungsgebühren für das Kumgang-Resort und wird dabei auch von der südkoreanischen Regierung mit Steuergeldern unterstützt. Dass dies mitunter brenzlig sein kann, zeigte sich anhand des tragischen Schicksals des früheren Hyundai-Asan-Chefs Chung Mong Hun, Sohn des 2001 verstorbenen Konzerngründers Ju-Yung Chung. Mong Hun wurde illegaler Zahlungen in Höhe von rund 100 Millionen US-Dollar verdächtigt, die er aus der Konzernkasse an Nordkorea geleitet haben soll, um sich dort das Wohlwollen der Führung für diverse Projekte, darunter auch Kumgang, zu erkaufen. Die Zahlungen wurden in der Hyundai-Bilanz verschleiert. Besonders soll das Geld auch geholfen haben, ein durchaus historisches Treffen zwischen Kim Jong Il und dem südkoreanischen Präsidenten Kim Dae Yung im Jahr 2000 zu ermöglichen. Als die südkoreanischen Finanzinspektoren deswegen Ermittlungen aufnahmen und die Vorwürfe publik wurden, stürzte sich Chung Mong Hun 2003 vom zwölften Stock der Hyundai-Firmenzentrale in Seoul in den Tod. In seinem Abschiedsbrief bat er darum, dass seine Asche über dem Kumgang-Resort im Norden verstreut werden solle.

Seit der Eröffnung 1998 haben rund eine Million Südkoreaner das Kumgang-Resort besucht. 2008 wurde es temporär geschlossen, als eine südkoreanische Touristin aus ungeklärten Gründen von einem nordkoreanischen Grenzer erschossen wurde, was eine diplomatische Eiszeit zwischen den beiden Koreas zur Folge hatte. Touren nach Kumgang können über Hyundai Asan in Seoul oder über Agenten in Peking, Shangai und Singapur gebucht gebucht werden (www.mtkumgang.com).

Einreisemöglichkeiten

In der letzten Zeit haben sich auch immer mehr Einzelreisende nach Nordkorea gewagt, die von relativ unkomplizierten bürokratischen Prozeduren bei den Reisevorbereitungen mit der KITC (→ S. 193) berichteten. Beliebter geworden ist vor allem der Ein- oder Ausreiseweg per Bahn über den Grenzort Sinuiju. Von dort führt die Zugstrecke rund 600 Kilometer direkt nach Pyongyang weiter. Gerade die Beobachtungen, die man in Sinuiju und dem gegenüberliegenden chinesischen Grenzort Dandong machen kann, werfen ein interessantes Licht auf die Teilung, die es auch zwischen einem (ex-?)kommunistischen Land wie China und einem extremsozialistischen wie Nordkorea gibt.

Sinuiju wurde im Mai 2013 teilweise für ausländische Touristen, die von China kommen, geöffnet. Chinesen war es schon über Jahre erlaubt, von Dandong (chinesische Grenzstadt) nach Sinuiju überzusetzen, was für einen florierenden Grenz-Schwarzmarkt sorgt. Ausländer, nicht aber Inhaber von US-amerikanischen oder japanischen Pässen, können nun Zwei-Tages-Trips bei Agenturen in Dandong buchen. Allerdings dauert die Bearbeitung des Reise- und Visaantrags zehn Arbeitstage, und es sind nur Reisegruppen gestattet. Computer, Mobiltelefone, Tablets und Smartphones sind nunmehr erlaubt, nicht aber Dinge wie Waffen, Ferngläser oder ›feindlich gesinnte‹ Publikationen. Der Trip kostete im September 2013 bei Koryo Tours 2290 Yuan, rund 290 Euro (in bar) und ist nur zwischen Dienstag und Sonntag möglich.

Abgesehen von Sinuiju und dem Flughafen in Pyongyang sind die Zugangswege nach Nordkorea nicht besonders vielfältig. Von Südkorea kommt man als Tourist nicht rein, das Kumgang-Gebiet darf man nicht verlassen. Die Schiffsverbindung von Niigata (Japan) nach Wonsan (Nordkorea) ist nicht für Westtouristen gedacht, man kann es aber über die KITC versuchen. Die Anreise aus Russland (Wladiwostok) durch die Sonderwirtschaftszone Rajin-Sonbong ist eher unüblich und sicherlich mit Schwierigkeiten behaftet, zumal die Weiter-

Flugzeug der Air Koryo in Peking

reise durch die hochsensible Nordostregion des Landes führt, in die Touristen normalerweise keinen Blick werfen dürfen. Das hat damit zu tun, dass etwas weiter südlich in der Provinz Kilchu (Nordhamgyong) ein riesiges militärisches Areal liegt, in dem sich unter anderem Abschussrampen der berüchtigten Taepodong-Raketen finden. Auch liegt dort in der Nähe, in Hwadae-ri, das Atomtestgelände, auf dem wiederholt umstrittene Atombombentests durchgeführt wurden, 2010 sogar angeblich im Auftrag des Iran.

Es bleibt der Einfachheit halber die übliche Anreise mit der Air-Koryo-Tupolew mit der Flugnummer JS 152, jeden Dienstag und Samstag um 13.05 Uhr ab Peking, neuerdings auch donnerstags mit der Flugnummer JS 252 um 14 Uhr. Derzeit im Programm sind auch die Routen Pyongyang–Shenyang und Pyongyang–Wladiwostok. Reguläre Flüge unterhält Air Koryo zur Zeit auch wieder nach Moskau, als auch nach Bangkok und Kuala Lumpur sowie Charterflüge nach Shanghai, Shenzen, Dalian, Harbin und Singapur. Eine frühere reguläre Verbindung nach Islamabad, Pakistan, wurde eingestellt, dafür aber 2011 ein Langstreckenflug nach Kuwait City einmal pro Woche ins Programm genommen, um den Mittleren Osten inklusive Iran zu bedienen. Verbindungen nach Berlin, Moskau, in ehemalige osteuropäische Bruderstaaten und nach Japan wurden eingestellt. Ab und zu fliegt auch ein Charter nach Seoul, wenn das politische Klima stimmt. Im Oktober 2012 wurde ein Internet-Buchungssystem von Air Koryo auf der Homepage www.airkoryo.com.kp eingeführt (sehr unzuverlässig und daher nicht zu empfehlen). Ausländische Fluglinien, die Pyongyang anfliegen, sind zur Zeit nur Air China und Mandarin Airlines aus Taiwan (Saisoncharter), und seit Oktober 2013 MIAT Mongolian Airlines mit Charterflügen von und nach Ulan Bator.

Air Koryo fliegt mit veralteten Tupolews und Iljushins, zuletzt wurden allerdings Gespräche über den Ankauf einiger Sukhoi Superjet 100 und neuer Tupolew TU-204-Langstreckenjets aufgenommen. Die Air-Koryo-Flotte bestand im Juli 2013 aus 36 Flugzeugen.

Begegnung mit einem ungewöhnlichen Land

Informationen über Nordkorea sind spärlich. Auch im Zeitalter der Globalisierung und des weltumspannenden Informationsaustausches per Internet hat sich Nordkorea seine selbstgewählte Isolation bewahrt. Auf beide Seiten gelangen Informationen, wenn überhaupt, mehrheitlich gefiltert. Im Staat selbst gibt es nur Parteimedien, einen extrem eingeschränkten Postverkehr und keinen Zugang zum Internet für 99 Prozent der Bevölkerung. Reisen innerhalb des Landes ist den Nordkoreanern nur mit behördlicher Erlaubnis gestattet. Es gibt ohnehin keine Nahverkehrsmittel zwischen den Städten. Auf der anderen Seite wacht ein sehr aktiver und misstrauischer Geheimdienst auf das Penibelste über das kommunikative Verhalten von Ausländern. Sei es, ob sie Kontakte mit Einheimischen eingehen, ausländische Lektüre mitbringen oder einfach nur Diskussionen beginnen – stets ist ein ›Bremser‹ mit dabei, der die Gespräche wieder in ›geordnete‹ Bahnen lenkt.

So unangenehm und unbefriedigend dies für Besucher ist, wäre es von Vorteil, wenn man sich mit dieser Situation abfindet. Zwar wird man nicht gleich in Handschellen abgeführt und arretiert, wenn man leise Kritik am Regime äußert, doch können diese Themen für Nordkoreaner, mit denen man darüber spricht, unangenehme Folgen haben. Wird offiziellerseits – und das kann bereits der ›sympathische‹ Reiseleiter sein – ein allzu intensiver Meinungsaustausch mit einem Nordkoreaner bemerkt, so kann dies unangenehme Befragungen für diesen zur Folge haben. Schon allein aus diesbezüglicher Rücksicht sollten daher derartige ›Interviews‹ vermieden werden. Investigatives Journalistenverhalten ist fehl am Platze und kann zu großen Schwierigkeiten führen. Es wird auch in den allermeisten Fällen unmöglich sein, die Adresse eines Gesprächspartners zu bekommen. Briefe an ihn könnten ihm – auch bei gegenseitiger Sympathie – unangenehm sein, weil sie nämlich dem Staatsapparat nicht verborgen bleiben.

Hotelzimmer in Pyongyang: Auch die Wände haben Ohren

Wer sich aus ehrlichem Interesse für Nordkorea interessiert, wird keine Probleme haben, sich in einer klugen Weise zu ›arrangieren‹. Überzeugungsarbeit zu leisten, ist Angelegenheit der Politiker. Wer aber aus purer Unwissenheit oder Arroganz in die Falle stolpert, wird dies kein zweites Mal tun. Im August 2002 wurde ein Fall bekannt, der symptomatisch ist für eine derartige Problematik: Die Besatzung eines amerikanischen Frachters, die monatlich Getreidelieferungen von den USA nach Nordkorea brachte, wurde zum Dank von der nordkoreanischen Regierung auf eine fünftägige touristische Rundfahrt durchs Land eingeladen. Aufgrund der kritischen Situation zwischen den beiden Ländern war die Stimmung zwischen Reiseleitern und Besatzung etwas angespannt. Vor einem der vielen Kim-Il-Sung-Denkmäler rutschte einem Besatzungsmitglied eine vulgäre Bemerkung über den Staatsgründer heraus, worauf der Mann von zwei urplötzlich aufgetauchten nordkoreanischen Geheimdienstleuten festgenommen wurde. Ein Aufenthalt im Arrest folgte, unbestätigten Berichten zufolge wurde der Mann auch geschlagen. Erst auf Vermittlung der schwedischen Botschaft in Pyongyang – eine US-amerikanische Botschaft in Nordkorea gibt es nicht – wurde der Matrose freigelassen und umgehend in das nächste Flugzeug nach Peking verfrachtet.

Eine Unachtsamkeit bedeutete einmal auch für einen Österreicher die sofortige Ausweisung. Der Mann hatte – aus welchen Grund auch immer – im Hotelzimmer seine Zigarette auf einer Zeitung ausgedämpft, auf der sich ein großformatiges Bild von Kim Il Sung befand. Das Zimmermädchen bemerkte dies und informierte die Polizei. Peinliche Befragungen auf der Polizeistation folgten, das Resultat war die umgehende Ausweisung. Ähnliche Schwierigkeiten handelte sich ein mit einer schwedischen Delegation ins Land gekommener Journalist ein: Er verwendete eine Propagandabroschüre mit dem Abbild Kim Il Sungs, um darauf während einer Tagung Notizen zu machen. Ein strenger Verweis war die unausweichliche Folge.

Diese Geschichten sollen nur verdeutlichen, dass man sich in Nordkorea auf einige ungewohnte Dinge einstellen und ihnen mit einem ausreichenden Maß an Cleverness begegnen muss. Eine Reise dorthin bringt soviel an neuen Erfahrungen, dass es töricht wäre, dies durch falsches Verhalten aufs Spiel zu setzen. Man kann davon ausgehen, dass die Wände (der Hotelzimmer) in Nordkorea ›Ohren‹ haben. Also sollte man dem Geheimdienst seine neuesten Kim-Il-Sung-Witze nicht unbedingt auf Band sprechen.

Reisebegleiter

Wer sich während eines Nordkorea-Besuchs wundert, warum die Reiseleiter auf korrektes Verhalten so übergroßen Wert legen, auch wenn keine Staatsgewalt in Sicht ist und man sich vielleicht auf einer einsamen Bergwanderung befindet, dem sei folgendes erklärt. Reisegruppen, aber auch Individualreisende werden grundsätzlich zu zweit begleitet, wobei einer der beiden Reiseleiter möglicherweise wirklich nur ein ›einfacher‹ Dolmetscher und Kulturkenner ist, der oder die andere aber der ›Aufpasser‹. Fehlverhalten, kritische Äußerungen oder ähnliches wird von den beiden Begleitern untereinander registriert, sie passen also nicht nur auf die Touristen, sondern auch gegenseitig auf sich auf. Und natürlich

Figurengruppe am Turm der Juche-Idee in Pyongyang

werden Berichte an die Behörde abgeliefert. Dies wird von den Reiseleitern auch getan, um sich selbst abzusichern: Kommt es zu ›Fehlverhalten‹ der Touristen, fällt dies auf die Reiseleiter zurück.

Um zu authentischen Aussagen einer Begleitperson zu kommen, ist viel Diplomatie und Gespür notwendig. Klar ist, dass auch Nordkoreaner, vor allem, wenn sie viel mit Ausländern zu tun haben, gebildet sind und mehrere Sprachen sprechen, möglicherweise nicht vollends von der eindimensionalen Gehirnwäsche der Staatsführung aufgeweicht sind. Stellt man also als Besucher – nach einer intensiven Periode gegenseitigen Abtastens – fest, dass man mit seinem Reiseleiter auch sensiblere Themen austauschen kann, ist darauf zu achten, dass sein Aufpasser nicht in der Nähe ist. Vor allem in größeren Besuchergruppen ist es leichter möglich, seine ›Vertrauensperson‹ ab und zu in ein konkretes Gespräch zu verwickeln, und manchmal stößt man auch auf überraschende Aussagen; dies aber nur mit dem nötigen – vorgeblichen – Respekt vor den Errungenschaften der Demokratischen Volksrepublik Korea.

Erste Eindrücke

Das Land befindet sich derzeit in einer beginnenden Transformationsphase. Dem Besucher, der im Regelfall in Pyongyang seine Reise beginnt, fällt zuallererst die Sauberkeit und zackige Organisation des Gemeinwesens zumindest in der Hauptstadt auf. Das Leben verläuft dem Anschein nach diszipliniert, es gibt keine Bettler, keine zerlumpten Menschen, keinen umherfliegenden Abfall, keine Schnorrer und Andenkenverkäufer, fast keine Moped- oder Radfahrer, moderne Bauten, eine Reihe von Hochhäusern, Erholungsparks, Bibliotheken, Gärten, zahlreiche Busse und Straßenbahnen sowie eine elegant gestaltete U-Bahn mit Marmor und Messinglüstern nach Moskauer Muster.

Andererseits wiederum leidet Pyongyang unter abendlicher Finsternis. Es gibt aus Strommangel keine Straßenbeleuchtung, die Menschen trippeln stumm im Dunkeln auf den Straßen. Demgegenüber sind die Monumentalbauten wie das Juche-Denkmal von Kim Il Sung bis Mitternacht hell erleuchtet. Die bis zu 40-stöckigen Wohnhäuser in der Hauptstadt, inklusive der enormen Wohnsiedlungen am Südrand, sehen zwar beeindruckend aus – wenn man aber bedenkt, dass dort regelmäßig die Aufzüge aus Strommangel den Dienst verweigern und die Heizkörper im Winter aufgrund der konstanten Energiekrise meistens kalt bleiben, sehen die Dinge anders aus.

Die Skyline von Pyongyang strahlt in einem charakteristischen weißen Grundton in die Landschaft, der die oberflächliche Modernität der Stadt auf Bildern noch hervorhebt – der Grund dafür ist allerdings ein ganz banaler: Die allermeisten Häuser wurden in ihrem schlichten Betonkleid belassen, sind also unverputzt. Aus der Nähe betrachtet, haben die meisten Hochhäuser Holzrahmenfenster, die schon arg zersplittert sind, und manchmal überhaupt keine Fenster. In den kalten Wintern lässt der Wärmedämmfaktor zweifellos zu wünschen übrig.

Die Nordkoreaner sind allerdings auf ihre Weise stolz auf die Hauptstadt, und wenn man bedenkt, welche durchaus zu würdigenden Leistungen hier erbracht wurden, kann man dies vielleicht auch nachvollziehen. Nach dem schrecklichen Koreakrieg mit dem amerikanischen Flächenbombardement lag nicht nur Pyongyang, sondern nahezu das ganze Land in Schutt und Asche. Im Koreakrieg wurden von den Alliierten mehr Bomben abgeworfen als im gesamten Pazifikkrieg in den vierziger Jahren, die Rede ist von rund 600 000 Tonnen Bomben. Diese Zerstörungswut wurde nur später von den Amerikanern in Vietnam übertroffen. In den ersten zehn Nachkriegsjahren wurde mit intensiver Unterstützung der Sowjetunion und Chinas mit dem Wiederaufbau begonnen, Pyongyang also gewissermaßen aus dem Nichts wiedergeschaffen. Deswegen finden sich in der Stadt fast keine Spuren historischer Gebäude, und aus dem gleichen Grund mutet sie wie eine ›Musterstadt‹ des technokratischen Sozialimus an – weil sie so geplant wurde.

Wohnblocks in Pyongyang

Allein in Pyongyang unterwegs

Aufschlussreich ist es, einen Spaziergang durch Pyongyang zu unternehmen. Grundsätzlich sehen es die Reiseleiter nicht allzu gerne, wenn man sich auf eigene Faust durch die Stadt begibt, es ist aber möglich. Viel hängt davon ab, ob man sich dafür ›unauffällig‹ Zeit nehmen kann. Meistens ist der Besichtigungsplan der offiziellen Reise so dicht, dass keine Gelegenheit für einen gemächlichen Stadtbummel bleibt. Die beste Zeit dafür wäre frühmorgens vor dem Abfahrtstermin der Besichtigungsbusse oder am Abend, wenn sich die Reiseleiter zurückziehen – mit dem Nachteil, dass die Straßen der Hauptstadt dann unbeleuchtet sind und man leicht die Orientierung verliert. Man muss aber damit rechnen, unauffällig verfolgt zu werden, wenn man sich auf eigene Faust auf den Weg macht, dies braucht einen aber nicht weiter zu beunruhigen, vorausgesetzt, man beginnt nicht, ausgiebig zu fotografieren, versucht nicht, mit Passanten Kontakt aufzunehmen oder gar schwarz Geld zu tauschen.

Die Menschen in Pyongyang nehmen ohnehin kaum Notiz von flanierenden Ausländern, einzig die Kinder riskieren den einen oder anderen verstohlenen Blick. Seit der Öffnung für westliche Besucher wurden die Bewohner Nordkoreas zu Zurückhaltung und Höflichkeit Ausländern gegenüber angehalten. Aber zu einem großen Ausmaß spielt auch die Angst mit. Ein allzu enger Kontakt mit ausländischen Besuchern hat vorrangig weniger für den ausländischen Gast als für den Nordkoreaner selbst eine ungewollte Aufmerksamkeit seitens des allgegenwärtigen Geheimdienstes zur Folge. Dessen sollte sich der Besucher bewusst sein. Auch harmlose Geschenke können Einheimische in Verlegenheit bringen, ganz unklug ist es, aus Mitleid oder falsch verstandener Großzügigkeit Geld zu verteilen. Trinkgelder für Reiseleiter, Hotelpagen oder Taxifahrer sind im üblichen Rahmen erlaubt. Darüber hinausgehende ›milde Gaben‹ sollte man besser unterlassen. Das betrifft insbesondere auch Literatur oder Bücher: So wollte sich während eines Aufenthalts eine Reisende gegenüber dem Guide erkenntlich zeigen und ihm einen Reiseführer von Südkorea schenken, was dieser irritiert zur Kenntnis nahm und schließlich mit der Bemerkung, darin sei falsche Propaganda über Nordkorea enthalten, ablehnte. Auch Geschenke wie zum Beispiel Armbanduhren, Ferngläser, tragbare Radios oder Sofortbildkameras sind keine gute Idee und bringen den Beschenkten mehr Probleme als Freude.

Wohnblocks mit Propagandatafel in Pyongyang

Am Kim-Il-Sung-Platz in Pyongyang

Eine einzigartige Erfahrung

Angesichts dieser besonderen Verhaltensregeln, der ständigen Beobachtung durch die Reiseleitung und des gesamten skurrilen Umfelds des Personenkults, dem man sich auch als Ausländer mehr oder weniger ungefragt zu ergeben hat, und der relativen Unfreiheit mag es in Nordkorea für manche Besucher auf die Dauer unangenehm werden. Demgegenüber stehen allerdings eine Menge an neuen, unvergesslichen Erfahrungen, die Möglichkeit zum Studium eines weltweit einzigartigen politischen Systems und seiner praktischen Auswirkungen auf eine Gesellschaft, das es vielleicht in absehbarer Zeit in dieser Form nicht mehr geben könnte, und der Genuss einer sauberen, überwiegend unverschmutzten, wunderschönen, manchmal sogar atemberaubenden Landschaft, insbesondere im Gebiet der Myohyang-Berge.

Eine Reise nach Nordkorea fällt nicht unter die Billigkategorie. Der Grund dafür ist, jeglichen Aufenthalt bei einer der staatlichen Tourismusagenturen buchen zu müssen, die festgesetzte, relativ hohe Dollarpreise verrechnen. ›Sparmöglichkeiten‹ durch billigere Diskontflüge nach Pyongyang, Handeln in Souvenirshops oder günstigere Unterkünfte kann man gleich vergessen – das gibt es einfach nicht. Der willkürlich festgesetzte Kurs zwischen Won und Dollar spiegelt keinerlei Wertrelation zu käuflichen Gütern dar. Mit Won wird man ohnehin nichts anfangen können, da von Ausländern nur Devisen angenommen werden und man nur in den allerseltensten Fällen die Möglichkeit haben wird, in einem normalen nordkoreanischen Geschäft etwas zu kaufen oder eine Dienstleistung in Anspruch zu nehmen (→ Reisetipps von A bis Z, ›Geld‹, S. 188).

Die meisten touristischen Besucher Nordkoreas zeigen sich allerdings nachhaltig beeindruckt von den Erfahrungen, die sie gewinnen konnten. Die Beschreibungen der Reisenden reichen von Begeisterung über Sauberkeit und Zuverlässigkeit, gute Organisation der Touren, ein umfassendes Programm und gute Verpflegung bis hin zu Erstaunen über Personenkult, Propaganda, Duldsamkeit der Bevölkerung und Ressentiments gegenüber Besuchern. Sicher ist: Kalt lässt Nordkorea niemanden. Und deshalb ist es eine Reise wert.

Das derzeitige politische System und die Lebensumstände der Bevölkerung Nordkoreas muten teilweise bizarr an. Diese Situation ist nur durch Kenntnis der geschichtlichen Entwicklungen und Traditionen auf der koreanischen Halbinsel zu verstehen.

LAND UND LEUTE

Hochzeitsgesellschaft in Pyongyang

Geschichte

Nordkorea hat in seiner Geschichte nie eine demokratische Staatsform kennengelernt. Dies gilt es zu bedenken, wenn man dem heutigen totalitären System begegnet und daran europäische Maßstäbe anlegt. Wie in vielen anderen asiatischen, afrikanischen und manchen südamerikanischen Ländern auch stand zu dem Zeitpunkt, als sich in Europa die Demokratie zu etablieren begann, die klassische Feudalherrschaft mittelalterlicher Prägung beziehungsweise der Status als Kolonie im Vordergrund. Dazu kamen die konfuzianische Tradition und der Glaube an die Nation als ›Familie‹ und außerdem das paternalistische Bewusstsein, mit dem der Vater der Großfamilie, respektive des Staates, zur weisen Führerfigur idealisiert wurde. In der nordkoreanischen Staatsideologie kommt somit das Element einer straffen, personenzentrierten Führung mit konfuzianischen Elementen zusammen – eine Eigenheit der marxistisch-leninistischen Länder Asiens, die man in Mao Tse-Tungs China, im Vietnam des Ho Chi Minh oder auch in Laos wiederfindet.

Die für westliche Besucher absurd überhöht wirkende Verehrung des ›großen Führers‹ ist also nicht allein aus dem staatlichen repressiven Apparat zu erklären, sondern hat ihre Wurzeln durchaus auch in der koreanischen Tradition, wenngleich sie auch für koreanische Verhältnisse intensiv übersteigert wurde und insbesondere in der Nachfolge von Kim Il Sung durch Kim Jong Il auch ihre Schwächen zeigte. Im Falle von Kim Jong Un scheint der Personenkult nun etwas abgeschwächt worden zu sein.

Jedenfalls kann man davon ausgehen, dass das nordkoreanische Volk durch diese Vorgeschichte, vermischt mit dem heroisch verbrämten Abwehrkampf und dem daraus gesteigerten scheinbaren Selbstbewusstsein sowie der fast lückenlosen Abschottung vor ausländischer Information an die eigene Propaganda glaubt, wenn auch in unterschiedlicher Abstufung. Der südkoreanische Geheimdienst will herausgefunden haben, dass jedenfalls mehr als vier Fünfteln der

Besucher an Kim Il Sungs Geburtshaus in Mangyongdae

nordkoreanischen Bevölkerung staatlicherseits das Attribut ›absolut loyal‹ oder zumindest ›ideologiekonform‹ zugeteilt wird. Das restliche Fünftel (immerhin) hat es schwieriger: Wer aus irgendeinem Grund, und dieser kann ein nichtiger sein, als ›nicht absolut loyal‹ oder gar ›regierungskritisch‹ eingestuft wird, kann ein Programm in der Bandbreite von Befragung bis hin zur Internierung in einem Umerziehungslager erwarten. Zu diesen Personen zählen auf jeden Fall die Republikflüchtlinge nach China, Bürger, denen Kontakte nach Südkorea oder gar in die USA nachgesagt werden, oder einfach nur Menschen, die sich über schlechte Versorgung beklagen, ihre Arbeit vernachlässigen, sich auffällig über etwas beschweren oder auf sonstige Art ›Missverhalten‹ zeigen. Südkoreanischen Quellen zufolge befindet sich konstant rund ein Prozent der Bevölkerung in den geschätzten rund 15 ›Umerziehungslagern‹ in den gebirgigen Regionen Nordkoreas. Die Existenz von Gefängissen wird dagegen vehement bestritten. Die auffallende Abwesenheit von Bettlern, Krüppeln oder Behinderten (die in anderen Indochina-Staaten allgegenwärtig sind) wird auf eine staatliche ›Ausleselpolitik‹ zurückgeführt. In Pyongyang dürfen sich dem Vernehmen nach nur ›ideologisch reine‹ Personen niederlassen.

Wie erwähnt, ist die Entstehung und Etablierung des derzeitiges Systems ohne Kenntnis der Geschichte der koreanischen Halbinsel nicht vollständig zu verstehen. Im folgenden ein Abriss der wichtigsten historischen Daten.

Die Anfänge

Im nationalen Geschichtsmuseum in Pyongyang wird gerne auf prähistorische Funde von Steinzeitmenschen verwiesen und das Land als eine der Wiegen der Menschheit verstanden. Dies ist keineswegs unschlüssig. Urmenschen dürften in Korea bereits vor 600 000 Jahren aufgetreten sein, wie entsprechende Funde bekunden. Ausgrabungen aus dem Neolithikum und der Bronzezeit belegen eine weiter folgende Besiedelung.

Grab des Königs Kongmin (1330–1374) bei Kaesong

Statue von König Tongmyong, dem Gründer der Koguryo-Dynastie, bei seinem Grab östlich von Pyongyang

Das Bewusstsein der Nordkoreaner, unterdrückt und fremdbestimmt gewesen zu sein, lässt sich schon auf die Zeit von ungefähr 1300 vor Christus zurückführen. Geschichtliche Erkenntnisse beschreiben für damals die Entstehung erster Sklavenhalterstaaten im Mantel von Königreichen namens Chinguk, Puyo und Kochoson. Rund um Christi Geburt zerfielen diese Königreiche und wurden von einer Feudalgesellschaft abgelöst, die stark von China dominiert war. Allein daraus begründen koreanische Historiker die Sensibilität des nordkoreanischen Volkes gegenüber jeglicher Form der Fremdherrschaft. Das erste jener Feudalreiche, Koguryo, führte die koreanische Kultur zu einer wirtschaftlichen und künstlerischen Blüte, auf die später Kim Il Sung in seinen Reden gerne Bezug nahm. Die Strahlkraft des alten Reiches reichte bis nach China und Japan.

Koguryo (auch: Goryeo) teilte sich die koreanische Halbinsel mit den Reichen der Paeksche (Baekje) und Silla, auf alle wird in der koreanischen Geschichtsschreibung heute als die ›Drei Königreiche‹ Bezug genommen. 668 ging Koguryo durch Aggression chinesischer Heere unter. Erste Abwehrkämpfe begannen, als deren Resultat ein neues Königreich entstand: Palhae. Machtkämpfe unter den Teilstaaten zogen sich bis ins 10. Jahrhundert, bis es zur Bildung eines neuen, vereinten Reiches namens Koryo kam (918), von dem sich auch der heutige Name ›Korea‹ ableitet. Koryo wird als erstes ›gesamtkoreanisches‹ Reich und damit als politische Einigung der konkurrierenden Feudalherrscher interpretiert, außerdem als Bollwerk gegen den chinesischen Norden. Symbole und Architektur aus der Spätzeit der Koryo-Epoche sind beispielsweise im Pohyon-Tempel in Myohangsan zu bewundern. In der Koryo-Epoche kam es zu einer blühenden Wirtschaft und zu einem regen Außenhandel mit Europa und Afrika. Allerdings hatte sich das Reich zu Ende des 12. und zu Beginn des 13. Jahrhunderts zunehmend mit Angriffen der Mongolen auseinanderzusetzen, später mit japanischen Piraten. Beherzte Verteidigungsversuche schlugen letztlich fehl, 1392 ging Koryo nicht zuletzt auch durch innere Machtkämpfe unter.

Heute wird in Pyongyang mit Stolz und wohl auch zu Recht darauf hingewiesen, dass im späten 12. Jahrhundert – und damit einige Zeit vor Gutenberg – die beweglichen metallenen Lettern für den Buchdruck erfunden wurden. Ein Exemplar davon ist im Geschichtsmuseum in Pyongyang zu sehen. Schon zuvor war den Koreanern das Drucken mit Holz- und später Bronzelettern bekannt, vornehmlich zum Druck von buddhistischen Papierrollen. Auch die Porzellanherstellung rührt aus dieser Zeit.

Die Choson-Dynastie

Die Nachfolge ders Koryo-Dynastie trat der feudalistische Clan des Li Song Gye an, der in Folge von 1392 bis 1910 die Geschicke des Landes bestimmten sollte. Dieses hieß fortan ›Choson‹ (auch: ›Joseon‹) und war herrschaftlich und wirtschaftlich stark von der Südhälfte der Halbinsel dominiert. Das Staatsgebiet wurde administrativ neu eingeteilt, im Laufe der Zeit militärisch massiv aufgerüstet und im Zuge einer Landreform neu verteilt. Frühere Würdenträger der königlichen Familie, Aristokraten und buddhistische Religionszirkel wurden enteignet, die wirtschaftliche Basis der früheren herrschenden Kräfte zerstört und gleichzeitig die ökonomische Basis der sich als recht stabil erweisenden neuen Choson-Dynastie stabilisiert. Die wechselhaften Beziehungen zur Ming-Dynastie in China entspannten sich, der Handel mit China bekam einen neuen, wichtigen Stellenwert. Der Tauschhandel wurde in zunehmenden Maße durch die Verwendung von Münzen und Papiergeld ergänzt.

Auch mit den Völkern der Mandschurei wurde Klarheit geschaffen: Nach einem entscheidenden militärischen Schlag gegen die Tungusen und dem Bau von Befestigungsanlagen in den Grenzstädten konnte die ständige Invasionsgefahr begrenzt werden.

Im 15. Jahrhundert wurde in der Choson-Dynastie das koreanische Alphabet eingeführt, in Folge kam es zu einem kulturellen und wirtschaftlich-technischen Aufschwung. Allerdings – wie gesagt – hauptsächlich im Süden, der aus klimatischen und geographischen Gründen die ›Kornkammer‹ der koreanischen Halbinsel ist. Das Volk im Norden wurde eher als militärisches Personal eingezogen und war häufigen Hungersnöten ausgesetzt. Über die Jahre entwickelte sich der Süden des Landes wirtschaftlich weitaus schneller und besser als der Norden. Die Unzufriedenheit im Norden äußerte sich in wiederholten Bauernaufständen, während sich im Süden neue hierarchische Feudalstrukturen herausbildeten.

Auch die industrielle Entwicklung blieb weitgehend auf den Süden beschränkt, der Norden diente in der Folge als Arbeitskräftereservoir und zur Ausbeutung von Bodenschätzen. Die Gewinne wurden in die neue Hauptstadt Seoul transferiert. Im 19. Jahrhundert bildeten sich große Papier-, Textil- und andere Industrien heraus, auch die Maschinenindustrie entwickelte sich weiter.

Doch nicht nur die verarmten Bauern und Minenarbeiter des Nordens, auch aufgeklärte Oppositionelle im Süden zeigten sich zunehmend unzufrieden mit dem zentralistischen Feudalismus. Es kam zu einigen Aufständen, die ›Reform-Partei‹ wollte 1884 unter dem Eindruck der bürgerlichen Revolutionen in Europa eine Änderung in Korea herbeiführen – vergeblich. Amerikanische – vornehmlich protestantische – Missionare, die im Norden unter der Landbevölkerung auf Zuspruch gestoßen waren, wurden von der Staatsgewalt brutal unterdrückt. Dies betraf auch französische katholische Missionare, die etwas später dazugestoßen waren.

Im Gegenzug führten mehrmalige bewaffnete Krisen mit Japan, eine rigide Zollpolitik und das krampfhafte Bemühen der herrschenden Dynastie um die Aufrechterhaltung ihrer Macht zu einer immer stärker werdenden Isolation des Landes. Das Militär wurde aus Angst vor ausländischer Aggression wieder aufgerüstet. In diese Zeit (1886) fällt auch die Versenkung des als Handelsschiff getarnten amerikanischen Kriegsschiffes ›General Sherman‹, das entgegen vieler Warnungen den Taedong-Fluss nach Pyongyang hinauffuhr und alle Aufforderungen, umzukehren, ignorierte. Als es kurz vor Pyongyang auf eine Sandbank auffuhr, wurde es von Koreanern geentert und niedergebrannt. Dieser erste kriegerische Kontakt mit den Amerikanern wird in der heutigen nordkoreanischen Geschichtsschreibung als Beginn des Widerstands gegen den US-Imperialismus gefeiert. Der offiziellen Doktrin zufolge soll an der Versenkung der ›General Sherman‹ der Urgroßvater von Kim Il Sung maßgeblich beteiligt gewesen sein. Mangels objektivierbarer historischer Beweise kann man diese Überlieferung glauben oder auch nicht.

Ein erneuter Angriff einer US-Flotte von 1871 wurde von den Koreanern ebenfalls abgewehrt, weiterhin eine französische Armada, die die Insel Kanghwa (Ganghwa) angegriffen hatte. Die Interessen der Westmächte lagen auf der Hand: Europa und die USA wollten sich Korea als ›Brückenkopf‹ nach Japan sichern und eine wirtschaftliche Achse für ihre eigenen Interessen aufbauen.

Trotz des Abwehrkampfes gewann das Ausland und insbesondere Japan immer mehr Einfluss im Choson-Reich. Die heutige Geschichtsschreibung des Nordens führt dies – wohl nicht zu Unrecht – auf die Überhandnahme der allgegenwärtigen Korruption und der willfährigen Politik im Süden zurück. In Folge wurden gegen Ende des 19. Jahrhunderts Verträge mit Japan (Kanghwa-do-Vertrag) zur Öffnung der koreanischen Hafenstädte und Etablierung neuer Handelsaktivitäten geschlossen. Dem folgten weitere Handelsverträge mit den USA, Großbritannien, Deutschland, Frankreich und dem zaristischen Russland. Der Abfluss von Geld ins Ausland und zur korrupten herrschenden Schicht im Süden führte zu einer drastischen Verschlechterung der Lebensbedingungen und in Folge zu Aufständen und Soldatenmeutereien, 1894 schließlich zu einem großen Bauernaufstand, gegen den die Regierung sogar dic Japaner zu Hilfe rufen musste. Diese ließen sich nicht zweimal bitten, schlugen die Aufstände mit brutaler Gewalt nieder, erhöhten danach ihre militärische Präsenz in Korea massiv und rissen letztlich die gesamte Macht an sich, indem die letzte Generation der Choson-Herrscherfamilie, die zuletzt Hilfe von Russland erhoffte, einfach aus dem Weg geschafft, sprich: ermordet wurde.

Unter japanischer Herrschaft

Nach der Niederlage des zaristischen Russlands im Russisch-Japanischen Krieg wurde Korea 1905 von den japanischen Invasoren mehr oder weniger gezwungen, seine bis dato eigenständige Außenpolitik an Japan abzutreten. Durch eine Reihe weiterer Verträge bis 1910 verlor Korea sukzessive seine nationale Eigenständigkeit und wurde schließlich annektiert. Verwaltung, Rechtsprechung, Justiz und Staatsvermögen wurden von Japan übernommen, die koreanische Armee aufgelöst. Diese heute von Nordkorea als japanische Besatzungszeit bezeichnete Periode währte bis 1945 und war von Unterdrückung und wirtschaftlicher Ausbeutung gekennzeichnet. Japan hat sich bis heute nicht – trotz häufiger Aufforderungen – für die Kolonialzeit und währenddessen begangene Gräueltaten in Nordkorea entschuldigt, während dies gegenüber Südkorea sehr wohl geschah. Nordkorea besteht weiterhin auf einer formellen Entschuldigung und auf Reparationszahlungen in dreistelliger Milliarden-Dollar-Höhe, bis heute ohne Erfolg.

In den ersten Jahren der japanischen Hegemonialherrschaft begann sich vor allem im Norden des Landes ein Guerilla-Widerstand zu formieren, der von China unterstützt wurde. Trotz Attentaten wie jenem von 1909 auf den japanischen Statthalter Ito Hirobumi und diversen Partisanenaktionen kam der Widerstand aber nicht so richtig auf Touren. Ein landesweiter Aufstand im Jahre 1919, ›Volksaufstand vom 1. März‹ genannt, mobilisierte zwar eine erhebliche Menge an koreanischen Widerstandskämpfern, wurde aber von den Besatzern brutal niedergeschlagen. Mehr als 20 000 Tote und 50 000 Verwundete waren zu beklagen.

Die Taedongmun-Straße in Pyongyang um 1910

In diese Zeit fiel nach nordkoreanischer Geschichtsschreibung der Aufschwung von Kim Il Sung, der der offiziellen Überlieferung nach einer unter dem Eindruck der russischen Oktoberrevolution politisierten Familie entstammte. Kim Il Sungs Vater, Kim Hyong Jik, soll erste Thesen über die Umwandlung der nationalen Freiheitsbewegung in eine kommunistische entwickelt haben. Kim Il Sung, in Folge von der Mandschurei aus mit Unterstützung chinesischer Exil-Koreaner operierend, versuchte, die verschiedenen Befreiungsbewegungen unter der kommunistischen Doktrin zu vereinen. Im Oktober 1926 gründete er eine Bewegung mit dem Namen ›Nieder mit dem Imperialismus‹ mit jungen Schülern und Studenten, in der Grundzüge einer neuen, kommunistischen Gesellschaftsordnung für eine Zeit nach der Befreiung von den Japanern vorentwickelt wurden.

Kim Il Sung

Wer sich heute in Nordkorea für diese Frühzeit der Aktivitäten von Kim Il Sung interessiert, den erwartet eine ganze Reihe von Mythen und Heldengeschichten über den Tatendrang, die Weitsicht, die unvergleichliche Intelligenz und die theoretische Fundiertheit des ›Großen Führers‹ bei der Anwendung des Marxismus-Leninismus auf die spezifische koreanische Situation. Bereinigt um diese Heldenbildung hat man es bei Kim Il Sung mit größter Wahrscheinlichkeit mit einen von der jungen Sowjetunion und später auch von China protegierten Partisanen zu tun, der sich als besonders kommunistisch-linientreu erwies. Kritiker der Heroenthese sprechen davon, Kim Il Sung sei einer der zahlreichen Guerillaführer in der Mandschurei gewesen, der sich bei den Richtungsstreitigkeiten der unterschiedlichen koreanischen Befreiungsbewegungen am deutlichsten der marxistisch-leninistischen Lehre verpflichtet gefühlt habe – davon zeugen eigene Klagen über die ›hoffnungslosen Fraktionskämpfe der pseudomarxistischen Nationalisten‹, denen er die ›reine Lehre‹ gegenüberstellte. Andere Quellen (aus Südkorea) wiederum behaupten, der spätere Staatschef habe den Namen Kim Il Sung nur von einem besonders verdienten und im Volk beliebten Guerillakämpfer, der 1931 im Kampf verschollen war, übernommen und auf einem fremden Mythos seine eigene Zukunft aufgebaut. Nach dem japanischen Rückzug aus Nordkorea 1945 habe die sowjetische Verwaltung unter Generalmajor Andrej Romanenko einen ihrer koreanischen Majore in der Roten Armee, Kim Sung Chu, dem befreiten Volk als ›General Kim Il Sung‹ präsentiert, während der echte Kim Il Sung bereits 14 Jahre tot war. Demnach war der von den Sowjets vorgestellte Kim Il Sung auch 24 Jahre jünger als der Partisanen-Volksheld und erhielt im sowjetischen Chabarovsk seine Rote-Armee-Ausbildung, wo 1942 auch sein Sohn Kim Jong Il geboren worden sein dürfte. In Nordkorea selbst gibt es selbstverständlich nicht den leisesten Zweifel daran, dass Kim Il Sung stets der Held aus dem antijapanischen Befreiungskampf war. Ihn möglicherweise als willfährigen Führer einer moskautreuen Partisanen-Nomenklatura zu verdächtigen, wäre im Gespräch mit Nordkoreanern ein Sakrileg sondergleichen.

Juche-Ideologie

Jedenfalls soll (der echte?) Kim Il Sung 1927 als Nachfolger der ›Nieder‹-Bewegung die ›antiimperialistische Jugendbewegung‹ als illegale Massenorganisation und die ›Liga junger Kommunisten‹ als Kaderorganisation gegründet haben. Diese riefen erfolgreich zu Massendemonstrationen und Streiks auf, jedoch ohne nachhaltiges Ergebnis. Die Folge war die Schöpfung einer einheitlichen Leitidee, die die verschiedenen marxistischen Strömungen mit dem koreanischen Nationalismus vereinigen sollte: die ›Juche‹-Ideologie (sprich: Tschutsche).

Diese Ideologie, die bis heute in Nordkorea als ›geniale Errungenschaft‹, als ›völlig neue schöpferische Erkenntnis‹ und als ›philosophisches System‹ gefeiert wird, besteht im wesentlichen aus einer Anwendung der grundlegenden mar-

Kim-Il-Sung-Wandbild am Moran-Hügel in Pyongyang

Der Turm der Juche-Ideologie in Pyongyang

xistisch-leninistischen Lehre in Kombination mit nationalistischen Elementen, also einer Art ›National-Kommunismus‹, die der internationalistischen Orientierung der ›Weltrevolution‹ Leninscher Prägung widerspricht. Das Kernelement ist die ›Selbstbestimmung‹ des koreanischen Kommunismus, die Erhaltung aus eigener Kraft in Gemeinweisen, Versorgung und Verteidigung als kommunistisch organisierte Nation, nur zu vergleichen mit Albanien unter Enver Hodhxa.

Kampf gegen Japan

1929 spitzte sich die Lage im antijapanischen Freiheitskampf zu. Die Japaner verbündeten sich mit einigen chinesischen Militärs in der Mandschurei und verstärkten dort in der Folge ihre Truppenpräsenz. Im Oktober 1929 wurde Kim Il Sung verhaftet und bis Mai 1930 festgehalten. Hier dürfte sich – wenn die südkoreanische These zweier Kim Il Sungs zutrifft – die Spur des echten Partisanenhelden Kim Il Sung verloren haben. Nach offizieller nordkoreanischer Geschichtsschreibung wurde Kim Il Sung aber freigelassen, konnte seine Aktivitäten fortsetzen und versuchte die ›Antiimperialistische Jugendbewegung‹ und die ›Liga junger Kommunisten‹ unter einer gemeinsamen Doktrin zu vereinen, deren Ziel nicht mehr nur die Befreiung von der Besetzung, sondern die kommunistische Revolution unter der Juche-Ideologie war. Dahinter stand die starke Unterstützung der Sowjetunion.

Es kam zu einer Reihe von weiteren Demonstrationen und Streiks, die aber erneut von den Japanern niedergeschlagen wurden. Die Folge war die Hinwendung der aufständischen Nordkoreaner zum bewaffneten Widerstandskampf. Am 6. Juli 1930 wurde die Koreanische Revolutionsarmee gegründet, der Vorläufer der heutigen Volksarmee der DPRK. In kleinen Gruppen schürte die Revolutionsarmee hauptsächlich im Norden des Landes den Widerstand unter der Bevölkerung und begann, sich Waffen zu beschaffen. Ihr Hauptstützpunkt befand sich damals in den Randgebieten des nordöstlichen Koreas, ein Gebiet, das für die japanischen Truppen fast unzugänglich und daher schwer zu überblicken war. Außerdem befanden sich dort auch viele Flüchtlinge vor der japanischen Herrschaft im Süden. Zu Beginn des Jahres 1932 begann die Koreanische Revolutionsarmee mit dem Guerillakampf, zunächst gegen die japanischen Truppen in der Mandschurei. Nach ersten Erfolgen gegen die überraschten Japaner begann die Revolutionsarmee, sich nach Süden zu wenden. Immer häufiger kam es zur Schaffung sogenannter ›befreiter Gebiete‹, also Regionen unter Herrschaft der Aufständischen inmitten des besetzten Gebietes. In diesen Gebieten wurden ›revolutionäre Volksregierungen‹ gegründet, die die verbliebenen Japaner vertrieben oder exekutierten, Land und Besitz enteigneten, Steuern abschafften und gleichzeitig eine Sozialreform in die Wege leiteten. Auch erste Säuberungswellen gab es bereits damals: ›Projapanische Elemente und Verräter‹ wurden mit aller Härte verfolgt.

Die verschiedenen ›befreiten Gebiete‹ und ihre Volksregierungen gewannen im Laufe der Zeit an Stärke. Am Status quo der japanischen Präsenz sollte sich aber bis in die zweite Hälfte der dreißiger Jahre nichts ändern. 1936 intensivierte die Revolutionsarmee die Guerillatätigkeit. Rund um den Paekdu-Berg (Paekdusan), später als ›Heiliger Berg der Revolution‹ gefeiert, wurden in dichtbewaldetem Terrain Guerillacamps errichtet. Von dieser versteckten ›Festung‹ wollten die Aufständischen Kampfaktionen gegen den Süden starten. Als erster nenneswerter Erfolg im Widerstand gilt die Eroberung der japanischen Hochburg Pochonbo.

Unterdessen brach Japan im Juli 1937 den Chinesisch-Japanischen Krieg vom Zaun, mit dem Resultat, dass den koreanischen Widerständlern mit China nun ein mächtiger Bündnispartner in die Hände gespielt wurde. Im Krieg gegen die Chinesen wurden die Japaner von koreanischen Aktionen aus dem Hinterland wiederholt empfindlich irritiert. Dennoch musste sich die Revolutionsarmee unter starkem japanischen Sperrfeuer sukzessive wieder in ihre Schlupflöcher am Peakdu-san zurückziehen, eine verlustreiche Aktion, die in der nordkoreanischen Geschichte als ›Schwerer Marsch‹ verklärt wird.

Geheimes Camp am Paekdu-Berg: Hier befand sich die Zentrale der Revolutionsarmee

Land und Leute

Die Jahre nach dem Zweiten Weltkrieg

Die gesamte ostasiatische Region litt zu dieser Zeit unter den Auswirkungen des Zweiten Weltkrieges, der im wesentlichen durch die Haltung Japans als Verbündeter Deutschlands dorthin importiert worden war. Auch nach der Kapitulation Deutschlands am 9. Mai 1945 ging es bekanntlich noch eine Weile weiter: Am 9. August 1945 erklärte die Sowjetunion Japan den Krieg, in Folge marschierte die Rote Armee mit der nordkoreanischen Revolutionsarmee im Schlepptau auf der koreanischen Halbinsel ein und befreite das Land Stück für Stück. Am 15. August 1945 kapitulierte Japan nach den verheerenden Atombombenabwürfen auf Hiroshima und Nagasaki und musste sich bedingungslos aus Korea zurückziehen.

Es begann die Ära des Kalten Krieges. In der Konferenz von Jalta beschlossen die Siegermächte USA, Großbritannien und die Sowjetunion die Teilung von Korea am 38. Breitengrad. Den Süden sollten die USA, den Norden die UdSSR verwalten, bis es – auf Anregung der UNO – zu Wahlen über eine gesamtkoreanische Regierung kommen würde.

Sowohl die amerikanische Präsenz als auch die UNO-Vorschläge wurden von Kim Il Sung, der sich mit Hilfe der Sowjets unwidersprochen zur führenden Persönlichkeit des antijapanischen Befreiungskampfes hochstilisiert hatte, abgelehnt. Während vom Norden damals – durchaus zu Recht – kritisiert wurde, dass die USA unter ihrem südkoreanischen Statthalter, General Mac Arthur, die koloniale Herrschaftsstruktur der Japaner nur wenig zu modifizieren gedachten, lehnte sich Kim Il Sung intensiv an die sowjetische Schutzmacht an. Eine Vereinigung war in weite Ferne gerückt. Stattdessen entwickelte sich das geteilte Korea in zwei gänzlich verschiedene Richtungen. Im Süden wurden – nach dem UNO-Vorschlag – mehr oder weniger freie Wahlen abgehalten. Der Norden aber startete mit einer Isolationspolitik, die das Land bis heute bestimmt. UNO-Vertretern wurde der Zutritt untersagt.

Hauptvorwurf gegen die südkoreanische Führung jener Zeit war, dass sie aus einer ›Marionettenregierung aus Kollaborateuren mit den Japanern, Verrätern und übelsten reaktionären Elementen‹ bestand, wie es die nordkoreanische Geschichtsschreibung in-

Die Figurengruppen am Großen Monument in Pyongyang stehen für den historischen Freiheitskampf des koreanischen Volkes

terpretiert. Tatsächlich war Südkorea damals (wie auch heute) ein Spielball der Ostasien-Interessen der Amerikaner, die auf keinen Fall einen Kompromiss mit dem Norden eingehen wollten und deshalb eine ihnen loyale Regierung in Südkorea einsetzten, statt dort den demokratischen Prozess zu beschleunigen.

Kim Il Sung gründete unterdessen am 10. Oktober 1945 die Kommunistische Partei Koreas, die im Führungskader hauptsächlich aus seinen Kampfgenossen und aus zurückgekehrten Guerillakämpfern aus der Mandschurei bestand. Die Übergabe Nordkoreas durch die sowjetischen Statthalter an eine UdSSR-loyale Regierung war vollzogen. Unverzüglich wurden Maßnahmen für Reformen getroffen, die alle Bereiche des gesellschaftlichen Lebens betrafen. Die Industrie wurde verstaatlicht, das Land in Agrarkollektive aufgeteilt, Rechts-, Sozial- und Erziehungswesen nach kommunistischem Muster umgeordnet.

1946 trat ein Agrarreformgesetz in Kraft, auf dessen Basis alles Land im ehemaligen Besitz von Japanern und deren Sympathisanten sowie alles Land mit mehr als fünf Hektar entschädigungslos enteignet wurde. Neben der Industrie wurden auch die Medien, Infrastruktureinrichtungen und Banken verstaatlicht. 1948 wurde aus der Revolutionsarmee die ›Koreanische Volksarmee‹, die mit dem Sieg der Kommunisten in China 1949 durch rückkehrende nordkoreanische Soldaten ständig wuchs und schließlich eine beachtliche Größe erreichte. Diese Militarisierung verschlang auch einen großen Teil des Staatshaushaltes. Heute stehen in Nordkorea rund eine Million Bewohner unter Waffen, das sind rund fünf Prozent der Bevölkerung.

Nachdem in Südkorea 1948 auf Geheiß der UNO Wahlen abgehalten worden waren, folgte auch der Norden mit einem Urnengang, der allerdings das wenig überraschende Ergebnis einer 98,49-prozentigen Zustimmung für die ›Partei der Arbeit Koreas‹ brachte. Vorsitzender Kim Il Sung wurde zum Premierminister und Staatsoberhaupt ernannt. Unverzüglich folgte der Erlass eines Wirtschafts-Zweijahresplanes für die Jahre 1947/48 und eines weiteren für die Jahre 1949/50.

Der Koreakrieg

Über die nun folgenden Ereignisse gibt es in der nord- beziehungsweise südkoreanischen Geschichtsschreibung sehr divergierende Auffassungen. Laut Südkorea hatte die zunehmende Zahl an Scharmützeln an der Demarkationslinie im Jahr 1950 irgendwann das Fass zum Überlaufen gebracht und eine Aggression beider Seiten bewirkt, die in eine großflächige bewaffnete Auseinandersetzung mündete, ausgelöst durch einen Vormarsch der Koreanischen Volksarmee aus dem Norden. Die Nordkoreaner wiederum führen den Ausbruch des Krieges auf hetzerische Parolen und provozierte Grenzzwischenfälle des damaligen südkoreanischen Premierministers Li Bom Sok und seines Generalstabes zurück, der angeblich im Juni 1950 seine Armee am 38. Breitengrad zusammenzog und Angriffe gegen den Norden startete. Beide Seiten weisen aber von sich, den ersten Schuss abgegeben zu haben.

Jedenfalls galt ab dem 1. Juli 1950 der Kriegszustand, und es gelang der Koreanischen Volksarmee tatsächlich, die Truppen des Südens zurückzudrängen und in Seoul einzumarschieren. Sechs Wochen später hatten die Nordkoreaner den Feind in einen kleinen Küstenstreifen im Süden der Halbinsel bei Busan zurückgedrängt. Es sah ganz so aus, als ob die Nordkoreaner den Sieg davongetragen hatten.

Die Schutzmacht Südkoreas, die USA, reagierten zwar mit einiger Verzögerung, aber sie reagierten mit allem, was sie in kurzer Zeit aufbieten konnten. Sie mobilisierten ihre gesamten Streitkräfte im pazifischen Raum, setzten Truppen bei zahlreichen Landeaktionen ab und begannen im September 1950 eine Generaloffensive an der südkoreanischen Westküste bei Inchon. Nach einer von den USA vehement geforderten UN-Resolution beteiligten sich eine Reihe anderer europäischer und pazifischer Länder an der Aktion gegen den Norden.

Zahlreiche spätere Berichte über den Koreakrieg befassten sich mit der Rolle des US-Generals Douglas MacArthur, der seine im Zweiten Weltkrieg und auf den Philippinen erprobte Kampferfahrung nun in Korea anwandte. Von brutalen Schlächtereien an der Zivilbevölkerung wurde berichtet, von massiven Flächenbombardements der Amerikaner, die jene im Zweiten Weltkrieg überboten, und von wahllosen Gräueltaten und Barbareien, allerdings auf beiden Seiten. Viele Details dieses schrecklichen Krieges sind auch heute noch nicht ganz geklärt, aber auch westliche Beobacher sind sich einig, dass die Brutalität des Vorgehens dem späteren Vietnamkrieg in nichts nachstand. Von nordkoreanischer Seite wird heute – möglicherweise nicht zu Unrecht – beklagt, dass viele Militäraktionen unter der Flagge der ›UN-Forces‹ geführt wurden. Die Nordkoreaner hatten der amerikanischen Offensive jedenfalls kaum etwas entgegenzusetzen, zumal sich die Rote Armee bereits zum Großteil zurückgezogen hatte. Binnen weniger Tage vertrieben die Truppen MacArthurs die Koreanische Volksarmee aus Seoul und wieder hinter den 38. Breitengrad zurück. Von nördlicher Seite wurde dies als ›strategischer Rückzug‹ interpretiert, wobei die Volksarmee im Hinterland des Südens verzweifelt Sabotage- und Guerillaaktionen fortzusetzen versuchte.

Die Situation änderte sich, als China in die Auseinandersetzung eintrat. Dieser Umstand, der von Nordkorea etwas beschönigend als ›Freundschaftshilfe‹ ins Treffen geführt wird, hatte zur Folge, dass die USA und sie unterstützende UN-Truppen aus 15 Ländern an ihre Grenzen stießen. Etwa 200 000 chinesische Soldaten eilten den Nordkoreanern als ›Freiwilligenarmee‹ mit Waffen

Landung der amerikanischen Truppen im südkoreanischen Inchon 1950

Der Friedhof der Märtyrer nordöstlich von Pyongyang

und Kriegstaktik zur Seite, als Dank Mao Tse-Tungs für die seinerzeitige Unterstützung der chinesischen Revolution durch die Nordkoreaner und wohl auch als machtvolles Signal gegenüber dem ›Klassenfeind USA‹. Das Aufeinandertreffen der beiden Kriegsparteien führte bald zu einer militärischen Pattstellung. Im Juni 1951 wurden erste Waffenstillstandsverhandlungen eingeleitet. Eine Einigung gab es allerdings nicht: Stattdessen holten die USA noch einmal zum massiven Gegenschlag aus. In verschiedenen Offensiven wurden bis zu 40 000 Bomben und Granaten täglich auf Nordkorea abgeworfen, mit dem Resultat, dass ganze Landstriche ausgelöscht wurden; es gab sogar Berichte, dass Bombardements manche Gebirgsketten durchschnittlich um einige Meter abtrugen.

Nach dem Amtsantritt des amerikanischen Präsidenten Dwight D. Eisenhower gab es eine nächste Welle des ›absoluten Krieges‹, mit ungeheurer Brutalität, aber wiederum ohne das gewünschte Ergebnis. Aus dieser Zeit rührt eine hohe Sensibilität der Nordkoreaner gegenüber dem heutigen Verhalten der USA auf der koreanischen Halbinsel, insbesondere der jährlichen Militärmanöver. Die nordkoreanische Regierung lastet den USA ein besonders brutales Vorgehen im Koreakrieg durch die üppige Verwendung bakteriologischer Waffen und Napalm an. Über diese Kriegsgräuel gibt es im ›Museum über den Sieg im Vaterländischen Befreiungskrieg‹ in Pyongyang ausführliche Dokumentationen zu sehen. Daneben wird auch über die ›weltweite Unterstützung und Solidarität‹ der Bruderstaaten mit dem nordkoreanischen Volk berichtet: So gab es Protestnoten aus Polen gegen das amerikanische Vorgehen, Hilfsgüter aus Bulgarien und Albanien, Lokomotiven aus der Tschechoslowakei, Kleider aus Rumänien, Pferde aus der Mongolei und medizinische Unterstützung aus Ungarn. Dies zeigt umso deutlicher, dass der Koreakrieg in Wirklichkeit der erste kriegerische Konflikt war, in dem es um eine Machtdemonstration der Blöcke ging. Deshalb wurde den nordkoreanischen Kämpfern aus dem sozialistischen Lager – so gut es ging – Unterstützung zuteil. Kriegsentscheidend war aber sicher der Einsatz der chinesischen ›Freiwilligentruppen‹ nach dem Rückzug der russischen Roten Armee. Ohne die Chinesen, darin sind sich die meisten westlichen Historiker einig, wäre Kim Il Sung heute eine Fußnote in der ostasiatischen Militärgeschichte, und Nordkorea wäre im Eiltempo eingenommen worden.

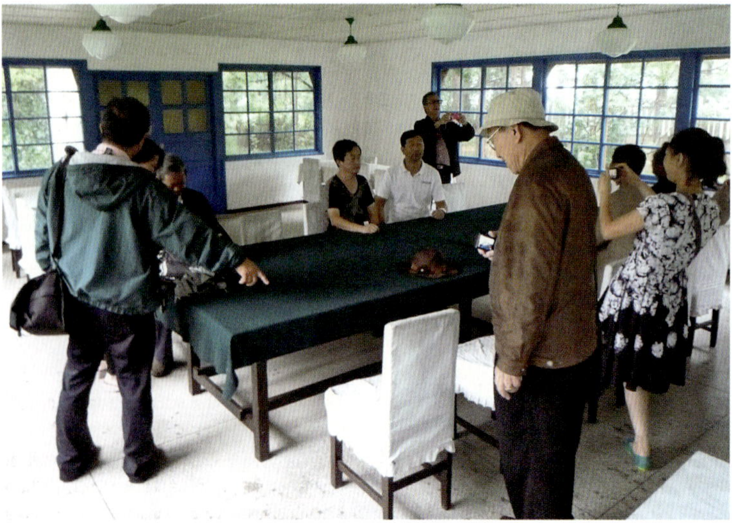

Verhandlungsbaracke in Panmunjon

Waffenstillstand

Der folgenden zweiten Generaloffensive auf Geheiß Eisenhowers war noch immer kein Erfolg beschieden. Die Folge war ein zweiter Versuch, einen Waffenstillstand abzuschließen, und dieser wurde am 27. Juli 1953 im Grenzort Panmunjon am 38. Breitengrad unterzeichnet; nicht ohne die scharfe Kritik der Südkoreaner an der Schutzmacht und an diesem für sie ungewünschten Ergebnis. Die Eroberung des Nordens war fehlgeschlagen, wie auch dieser Krieg trotz der enormen menschlichen und materiellen Opferbilanz eigentlich kein Ergebnis gebracht, sondern nur den Status quo ante bellum wieder eingesetzt hatte.

Über die Opfer gibt es von beiden Seiten höchst unterschiedliche Aussagen. Der Norden spricht von 1,5 Millionen Toten auf südlicher Seite, davon 400 000 US-Soldaten. Die USA selbst führen nur wenige zehntausend eigene Kriegsgefallene und eine undefinierte Zahl an Zivilisten an und sprechen von einer Million Toten im Norden. In der Summe jedoch dürfte der Koreakrieg in drei Jahren an die zwei Millionen Opfer auf beiden Seiten gefordert haben, eine erschütternde Bilanz. Die Kriegskosten allein der USA werden auf 165 Milliarden Dollar geschätzt. Südkorea aber beschwerte sich, dass die USA den Krieg mit dem Norden ›nicht zu Ende geführt‹ hatten. Vor diesem Hintergrund ist die auch noch heute höchst angespannte Stimmung auf der koreanischen Halbinsel und das besonders vom Koreakrieg belastete Verhältnis Nordkoreas zu den USA zu betrachten.

Der Waffenstillstand gilt noch heute, mit der besonderen Eigenschaft, dass er nicht mit Südkorea, sondern mit den USA und deren UN-Verbündeten unterzeichnet wurde. Also befinden sich die beiden koreanischen Staaten formell noch im Kriegszustand, und Nordkorea ging lange Zeit davon aus, dass es Sache der USA sei, Südkorea politisch auf eine Wiedervereinigung zu drängen. Im Jahr

2002 sah es vor dem Hintergrund der mannigfaltigen Probleme der USA mit dem moslemischen Extremismus kurze Zeit so aus, als ob die USA die Lösung der Nordkorea-Frage lieber den unmittelbaren Nachbarn Südkorea und Japan überlassen würden. Der Krieg gegen den Irak dürfte Präsident George W. Bush aber wieder darin bestärkt haben, doch alles selbst machen zu müssen. Mitte 2003 war man wiederum einem Krieg näher als je zuvor – wie bedrängt das Regime Nordkoreas ist, erweist sich immer dann, wenn es seine Atombomben-Trumpfkarte ausspielt, wie es in den darauf folgenden Jahren mehrfach passierte.

Wiederaufbau und Personenkult

Nach dem Waffenstillstand 1953 erholte sich der Süden vom Krieg nur sehr langsam, es kam zur Etablierung einer korrupten und schwachen Regierung unter dem von den USA gestützten Präsidenten Syngman Rhee. 1961 wurde diese durch eine Militärdiktatur unter General Park Chung-hee ersetzt, der wiederum 1979 von seinem eigenen Geheimdienstchef ermordet wurde. In Südkorea bildeten sich unter tatkräftiger Förderung der autoritären Machthaber die sogenannten ›Chaebols‹ heraus, riesige Firmenkonglomerate, die in den meisten Fällen von weitverzweigten Familienclans dirigiert wurden, der Regierung sehr nahe standen und die südkoreanische Politik und Wirtschaft bestimmten und zum Teil auch noch heute mitbestimmen. Dazu gehören zum Beispiel Hyundai, Daewoo, Kia, Samsung oder Lucky Goldstar (LG). Dieser Brachialkapitalismus stand wirtschaftlich zwar im absoluten Gegensatz zur Entwicklung im Norden, was seine autoritäre Struktur betrifft, gibt es aber Gemeinsamkeiten. Gerade unter der Regierung von General Park gab es auch im Süden einen starken Personenkult, und Aufstände gegen das politische System wurden brutal unterdrückt. Auf der koreanischen Halbinsel wurden beide Extreme – der Kapitalismus und der Kommunismus – offensichtlich bis in die letzten Züge ausgelebt.

Neuanfang

In Nordkorea zog man nach 1953 Bilanz über die Kriegsschäden: Die Industrie war fast vollständig zerstört, die Hauptstadt Pyongyang lag in Schutt und Asche, Schulen, Spitäler und Wohnhäuser waren kaputt, auch die Felder zu fast einem Viertel unbebaubar geworden. In dieser Zeit fiel die Juche-Ideologie in der Bevölkerung auf fruchtbaren Boden: Das Wiedererstarken aus eigener Kraft, der Verlass auf die eigenen Möglichkeiten, die materielle und intellektuelle Unabhängigkeit vom Ausland und der Stolz auf die eigenen revolutionären Leistungen: All dies wurde den Nordkoreanern nach dem Krieg eingebläut, als Kim Il Sung mit Unterstützung Chinas und auch wieder der UdSSR in die Position eines kommunistischen Alleinherrschers gehoben wurde, zweifellos, um den Nordteil der koreanischen Halbinsel dem Erzfeind Japan als kommunistisches Aufbauland vor die Nase zu setzen und andererseits, damit China sich ›kapitalistische Truppen‹ vor der eigenen Grenze erspart.

Jedenfalls ist es in Nordkorea in den ersten zehn Jahren nach dem Krieg zu einer durchaus bemerkenswerten Entwicklung gekommen. Der Aufschwung war – nicht zuletzt aufgrund der patriotischen Begeisterung, geschürt durch Kim Il

Zerstörte Gebäude nach US-amerikanischen Bombenangriffen

Sung – trotz allem beeindruckend. Zum ersten Mal in seiner Geschichte bekam das Volk Zugang zu Schulen, Krankenhäusern, Bildungseinrichtungen, und vor allem wurde die Schwerindustrie wieder aufgebaut, allerdings auf Kosten der Konsumgüterindustrie und der Landwirtschaft, worunter Nordkorea heute massiv leidet. Die Gesellschaft und die Wirtschaft wurden radikal umgeformt: Das Volk wurde fortan zur ›Masse‹, geteilt in Arbeiter, Soldaten und Intellektuelle (und Parteibürokraten). Nach ersten Versuchen, eine staatliche Verteilungswirtschaft unter Abschaffung des Geldes einzuführen, wurde darauf doch verzichtet. Jedenfalls bekam die Bevölkerung nach der Wiederaufbauphase im Rahmen des ersten Dreijahresplanes von 1954 bis 1956 erstmals die staatliche Grundversorgung zugesichert. Der Wiederaufbau der zerstörten Industrie und Infrastruktur erfolgte durch Brigaden der Armee und der Arbeiterschaft mit primitivsten Mitteln. Hochöfen, Eisenbahnlinien, Straßen und Fabriken wurden wieder aufgebaut, das Land wurde in Agrargenossenschaften aufgeteilt, und in der Hauptstadt Pyongyang und den wichtigsten Provinzstädten schossen Plattenbauten in die Höhe.

Herrschaftssicherung unter Kim Il Sung

Gleichzeitig baute Kim Il Sung seinen Personenkult aus. Der Mythos des Befreiers vom japanischen Joch und des siegreichen Feldherrn gegen die USA und Südkorea hält zwar keiner genauen geschichtlichen Überprüfung stand, entwickelte sich aber zum Staatsparadigma Nr. 1 im Nachkriegs-Nordkorea. Angelehnt an den Personenkult von Stalin und Mao Tse-Tung schien Kim Il Sungs Erhebung ins Gottgleiche diese beiden bald zu übertreffen.

In den sechziger und siebziger Jahren begann sich Nordkorea auch innerhalb des sozialistischen Lagers und auch des Comecon (RGW, Rat für gegenseitige Wirtschaftshilfe) immer mehr zu isolieren und fand dabei mit der Juche-Ideologie die passende Grundlage. Nur China war stets ein verlässlicher politischer Partner, auch der meiste Außenhandel lief mit dem Nachbarn ab, meist als im Sozialismus üblicher Tauschhandel.

Südkorea und die USA verhielten sich in der Zeit des Kalten Krieges gegenüber Nordkorea nach außen hin relativ ruhig. Allerdings wurde der Süden nicht zuletzt auch mit Atomsprengköpfen massiv aufgerüstet, die Präsenz von US-Soldaten ging in die Zehntausende, und gelegentlich kam es zu bewaffneten Streitigkeiten und Schießereien an der Grenze sowie zu brenzligen Marinemanövern, wie es heute noch passiert. Zahlreiche Verhandlungen über die Möglichkeiten einer Wiedervereinigung wurden in Panmunjon abgehalten, aber ohne Ergebnis. Je nach politischer Lage kam es in den Baracken an der Demarkationslinie zu hitzigen Auseinandersetzungen, oder aber man schwieg sich stur an. Teilnehmer von damals berichten von stundenlangem Gegenübersitzen am Grünen Tisch, wobei kein Wort gewechselt wurde.

Während im Norden die Wirtschaft – unter Aufbietung aller Kräfte der Bevölkerung und starker ideologischer Indoktrinierung – auf Selbstversorgung getrimmt wurde, begann Kim Il Sung seine Herrschaft zu festigen. Regierungskritische Elemente wurden in Lager deportiert, deren Existenz natürlich kein Nordkoreaner zugibt, von denen aber rund 15 in den nördlichen Landesteilen existieren sollen. Die Verehrung gegenüber dem Staatsführer drückte sich in der Errichtung von Denkmälern im ganzen Land aus, der Verpflichtung zum Tragen von Anstecknadeln mit seinem Bild sowie der Allgegenwart seiner Thesen und Anweisungen in Medien, Schulbüchern und auf öffentlichen Plätzen.

Allgegenwärtig: das Konterfei Kim Il Sungs, hier auf einer Parade am 9. September 2013

ESSAY

Arbeitslager und Umerziehungscamps

In Nordkorea existieren nach Erkenntnissen verschiedener westlicher Regierungsorganisationen und NGOs diverse Einrichtungen, die man als Straflager, Arbeitslager oder politische Umerziehungslager bezeichnen kann. Ihre Leitung obliegt den beiden staatlichen Polizeiorganisationen namens ›Volkssicherheitsagentur‹ und ›Nationale Sicherheitsagentur‹. Dem US-Komitee zufolge, das im Jahre 2003 einen umfangreichen Bericht über den nordkoreanischen ›Strafvollzug‹ auf der Basis von Geheimdienstinformationen, Interviews mit Flüchtlingen und Satellitenbildern vorlegte, befinden sich ungefähr die Hälfte dieser Lager im gebirgigen nordöstlichen Landesteil, der Rest an der Grenze zu China sowie im zentralen Nordkorea.

Unterteilt werden die Lager in zwei Arten: Als ›Kwan li so‹ werden Arbeitslager nach dem System des sowjetischen Gulag bezeichnet, in denen politische und kriminelle Gefangene zur Arbeit in der Industrie, im Bergbau und in der Landwirtschaft angehalten werden. Bei einem dieser Kwan-li-so-Lagerkomplexe handelt es sich um das berüchtigte Yodok-Lager in der Provinz Südhamgyong, etwa 200 Kilometer nordwestlich von Wonsan (›Kwan li so Nr. 15‹). Darüber weiß man Details aus den Erzählungen des Flüchtlings Kang Chol Hwan, die im Buch ›Aquariums of Pyongyang‹ nachzulesen sind (→ S. 202). Ein Film-Footage über Yodok wurde 2004 vom japanischen Sender Fuji TV veröffentlicht und fand Verbreitung über das Videoportal YouTube, www.youtube.com.

Die andere Art von Lager nennt sich ›Jip kyul so‹ oder ›Rodong danryeondae‹. Sie befinden sich hauptsächlich an der Nordgrenze zu China und sind ›repatriierten‹ Flüchtlingen sowie Kriminellen (Schmugglern, Schiebern) vorbehalten. Laut dem nordkoreanischen Strafgesetzbuch, Artikel 47, ist die Flucht über die Grenze ›Landesverrat‹ und wird mit mindestens sieben Jahren ›Umerziehungslager‹ bestraft.

US-Menschenrechtler weisen auf die Bedeutung der Zwangsarbeit für die nordkoreanische Volkswirtschaft hin: Die Produktionszweige in den Camps würden mehr oder weniger denen der offiziellen nationalen Exportstatistik entsprechen. Über Kwan li so Nr. 22 in Haengyong, Nordhamgyong, liegen Aussagen des geflüchteten ehemaligen Häftlingsaufsehers Ahn Myong Chol vor, nach denen die männlichen Gefangenen in diesem Camp hauptsächlich in Gold-, Eisen-, Kohlen- und Magnesitminen und die Frauen in Textilfabriken arbeiten müssen. Nach westlichen Schätzungen sind pro Lager zwischen 5000 und 50 000 Gefangene inhaftiert. Die Gesamtzahl der Lagerhäftlinge wird auf 150 000 bis 200 000 beziffert. Die nordkoreanische Führung hat die Existenz von Gulags stets strikt geleugnet.

Aufsehen erregte der Fall des US-Amerikaners Kenneth Bae, der im November 2012 in der Sonderwirtschaftszone Kaesong unter dem Vorwurf nicht näher definierter ›staatsfeindlicher Handlungen‹ festgenommen und im April 2013 von einem nordkoreanischen Gericht zu 15 Jahren ›harter Arbeit‹ verurteilt wurde. Trotz heftiger Proteste aus den USA bekräftigte das Regime das Urteil, wie der nordkoreanische Botschafter in Großbritannien, Hyun Hak Bong, in einem seltenen Interview für ›Sky News‹ im Januar 2014 sagte. Der Botschafter betonte, dass Nordkorea keine Arbeitslager unterhalte, sondern ›Erziehungslager‹. Vorwürfe, sein Land würde Menschenrechtsverletzungen begehen, sei Propaganda ausländischer Medien, so Hak Bong. Warum das Urteil ›harte Arbeit‹ lautete, lässt sich damit aber nicht erklären.

Das amerikanische Spionageschiff ›Pueblo‹ ist zu besichtigen

Verhältnis zu anderen Staaten

Mit dem relativen Erstarken Nordkoreas wuchs auch das politische Selbstbewusstsein. Diplomatische Kontakte wurden geknüpft. Aus dieser Zeit rührt auch das Vertrauen der Nordkoreaner zu den dazumals blockfreien oder neutralen Staaten in Europa, darunter Schweden, Österreich und die Schweiz. Zu diesen Ländern unterhält Nordkorea bis heute einige der wenigen offiziellen diplomatischen Beziehungen nach Europa, die schwedische Botschaft in Pyongyang nimmt sogar eine wichtige Vertrauensrolle ein und vertritt bei Bedarf auch die Interessen von Bürgern der USA, Kanadas und Australiens, die nach Nordkorea kommen.

Das politische Selbstbewusstsein hatte allerdings auch andere Folgen. Der nordkoreanische Geheimdienst führte eine Reihe von Attentaten im Ausland durch, darunter einen Mordversuch am südkoreanischen Präsidenten Park im Jahre 1968, bei dem 68 Menschen umkamen. Nur zwei Tage danach kam es zur Aufbringung eines amerikanischen Spionageschiffes (der ›Pueblo‹) vor der nordkoreanischen Küste, bei der es einen Toten und mehrere Verhaftete gab. Die ›Pueblo‹ liegt heute in Pyongyang am Ufer des Taedong-Flusses und wird gerne von Reiseleitern angesteuert: Auf einem Video kann man die glorreiche Kaperung und die anschließende Gefangennahme amerikanischer Spione ansehen.

1983 kam es zu einem spektakulären Zwischenfall in Myanmar. Während eines Staatsbesuches des südkoreanischen Präsidenten Chun Doo-hwan in Yangon beging der nordkoreanische Geheimdienst ein Attentat. Sechs südkoreanische Kabinettsmitglieder wurden getötet, der Präsident überlebte. 1987 brachten die Nordkoreaner ein Flugzeug der staatlichen südkoreanischen Fluglinie über Myanmar zum Absturz, 115 Tote waren die Folge.

Unter der Herrschaft von Kim Il Sung entwickelte sich Nordkorea zu einem ›vorbildlichen‹ kommunistischen Staat, aber auch zum Sonderfall innerhalb des sozialistischen Blocks. Die extreme Isolierung sorgte auch für eine spezielle Stellung innerhalb der sozialistischen Wirtschaftsgemeinschaft, des Comecon, wenngleich der politische Verkehr mit den Bruderländern, hauptsächlich (neben der UdSSR und China) der DDR, Kuba und einigen afrikanischen Entwicklungsländern, rege war. Dennoch war Nordkorea der wirtschaftlichen Unterstützung aus dem Comecon ausgeliefert, da die These von der Selbstversorgung eine Chimäre war. Aufgrund der Gebirgigkeit des Landes hatte Nordkorea mit seinen 24 Millionen Einwohnern weit mehr Probleme, die Grundversorgung der Bevölkerung aus dem Ackerbau sicherzustellen als Südkorea. Und schließlich glich das Juche-Prinzip mehr einer Verwaltung des Mangels als einer Entwicklung zu einem ›sozialistischen Paradies‹, zumal große Ressourcen in die Aufrechterhaltung des Personenkults, in die Errichtung prunkvoller Denkmäler und die Huldigung des Staatssystems flossen statt in die Entwicklung der Landwirtschaft und der Industrie, die höchstens durch den Einsatz hunderttausender abkommandierter Arbeiter und Bauern am Funktionieren gehalten wurde.

Verklärung und Ernüchterung

Dennoch war am System nicht zu rütteln, solange Kim Il Sung an der absoluten Macht war. Historiker von heute haben lange und ausgiebig diesen einzigartigen Personenkult analysiert, ohne zu einem Schluss zu kommen, warum das restriktive System Nordkoreas sich so lange ohne nennenswerten inneren Wider stand halten konnte und offensichtlich noch immer kann. Die Indoktrination ist das eine, das andere ist tatsächlich aber auch der relative Wohlstand, der nach dem Krieg aus der Sicht eines Entwicklungslandes vorübergehend aufgebaut wurde. Die Beurteilung der wirtschaftlichen Errungenschaften Nordkoreas zur Zeit des intakten Ostblocks ist also immer eine Frage des Standpunktes und der Verhältnismäßigkeit. Mancher frierende Marinesoldat in Wladiwostok wird im Winter wohl neidisch auf die Fußbodenheizungen in Pyongyang geblickt haben, soweit sie funktionierten, und ein verarmter Mongole aus Ulan Bator hätte sich vielleicht über eine Straßenbahn oder einen Oberleitungsbus gefreut. Genau diese Argumente und noch viele weitere Beobachtungen finden sich in dem in den achtziger Jahren verfassten ›Nordkoreanischen Reisetagebuch‹ der deutschen Schriftstellerin und Öko-Katholikin Luise Rinser, in dem sie Nordkorea als ›sozialistisches Musterland‹ beschwärmte. Aus heutiger Sicht mutet diese Interpretation aber leicht erratisch an, sie zieht vor allem nicht in Betracht, dass diese ›Annehmlichkeiten‹ teuer durch einen maßlosen Personenkult erkauft wurde, der heute das einzige darstellt, was noch im Überfluss zu haben ist. Denn seit der Rinser-Lobeshymne auf Kim Il Sung hat sich auch unter der europäischen Linken einiges in der Anschauung gegenüber dem Kimilsungismus geändert, wozu die zaghafte Öffnung des Landes für touristische Besucher aus dem Westen ab 1989, aber zwangsläufig auch für kritische Hilfsgemeinschaften einen wesentlichen Beitrag geleistet hat.

Flaggen am Taedong-Ufer in Pyongyang

Nordkorea heute

Kim Il Sung konnte nach seiner Machtübernahme am 9. September 1948 und dem gleichzeitigen Rückzug sowjetischer Truppen mit der Proklamation der ›Demokratischen Volksrepublik Korea‹ damit beginnen, sein sozialistisches Utopia umzusetzen. Nach dem Koreakrieg befand sich das Land über drei Jahrzehnte in einer ständig proklamierten Aufbauphase. Mit dem Zerfall der Sowjetunion, der Wiedervereinigung Deutschlands und der Auflösung des sozialistischen Blocks ab 1989 änderte sich die Situation aber schlagartig. Das eingespielte Tauschhandelssystem mit den Bruderländern versagte, die einstigen Verbündeten verlangten nun Devisen. Nordkorea schlitterte in eine Krise, dazu kam noch die absolute politische Reformunwilligkeit. Auch das wichtigste Bruderland, China, wandte sich dem ›chinesischen Weg‹ der Marktwirtschaft zu und entfernte sich zusehends aus seiner Rolle als schützender Nachbar, wenngleich ein geringes Maß an Wirtschaftshilfe noch gewährt wurde und auch heute noch wird. Für die Nordkoreaner höchst empörend kam hinzu, dass Russland und China in den Jahren 1990 und 1992 diplomatische Beziehungen und in Folge rege wirtschaftliche Beziehungen zu Südkorea aufnahmen. Kein Wunder also, dass es mit der nordkoreanischen Wirtschaft schnell bergab ging. Verschiedenen Berichten von Hilfsorganisationen ist zu entnehmen, dass die Industrieproduktion aus Mangel an bis jetzt aus den Blockstaaten importierten Betriebsgütern wie Benzin, Kohle, Ersatzteile und Elektrizität um mehr als die Hälfte einbrach und heute bei nicht mehr als 10 bis 30 Prozent ihrer ursprünglichen Kapazität liegt. Reisende berichten von stillgelegten, verfallenden Industrieruinen im ganzen Land, was durchaus zutrifft. Das Außenhandels-volumen ging massiv zurück, am schlimmsten jedoch wirkte sich der aufkommende Mangel an Düngern und Transportmitteln auf die Lebensmittelproduktion und -verteilung aus. Während Nordkorea gegenüber der Weltgemeinschaft die nicht mehr wegzuleugnende Mangelernährung und die periodischen Hungersnöte auf die verheerenden Unwetterkatastrophen Mitte der neunziger Jahre zurückführt, dürften diese das Problem jedoch nicht ausgelöst, sondern nur verschärft haben.

Wohnhäuser in Pyongyang

Verbeugung vor Kim Il Sung und Kim Jong Il am Großen Monument in Pyongyang

Das Regime bekam in dieser krisenhaften Zeit ein weiteres Problem: Am 8. Juli 1994 verstarb der ›große Führer‹ Kim Il Sung an einer Herzattacke während einer Inspektionsreise im Land – und nun hieß es, den Führungsmythos und damit den ganzen Zusammenhalt des Systems weiter aufrecht zu erhalten. Der Tod Kim Il Sungs kam denkbar ungünstig: Kurz zuvor war Nordkorea wegen eines vermuteten Atomwaffenprogramms von der internationalen Staatengemeinschaft stark unter Druck gesetzt worden. Die Reaktion des Regimes in Pyongyang auf die sich zuspitzende Situation war nämlich keineswegs die Zulassung irgendwelcher wirtschaftlicher Reformen, sondern eine Politik der militärischen Drohgebärden, um internationale Hilfe zu erzwingen. Ein heftiger Streit entbrannte, die Welt sah auf der koreanischen Halbinsel bereits einen nuklearen Krieg heraufdämmern. In dieser Situation unternahm im Juni 1994 zur allgemeinen Überraschung der Staatengemeinschaft der amerikanische Ex-Präsident Jimmy Carter einen frieden-stiftenden Vorstoß und besuchte Kim Il Sung in Pyongyang mit dem Resultat, dass der ›Große Führer‹ zusagte, sein Atomwaffenprogramm einzustellen und Gespräche mit dem Süden aufzunehmen. Drei Wochen später war Kim Il Sung tot.

Erbfolge nach Kim Il Sungs Ableben

Seine Nachfolge trat, wenn auch nicht gleich offiziell, sein Sohn Kim Jong Il an. Die Verhandlungen um eine Deeskalation des nuklearen Konflikts gerieten wieder ins Stocken. Zudem schien das Regime eine Zeitlang mit sich selbst beschäftigt. Es galt, dem Volk nach dem Ableben des gottgleichen, charismatischen Führers eine Erbfolge zu präsentieren, die selbst für sozialistische Staaten ungewöhnlich ist: Die politische Macht des kommunistischen Alleinherrschers vom Vater auf den Sohn zu übertragen hat schon wieder feudalistische Züge.

Um Kim Il Sungs ›Erbfolge‹ auch operativ durchzusetzen, mussten einige Verfassungsänderungen durchgeführt werden, bis der Sohn auch formell zum Oberbefehlshaber der Streitkräfte und zum Vorsitzenden der Obersten Volkskammer erklärt werden konnte. Nach einer angemessenen dreijährigen Trauerfrist – nach konfuzianischem Ritus – trat Kim Jong Il dann als Staatslenker Nordkoreas hervor und wurde dank massiver Propaganda vom Volk als der rechtmäßige Fortführer des Lebenswerkes von Kim Il Sung gesehen. Zudem wurde am 9. September 1997 – am dritten Todestag des ›Großen Führers‹ und dem Ende der offiziellen Trauerzeit – sogar eine neue Zeitrechnung eingeführt; der neue Kalender beginnt im Jahre 1912, dem Geburtsjahr Kim Il Sungs, mit dem Juche-Jahr 1. Das Jahr 2014 bezeichnet also nach dieser Zeitrechnung das Juche-Jahr 102.

Welche Energie der Parteiapparat – wohl aus einem Selbsterhaltungstrieb heraus – in diese Erbfolge legte, wird anhand der ›Erbschmeicheleien‹ von Kim Jong Il klar: Zum 60. Geburtstag seines Vaters ließ er das gewaltige Bronzemonument am Mangyongdae-Hügel in Pyongyang mit der überlebensgroßen Statue seines Vaters mitsamt den flankierenden Skulpturengruppen und dem riesigen Mosaik des Paekdu-Berges errichten. Zum 70. Geburtstag folgten der mehrere Millionen US-Dollar teure Triumphbogen, der sein Vorbild in Paris um einige Meter überragt, und der markante Juche-Turm an den Ufern des Taedong mit seinen zwei gewaltigen Fontänen im Fluss. Zum 80. Geburtstag gab es gleich eine ganze Reihe an funktionslosen Monumentalbauten in Pyongyang als Geschenk, alles in einer Zeit, in der Devisen und Arbeitskraft bitter an anderer Stelle benötigt worden wären. Ein Nordkoreaner käme allerdings nie auf die Idee, diese absurde Verschwendung von Ressourcen öffentlich zu kritisieren: Dagegen steht die Propaganda und der allgegenwärtige Polizei- und Spitzelapparat.

Kim Jong Il

Über die Persönlichkeit von Kim Jong Il gab es eine Reihe von unschmeichelhaften Beschreibungen: Er sei introvertiert und schüchtern und in dieser Beziehung das genaue Gegenteil seines Vaters gewesen. Er war – das dürfte zugetroffen haben– Kettenraucher und auch dem Alkohol nicht abgeneigt. Er hegte eine Vorliebe für schwedische Blondinen und Luxusautos und hortete fünf

Kim Il Sung und Kim Jong Il auf einem der vielen Propaganda-Gemälde

Milliarden US-Dollar auf Konten in der Schweiz. Wenngleich diese Gerüchte in erster Linie vom südkoreanischen Geheimdienst in Umlauf gesetzt worden waren, machte der Staatsführer bei öffentlichen Auftritten tatsächlich keine besonders eindrucksvolle Figur. Im Staatsfernsehen sah man ihn ständig auf Betriebsbesuchen (siehe auch die satirische Fotosammlung unter http://kimjongil lookingatthings.tumblr.com, nunmehr auch für seinen Sohn und Nachfolger unter http://kimjongunlookingatthings.tumblr.com), und tatsächlich wirkte er durch seine fahrigen Bewegungen, seine unvorteilhafte Kleidung, seine altmodische, große Brille, seine merkwürdige Frisur und seinen für Nordkorea untypischen runden Bauch für westliche, an smarte Politiker gewöhnte Beobachter eher lächerlich. In Fernsehübertragungen war nie seine Stimme zu hören, und auf den vielen Prunkgemälden im Land war er sichtlich geschönt dargestellt. Nicht umsonst hatte Kim Jong Il unter der südkoreanischen Jugend schon so etwas wie einen ungewünschten Kultstatus erreicht: In Seoul konnte man zu seinen Lebzeiten Kim-Jong-Il-Puppen und T-Shirts kaufen, auf denen der nordkoreanische Führer ironisiert dargestellt wurde.

Tatsache ist, dass die Ideen der Juche-Ideologie und die Realität unter Kim Jong Il immer weiter auseinanderzuklaffen begannen. Die eigenständige Versorgung des Landes unter der Klammer der sozialistischen Utopie war zusammengebrochen. Nur das geschickte Lavieren zwischen den Großmächten USA, Japan und der EU sowie die methodische Ausnutzung der internationalen Nahrungsmittelhilfsprogramme konnten einen Kollaps des Systems verhindern.

Dem Regime blieb in den letzten Jahren unter Kim Jong Il nichts anderes übrig, als die schwere Situation einzugestehen und auch gegenüber der Bevölkerung – allerdings in blumigen Worten – zu rechtfertigen. Nordkorea befände sich auf seinem zweiten ›Schweren Marsch‹, in einer wirtschaftlichen Ausnahmesituation, in der nun eben alle Entbehrungen auf sich zu nehmen hätten. Ähnlich verfuhr Fidel Castro nach dem Zusammenbruch des Ostblocks mit seiner ›periodio especial‹, in der der verzweifelte Versuch unternommen wurde, soviel Devisen wie möglich ins Land zu pumpen. Der Tourismus eignet sich dafür auch in Nordkorea ganz gut, wenngleich damit auch die ›Infiltration‹ des sozialistischen Paradieses mit bourgeoisem und imperialistischem Gedankengut einhergeht – eine Gratwanderung also.

Provokationen und Embargo

In Nordkorea werden alle devisenbringenden Touristen – und auch die vielen Mitarbeiter der zahlreichen Hilfsorganisationen – auf das Eindringlichste überwacht und an Kontakten mit Einheimischen gehindert. Jeder Besucher kann darüber ein Lied singen. Viel wichtiger ist der nordkoreanischen Regierung aber die Tätigkeit der internationalen Hilfsorganisationen, die im wesentlichen dafür verantwortlich sind, dass das Land und seine Bevölkerung nicht einfach langsam wegsterben. Nicht nur das Rote Kreuz und das World Food Programme helfen mit Getreide- und Reislieferungen aus, auch Spenden aus der kapitalistischen EU und vom Erzfeind Amerika werden gerne genommen. Kim Jong Il hatte es prächtig verstanden, mit seiner lavierenden Politik zwischen politischen und tat-

Schulklasse in Pyongyang

sächlichen Drohgebärden die westliche Welt zu Zuwendungen an sein Land zu veranlassen, nur um ihn beziehungsweise seine politischen Berater hinter ihm ruhig zu halten.

Die Diplomatie der Provokation gegenüber den USA und der internationalen Staatengemeinschaft war und ist auch unter seinem Nachfolger immer noch durchwegs wirksam und erzwingt eine Art gespannten Gleichgewichts, gleichzeitig war Kim Jong Il aber auch durchschaubar geworden. Doch er pokerte immer höher. Dies kulminierte 2003 im Ausstieg aus dem Atomwaffensperrvertrag, den Nordkorea im Jahr 1985 unterzeichnet hatte. Seitdem können die Atominspektoren der Internationalen Atomenergiekommission IAEO nicht mehr ins Land. Und seitdem sind die USA noch misstrauischer geworden, als sie es ohnehin schon waren. Nordkoreanische Atomanlagen wie etwa die Reaktoren von Yongbyon, Taechon, Sinpo und Pyongyang und die Nuklearanlagen in Pakchon, Sunchon, Hwadae-ri und Pyongsan werden daher von den US-Spionagesatelliten aufs genaueste anvisiert, und jegliche Materialbewegung wird dokumentiert.

Einen Gipfel der Spannungen bildete der vermutete unterirdische Atombombentest am 9. Oktober 2006, der zu scharfen Reaktionen des Auslandes und auch zu einer Resolution des UN-Sicherheitsrates führte. Kim Jong Il dürfte sich damit ein bisschen zu weit vorgewagt haben, da auch der bisher tolerante Nachbar China für diese Resolution gestimmt hatte und sich außerordentlich verärgert zeigte.

Die internationale Antwort auf die Atom-Provokation war ein Embargo auf Rüstungs- und Luxusgüter und das Einfrieren von nordkoreanischen Konten im Ausland (vor allem in Macao), was in Pyongyang als ›Kriegserklärung‹ aufgefasst wurde. Nahrungsmittel- und Energielieferungen – vornehmlich aus China – waren von diesem Embargo aber nicht betroffen. Um die US-Finanzsanktionen wieder aufzuheben, hatte sich Nordkorea dann aber wieder bereit erklärt, an den sogenannten Sechs-Parteien-Gesprächen (mit den USA, Südkorea, China, Russland, Japan) teilzunehmen. Damit schloss sich der Kreis wieder.

Naturgemäß kommen durch die verstärkte Einreise von Hilfsorganisationen ins Land immer mehr Details über die dortigen Zustände zu Tage, durch die es den ausländischen Helfern möglich wird, ein zumindest weniger oberflächliches Bild der tatsächlichen Zustände im Land zu erlangen. Von der nordkoreanischen Regierung werden schon lange keine Wirtschaftsstatistiken mehr herausgegeben oder überhaupt erfasst, sodass die Regierungsstellen in Pyongyang jede statistische Erhebung über die Situation etwa in Krankenhäusern, im Infrastruktur- oder Agrarbereich dankend, wenn auch nicht ohne Kritik an den dargestellten Fakten, aufnehmen.

Mangel an vielem

Ausnahmslos alle Hilfsorganisationen sind sich einig, dass in Nordkorea in den Bereichen der medizinischen Versorgung, der Nahrungsmittelbereitstellung und der Grundversorgung mit Elektrizität, Heizung und Kleidung massive Missstände bestehen, was die normale Bevölkerung betrifft. Als Tourist, der durchs Land reist, wird man schwerlich zu einem objektivierbaren Urteil diesbezüglich kommen. Da die Nordkoreaner – wie beschrieben – mit großem Aufwand bestrebt sind, nur die ›guten Seiten‹ des Landes zu zeigen, ist eine systematische ›Erforschung‹ der Lebensbedingungen, und sei es nur die Kontaktaufnahme zu einheimischen Passanten oder zu das Feld bestellenden Bauern, unmöglich. Versucht man es doch, sollte man sich bewusst sein, dass der Kontakt zu einem Ausländer viel mehr dem nordkoreanischen Gegenüber als einem selbst schaden kann. Die nordkoreanische Propaganda vermittelt unterschwellig die Vorstellung eines ›Virus‹, die der kapitalistische und folgerichtig ›dekadente, vergnügungssüchtige, rücksichtlose, disziplinlose und individualistische Ausländer‹ in sich trägt und das womöglich trotz aller Vorsichtsmaßnahmen überspringen könnte.

Man kann nur erahnen, wie schwer das Leben für die meisten Menschen in Nordkorea ist

Desgleichen bleibt aber auch den Hilfsorganisationen die Erkenntnis der genauen Zusammenhänge verwehrt. Zwar bekommen sie – schlimm genug – das ländliche Elend des einfachen Volkes und der Kranken hautnah mit, sehen aber nicht hinter die Kulissen der Funktionärskaste. Und diese hat es sich relativ gemütlich eingerichtet und ist auch ein wesentlicher Treiber dafür, dass sich in den Grundfesten des momentanen Systems nichts ändert, solange die internationale Provokationspolitik des Landes auf fruchtbaren Boden fällt. Die Überbetonung des Militarismus zeigt sich weiterhin daran, dass viele Hilfslieferungen abgezweigt und für die obere Führungsschicht des Militärs, für Verteidigungsmaßnahmen aller Art und die Aufrechterhaltung der Rüstungsproduktion verwendet wird. Nicht umsonst sind – entgegen einer offiziellen ›Außenhandelsbroschüre‹ – der Regierung nicht etwa Ginseng, Textilien oder gar Lokomotiven die wichtigsten Exportgüter. Vielmehr ist es der informelle, bei westlichen Geheimdiensten aber wohlbekannte Export von Drogen, Falschgeld und Kriegsgerät, insbesondere der ›Spezialität‹: nordkoreanische Langstreckenraketen der Marke ›Taepodong‹. Glaubwürdigen Quellen zufolge erfolgt ein großer Teil des Handels mit Afrika und dem Nahen und Mittleren Osten, darunter zur Zeit hauptsächlich mit Pakistan und Iran, über die Drehscheiben Islamabad, Teheran und Kairo. Im Jahr 2010 wurden auf WikiLeaks mehr als 90 000 als geheim eingestufte Dokumente aus dem Afghanistan-Krieg freigegeben. In einigen dieser Dokumente berichten US-Agenten von Waffendeals zwischen Nordkorea und den Taliban.

Zur Abwicklung von Devisengeschäften bediente sich Nordkorea bis 2004 seiner einzigen Auslandsbank in Westeuropa, der ›Golden Star Bank‹ in Wien. Diese musste im April 2004 aber ihre Pforten auf Druck der österreichischen Finanzmarktaufsicht schließen und ihre Banklizenz zurückgeben. Die Bank bestand seit 1982 und besaß eine ›eingeschränkte Konzession‹: Es durften nur Konten nordkoreanischer Firmen oder Personen geführt und nur Geldwechselgeschäfte getätigt werden. Die Bank stand laut dem österreichischen Innenministerium unter dem Verdacht der Geldwäsche und der Finanzierung des Handels mit waffentauglichen Materialien (Proliferation), offizielle Beweise konnten

Reisbauer im Norden

aber nie erbracht werden. Die Devisengeschäfte Nordkoreas dürften sich danach auf die Filialen der staatlichen Auslandsbank ›Daesong‹ in Hongkong, Macao, Peking und auch Seoul und Tokio zurückverlagert haben. Österreich ist eines der wenigen europäischen Länder neben Schweden und der Schweiz, mit denen Nordkorea offizielle Beziehungen unterhält und wo es auch eine Botschaft und nicht nur eine diplomatische Vertretung gibt. Angeblich ist die Frau des nordkoreanischen Botschafters in Österreich sogar eine Schwägerin von Kim Jong Il, der seinerseits Wien als Stätte hervorragender Musik, prunkvoller Architektur und wohlmundenden Weines hoch schätzte, wissen Eingeweihte.

Die schwierige Lage, in der sich Nordkorea nun seit mehr als 20 Jahren befindet, ist jedenfalls abseits der weltpolitischen Drohgebärden ein steter Anlass zur Nervosität. Während der zweiten Hälfte der neunziger Jahre kam es zu mehreren kleineren militärischen Konflikten mit dem südlichen Nachbarn, der sich in diversen Konfrontationen an der Demarkationslinie und in weitaus schwerwiegenderen Konflikten mit Schiffen und Spionage-U-Booten äußerte, so zum Beispiel 1996, als ein nordkoreanisches U-Boot versehentlich an der südkoreanischen Küste strandete und gekapert wurde, oder 1999, als es zu einer mittleren Seeschlacht im Gelben Meer kam. Innenpolitisch schien es ein großer Gesichtsverlust, als das Regime 1993 erstmals eingestehen musste, die Ziele des vorangegangenen Fünfjahresplanes nicht erreicht zu haben. Was so locker dahingesagt klingt, hatte mehrere massive Hungersnöte zur Folge, denen nach unterschiedlichen Schätzungen zwischen einer und zwei Millionen Menschen zum Opfer fielen und die im Westen gelegentlich mit den schlimmsten der Sahel-Zone verglichen wurde.

Inszenierung und Realität

Obwohl es dem Regime innerlich tiefst zuwider war, nahm es Kooperationen mit der westlichen Hungerhilfe in den am meisten betroffenen Regionen auf. Diese – in Verbindung mit den zahlreichen militärischen Sperrgebieten – sind es auch, die man als ›normaler‹ Reisender garantiert nicht zu Gesicht bekommen wird. Rund 80 Prozent des Landes sind für Ausländer nicht zugänglich und schon gar nicht für touristische Reisende. Wer eine Reise abseits der staatlichen Routen plant, braucht nicht auf eine Genehmigung zu hoffen, geschweige denn auf eine Chance, eine solche spontan im Land unternehmen zu können, obwohl es manchmal auch überraschende Ausnahmen gegeben hat, so zum Beispiel für einen deutschen Besucher aus der ehemaligen DDR, der früher – in den Freundschaftszeiten der sechziger Jahre – ›Aufbauhilfe‹ in Nordkorea geleistet hatte und nun entlegene Orte seines früheren Wirkens besuchen konnte und mit ehemaligen Kollegen sprechen durfte. Seiner Tochter wurde sogar eine recht umfangreiche TV-Reportage über dieses Ereignis gestattet.

Die Versorgungsnöte und die Hungerkatastrophe in Nordkorea haben natürlich auch äußerlich Folgen gezeigt, vor allem in Form einer massiven Fluchtwelle nach China. Zwar schickt China die Flüchtlinge mittlerweile in großer Zahl zurück, doch werden die meisten in den Auffanglagern vorher vom südkoreanischen und japanischen Geheimdienst auf ihren Status als mögliche Informationsträger

Landbevölkerung

untersucht. So sind zahlreiche Informationen über die wahren Zustände im Land ans Tageslicht gekommen, etwa über eine Gras und Stroh essende Bevölkerung, Straflager für Landesflüchtlinge und öffentliche Exekutionen. Auch von regionalen Unruhen war die Rede, vom Beschmieren von Kim-Il-Sung-Denkmälern mit Befreiungsparolen und kleineren Demonstrationen, die aber vom Militär brutal unterdrückt wurden. Die Chinesen fangen die Flüchtlinge in Lagern hinter der Grenze, etwa dem größten in Yanji, auf, mit Unterstützung der Südkoreaner sollen immer mehr von ihnen im Süden eingebürgert werden. Von all den nordkoreanischen Flüchtlingen, die bisher das Land verlassen haben, seien nach südkoreanischen Angaben etwa 24 000 in Südkorea eingebürgert worden. Die Mehrheit der Flüchtlinge seien Frauen, die bisher einem illegalen Menschenhandel unter Federführung chinesischer Mafiosi gnadenlos ausgeliefert waren.

Wenn man verschiedene Reiseberichte oder Darstellungen von Diplomaten und Entwicklungshelfern der letzten fünf Jahre liest und diese mit den eigenen Eindrücken mehrerer Besuche in den Jahren 2002 bis 2013 vergleicht, überwiegt der Eindruck, dass sich in der öffentlichen Präsentation des Regimes wenig geändert hat. Stets wird versucht, anhand der eindrucksvollen Monumente, der technischen Errungenschaften wie einer blitzsauberen Millionenstadt und breiten Autobahnen, der zugegebenermaßen wunderschönen Landschaft und nicht zuletzt eines überraschend hohen Standards in der touristischen Versorgung Eindruck zu schinden. Nur ganz selten ist es Reisenden gelungen, zu Einheimischen vorzudringen, gar eines der gut versteckten öffentlichen Gasthäuser zu finden oder eine Wohnung zu besuchen. Entweder war ein solcher Besuch inszeniert, oder die Koreaner waren vom Auftauchen oder dem Ansprechen eines Ausländers dermaßen überrascht und eingeschüchtert, dass sie sofort jegliche Interaktion verweigerten. Das tägliche Leben, insbesondere auf dem Land, nimmt also weiterhin seinen gewohnten, entbehrungsreichen Gang.

Treffen von Kim Jong Il und Wladimir Putin im Jahr 2000 in Pyongyang

Zaghafte Öffnung

Auf politischer Seite ist allerdings ein zeitlupenartiger Öffnungsprozess zu beobachten. Ging es bislang noch recht und schlecht, sich mit den ausländischen Hilfslieferungen durchzuhangeln, ist seit dem 11. September 2001 die Lage eine andere. Seit die republikanische Regierung der USA im nachhaltigen Schock nach den Attentaten auf das World Trade Center und das Pentagon Nordkorea in die Reihe der internationalen ›Schurkenstaaten‹ (rogue states) gestellt hatte, war die Diplomatie zwischen Pyongyang und Washington deutlich frostiger geworden. Die Nordkoreaner hatten sich ganz entgegen ihrem bisherigen Stolz zu diversen Zugeständnissen bereit erklärt. Dies betraf zum Beispiel 1999 die Zusicherung an die USA, den Atomreaktor Kumchang-Ri im Osten Nordkoreas inspizieren zu dürfen. Im Gegenzug verlangten Kim Jong Il und sein Stab natürlich bare Münze (300 Millionen US-Dollar) nebst ansehnlichen Hungerhilfen. Die auf Initiative der südkoreanischen Regierung gestartete ›Sonnenschein-Politik‹ sorgte für mehrere tränenreiche Familienzusammenführungen, die fortgesetzt werden sollen. Und schließlich bekräftigte Kim Jong Il bei seinen beiden letzten Treffen mit Russlands Staatschef Wladimir Putin, die Eisenbahnlinie von Pyongyang über Wladiwostok wieder für den Güterverkehr mit dem Nachbarland und noch besser mit der EU in Betrieb zu nehmen. Experten zweifeln allerdings an der Wirtschaftlichkeit dieses Vorhabens, und es hat sich bis dato auch noch nichts getan.

Ähnliche Pläne gibt es auch mit Südkorea. Die seit dem Koreakrieg unterbrochene Eisenbahnstrecke nach Seoul soll wieder eröffnet werden, was auch geschehen ist, allerdings fährt kein Zug über die wieder zusammengefügten Schienen. Und im September 2002 traf sich Kim Jong Il zu einem historischen Besuch mit dem damaligen japanischen Premierminister Junichiro Koizumi, ein Signal an die bei weitem wichtigste Wirtschaftsmacht der Region. Dennoch blieben die Beziehungen zwischen Korea und Japan gespannt. Ohne Annäherung zu Japan ist eine wirtschaftliche Genesung Nordkoreas, sollte es sich wirklich den Außenhandelspartnern öffnen, nicht nachhaltig möglich.

Beziehungen zu den USA

Die Beziehungen zu den USA waren in den letzten Jahrzehnten gelinde gesagt wechselhaft. Zwar konnte Kim Jong Il darauf zählen, dass sich die Amerikaner durch die Endlos-Konflikte im Irak und in Afghanistan auf keinen Fall einen ›Zweifrontenkrieg‹ leisten konnten, allerdings haben die Atomtätigkeiten in Nordkorea den bisherigen Dialog, so marginal er auch war, mehr oder weniger beendet. Der Austritt aus dem Atomwaffensperrvertrag und der Rauswurf der IAEO-Inspektoren aus Nordkorea hatte die Gangart der USA gegenüber dem ›Schurkenstaat‹ weiter verschärft; die Amerikaner spielten in den letzten Jahren die Sanktionenkarte gerade in wirtschaftlicher Hinsicht aus. Von US-Präsident Barack Obama waren in den letzten Jahren zwar wenig Bemerkungen zu Nordkorea zu hören, allerdings forderte er das Regime wiederholt zur Beendigung der Atomwaffenversuche auf, zuletzt bei seinem vielbeachteten Südostasien-Besuch kurz nach Antritt seiner zweiten Regierungszeit im November 2012.

Der letzte ›Höhepunkt‹ in den Beziehungen Nordkoreas zu den USA war der angedrohte Angriff Nordkoreas mit nuklearwaffenbestückten Langstreckenraketen auf die Westküste der USA im März 2013 mit dazugehöriger ›Kriegs-erklärung‹. Nach vier abgefeuerten Missiles, die allerdings ins Japanische Meer (in Nordkorea: Koreanisches Ostmeer) plumpsten, kühlten die Spannungen wieder ab. Im Juni 2013 signalisierte Nordkorea Dialogbereitschaft mit dem Süden, um den Konflikt abzubauen. Analysten waren größtenteils der Meinung, die Droh-

US-amerikanische und südkoreanische Soldaten auf einem Beobachtungsposten in der DMZ

gebärden des Nordens und die Kriegstreiberei hätten mit King Kong Uns Streben um Anerkennung im eigenen Land, vor allem beim Militär, zu tun. International haben sie ihm jedenfalls außer Kopfschütteln nicht viel eingebracht.

Die Amerikaner hatten als Folge des Irak-Konflikts auch mit steigender Ablehnung in Südkorea zu kämpfen (Südkorea entsandte 2300 Soldaten in den Irak). Die Folge war, dass das Kontingent der Army-Base in Itaewon (Stadtteil Yongsan, Seoul) verringert wurde, gleichzeitig hatten die USA auch signalisiert, ihre Truppen in Südkorea ›neu zu organisieren‹ und die Schaffung zweier ›unabhängiger Kommandos‹ (US- und südkoreanische Soldaten) zuzulassen. Die US-Soldaten hatten insbesondere in Seoul Unmut in der Bevölkerung erzeugt, da das Bestehen der US-Basis auch den sie umgebenden Rotlichtbezirk Itaewon am Leben erhält; in vielen Bars sind einheimische Männer unerwünscht, nur US-Soldaten und koreanische Frauen dürfen sie aufsuchen. Berichten des österreichischen Handelsdelegierten zufolge sind die US-Soldaten durch ihr rüpelhaftes Benehmen in Itaewon besonders unbeliebt geworden.

Dazu kommt, dass Südkorea pro Jahr rund 500 Millionen US-Dollar für den US-Schutz aus Steuergeldern nach Washington abführt. Derzeit sind nach früher mehr als 30 000 nur noch 28 500 US-Soldaten in Südkorea stationiert. Das Oberkommando im Kriegsfall obliegt allerdings immer noch den Amerikanern. Nordkorea verlangt den Abzug sämtlicher US-Truppen aus dem Süden und bezeichnet diese als ›Besatzungsmacht‹, die einer Wiedervereinigung im Wege stehe. Die Amerikaner zögern nicht zuletzt auch deswegen, weil sie durch unkontrollierbare Szenarien in einem Kriegsfall verunsichert sind. Wenn das Regime in Pyongyang mit oder ohne Einwirkung der USA kollabieren sollte, dann dürfte es einerseits zu großen Flüchtlingsströmen kommen, andererseits würden sich aber Teile des 1,1 Millionen Mann starken nordkoreanischen Militärs gegen einmarschierende Aggressoren stellen. Da die USA mit Chemie- und Biowaffen und letztlich mit Atomsprengköpfen in Nordkorea rechnen, ist ein gewisses Zögern verständlich.

Und dann sind da noch die Interessen Chinas: Die Führung in Peking ist durchaus auf einen Zusammenbruch Nordkoreas vorbereitet und hält sich zu diesem Zweck – instruiert von Überläufern und Flüchtlingen – wachsam an Nordkoreas Nordgrenze. Die Chinesen sind an den Rohstoffen des stalinistischen Nachbarlandes interessiert und wollen sie in Ruhe ausbeuten können, indem sie nach einem möglichen Umsturz ein pekingfreundliches Regime in Pyongyang installieren, so die Pläne. Ob und wann es dazu kommt, ist natürlich völlig offen.

Problem Waffenprogramm

Ein Dorn im Auge ist den USA auch das vermutete Chemie- und Biowaffenprogramm in Nordkorea. Laut USA bestünden ›wenige Zweifel‹ an einem aktiven derartigen Programm. Nordkorea habe sich bis jetzt geweigert, die internationale Chemiewaffen-Konvention zu unterzeichnen. Vielmehr geht die Stärkung der nordkoreanischen Chemieindustrie – ob zivil oder militärisch – auf eine entsprechende Deklaration von Kim Il Sung im Jahr 1961 zurück. Mittlerweile vermutet der südkoreanische Geheimdienst rund 2500 Tonnen tödliche chemische Kampfstoffe in nordkoreanischen Lagerstätten. Man hat allerdings am Beispiel des Irak gesehen, dass solche Vermutungen, und werden sie noch so sehr

An der Demarkationslinie

von der CIA beteuert, nicht unbedingt immer den Tatsachen entsprechen müssen. Ähnlich sieht es bei den Biowaffen aus: Obwohl sich Nord- und Südkorea 1987 der Anti-Biowaffen-Konvention anschlossen, verdächtigen der Süden und die USA den nördlichen Nachbarn, sich nie an die Vereinbarung gehalten zu haben und über große Mengen an biologischen Kampfstoffen zu verfügen beziehungsweise diese im Fall einer militärischen Auseinandersetzung binnen weniger Wochen produzieren zu können. Vom Norden werden allerdings derartige Verdächtigungen offiziellerseits stets zurückgewiesen und als feindselige Propaganda bezeichnet.

Auch die vielgepriesenen und ergreifenden Familienzusammenführungen zwischen Nord und Süd haben für die ›Glücklichen‹ aus dem Norden zur Folge, dass sie nach dem Zusammentreffen peinlich genauen Verhören unterworfen werden. Diese Praxis lässt nun auch den Süden zögern.

Und schließlich knistert es an der Demarkationslinie (DMZ) trotz der Entminung einiger Grenzübergänge und dem Wiederaufbau der Eisenbahnlinie nach wie vor stark. Im Süden werden Besuchern an der Grenze gerne die sogenannten ›Aggressionstunnel‹ gezeigt, die der Norden während der siebziger und achtziger Jahre unter der DMZ Richtung Süden getrieben haben soll und die ›groß genug für Panzerdurchfahrten‹ gewesen seien. Zwar kann man auch einen dieser Tunnel besichtigen, er ist aber weder groß genug für Panzer noch ist es beweisbar, dass er aus nordkoreanischer Richtung nach Süden vorangetrieben wurde. Der Norden bezichtigt den Süden folgerichtig der übelsten Propaganda. Andererseits weiß man aus Geheimdienstberichten, dass Nordkorea geradezu ein Weltmeister im Tunnelgraben und im Anlegen unterirdischer militärischer Systeme und Fabriken ist, wovon allein die in der Exportbroschüre stolz präsentierten Steinbohrmaschinen zeugen.

Deutlich sieht man dies zum Beispiel an der Kim-Il-Sung- und Kim-Jong-Il-Freundschaftsausstellung im Myohyang-Gebirge. Eine sechsstöckige klassizistische Prunkpagode bildet den Eingang, die wirklichen Ausstellungsräume sind aber hinter diesem Meisterwerk der illusionären Architektur tief in den Berg hineingetrieben, ohne dass man es bei oberflächlicher Betrachtung merkt. Beobachter vermuten, dass das im Berg befindliche Hallensystem nur Teil eines weitaus größeren unterirdischen Komplexes ist, wie es sie mehrere im Nordteil des Landes geben soll.

An gegenseitigem Vertrauen ist das derzeitige Verhältnis zwischen Nord- und Südkorea nicht gerade reich. Kim Jong Il pokerte um seine Nahrungsmittelhilfe nur gerade so lange, dass er nicht von ausländischen Kräften politisch abhängig zu werden droht. Dann ist es vermutlich wieder Zeit für die eine oder andere Provokation.

Kim Jong Un

Auch gottgleiche Führer leben nicht ewig, und so kam es, dass Kim Jong Il am 17. Dezember 2011 nach offizieller Darstellung während einer dienstlichen Zugfahrt einem Herzinfarkt erlag, nachdem er im Jahre 2008 bereits einen Schlaganfall erlitten hatte und zudem auch noch an Bauchspeicheldrüsenkrebs gelitten haben soll. Einer Version der südkoreanischen Zeitung ›Choson Ilbo‹ zufolge habe sich der Diktator bei der Inspektion eines lückenhaften Dammes eines Wasserkraftwerks dermaßen aufgeregt, dass er kollabiert sei.

Aufgrund seines schlechten Gesundheitszustandes kam es bereits in den Jahren vor seinem Tod zu Vorbereitungen für die Nachfolge. Sein Sohn Kim Jong Un wurde bereits 2009 als nächster Staatschef gehandelt und übernahm schließlich am 29. Dezember 2011 die Führung von Staat, Partei und Militär, mit 29 Jahren im übrigen als der jüngste Staatspräsident weltweit.

Kim Jong Uns Mutter, Ko Yong Hui, war eine in Japan geborene koreanische Tänzerin und gilt als dritte Ehefrau Kim Jong Ils. Der neue Staatschef blickt Berichten zufolge auf eine teilweise Erziehung im Ausland zurück, so soll er ein Internat in der Schweiz besucht haben und auch in Japan gewesen sein. Aufmerksamkeit in der nordkoreanischen Öffentlichkeit erreichte Kim Jong Un vor allem durch seine Heirat mit der populären Sängerin Ri Sol Ju, vermutlich erfolgt im Juli 2012, bei der das Volk erstmals Einblick in das Privatleben der Kim-Dynastie erhielt. Im Januar 2013 tickerten dann Meldungen durch, dass er nun auch angeblich Vater geworden sei.

Die Parolen bleiben die gleichen: Propaganda am U-Bahn-Eingang in Pyongyang

Kim Jong Un begann auch, Fernsehansprachen zu halten, was es unter seinem Vater nicht gegeben hatte. In seiner Neujahrsansprache 2013 überraschte er mit der Ankündigung einer Entspannungspolitik gegenüber Südkorea und einem großen Umschwung im Lande durch eine verbesserte Wirtschaftspolitik.

Im Mai 2013 wurde Kim Jong Un angeblich Ziel eines Anschlagsversuches, zumindest nach Informationen des südkoreanischen Geheimdienstes. Der Attentatsversuch passierte im Zentrum Pyonyangs und wurde angeblich von ›Leuten aus dem Norden‹ durchgeführt. Er endete in einem Feuergefecht. Nähere Informationen sind nicht bekannt.

Zum gegebenen Zeitpunkt bleibt Nordkorea gar nichts anderes übrig als Reformen. Als einziger verlässlicher Partner in wirtschaftlicher Hinsicht ist China geblieben, die befreundeten Staaten im Nahen und Mittleren Osten sind durch den arabischen Frühling mit sich selbst beschäftigt. Die militärischen Provokationen erlangen immer weniger Aufmerksamkeit, vor allem da sich US-Präsident Barack Obama immer weniger beeindruckt zeigt. Glaubwürdigkeit wird Kim Jong Uns Reformwille dann zeigen, wenn er sich von den Interessen der inneren Machtzirkel und des Militärs lösen kann oder will. Dann wird es allerdings ein Wettrennen mit der Zeit: Entweder Reformen setzen ein, und die Bedingungen für die Bevölkerungen verbessern sich, oder Kim Jong Un muss mit aufsteigender Unzufriedenheit seiner Untertanen rechnen, die nunmehr einen verbesserten Zugang zu Informationen von außen haben: mit Mobiltelefonen, die sich in das chinesische Netz einklinken können, mit DVDs und USB-Sticks, die mit pendelnden Tagesarbeitern über die Grenze einsickern, mit Radio- und Fernsehprogrammen, die über die Grenze zu empfangen sind, und Umgehung von Internetblockaden.

Politisches System

Die Demokratische Volksrepublik Korea (DVRK) beziehungsweise Democratic People's Republic of Korea (DPRK) wurde am 9. September 1948, also noch vor dem Koreakrieg, gegründet. Kim Il Sung gab ihr (allerdings erst 1972) eine auf kommunistischen Prinzipien begründete Verfassung. Vor der Staatsgründung wurden am 25. August 1948 ›Wahlen‹ für die Oberste Volksversammlung abgehalten, aus denen die am 10. Oktober 1945 gegründete Partei der Arbeit Koreas mit 98,47 Prozent der Stimmen als Sieger hervorging. Die Wahlbeteiligung betrug 99,97 Prozent, jene der ungefähr zeitgleich abgehaltenen Wahlen in Südkorea nur 77,52 Prozent.

Nach dem Krieg wurde zunächst die Wirtschaft in Zweijahresplänen organisiert, die später in Fünfjahrespläne und Siebenjahrespläne übergingen. Die Oberste Volksversammlung, das ›Parlament‹ Nordkoreas mit 687 Mitgliedern, ist laut Verfassung das höchste Machtorgan. In ihr sind neben der Partei der Arbeit Koreas, die faktisch die Macht ausübt, noch drei weitere Parteien vertreten: die Sozialdemokratische Partei (gegründet 1945), die Chondoistische Partei (gegründet 1946) und die ›Demokratische Partei für die Wiedervereinigung Koreas‹ (gegründet 1946), die mit der Partei der Arbeit im wesentlichen eine recht uniforme ›Koalition‹ bilden. Das Machtmonopol liegt kraft der ›Wahlmehrheit‹ ausschließlich bei der Partei der Arbeit. Eine Opposition ist nicht zugelas-

Denkmal zur Gründung der Partei der Arbeit in Pyongyang

sen. Das Staatsoberhaupt wird von der Obersten Volksversammlung gewählt. Allgemeine Wahlen für die Oberste Volksversammlung werden alle fünf Jahre abgehalten, das Wahlrecht gilt ab 17 Jahren.

Daneben gibt es noch das Zentrale Volkskomitee (Zentralkomitee) als höchstes administratives Führungsorgan des Staates, dessen 16 Mitglieder von der Obersten Volksversammlung gewählt werden, das Politbüro für die ideologische Führung und den Verwaltungsrat der Regierung mit den verschiedenen Ministerien. Vorsitzender und Generalsekretär der Partei der Arbeit war bis zu seinem Tode Kim Il Sung. Er bekleidete auch die Ämter des Republikspräsidenten, des Vorsitzenden des Zentralkomitees und des Verwaltungsrates. Die eigentliche Macht lief (und läuft weiterhin) im Präsidium des Politbüros zusammen, dem Kim Il Sung bis 1994 angehörte sowie sein Sohn Kim Jong Il bis 2011 und nun Kim Jong Un und der Minister für die Volksarmee, Kim Jong Gak. Premierminister in Nordkorea ist derzeit Choe Yong Rim, der Außenminister heißt Pak Ui Chun und der Finanzminister Pak Su Gil.

Mit Ministern wird in Nordkorea nicht zimperlich umgegangen. Der frühere Finanzminister Mun Ik Bong wurde 2010 für eine gescheiterte Währungsreform exekutiert, der Eisenbahnminister Kim Yong Sam für eine offenbar geplante Explosion einer Eisenbahnstation während einer Zugreise Kim Jong Ils ebenfalls, und der Vizeminister der Streitkräfte, Kim Chol, wurde mit einer Granate erledigt, als er während der Trauerzeit für Kim Jong Il betrunken und feiernd ertappt wurde. Im Dezember 2013 wurde Kim Jong Uns Onkel und zweitmächtigste Mann im Staat, General Jang Sung Taek, unter dem Vorwurf ›konterrevolutionärer Aktivitäten‹ und Korruption hingerichtet, die letzte aufsehenerregende innenpolitische Aktion der neuen Staatsführung.

Am 8. März 2009 fanden die letzten Parlamentswahlen in Nordkorea statt. Die Führung meldete eine Zustimmung von 100 Prozent der Stimmen bei 100 Prozent Wahlbeteiligung für jeden der 687 Kandidaten für die Oberste Volksversammlung. Es gab keine Gegenkandidaten. Das Parlament setzt sich aus der Partei der Arbeit Koreas, der Koreanischen Sozialdemokratischen Partei und der Chondositischen Chongu-Partei zusammen. Im Vorfeld der Wahlen kam es in einigen Gebieten zu Sabotageakten. So wurden in Munduk in der Provinz Pyongannamdo vereinzelt Wahlplakate zerstört. Auch gegen die Wahl gerichtete Graffiti wurden gesehen, berichteten südkoreanische Medien. In Sariwon setzten Unbekannte angeblich das Gebäude einer Tabakfabrik in Brand, das als Wahllokal dienen sollte. Die nordkoreanischen Behörden beschuldigten Südkorea, die Wahlen sabotieren zu wollen.

Absolute Macht

Bei so viel Funktionen, die Kim Il Sung in seiner Person vereint hatte, wurde die höchste Führung des Landes nach seinem Tod 1994 natürlich in Verwirrung gestürzt. Zwar machte Kim Il Sung seinen Sohn 1991 zum Oberkommandierenden der Armee, beließ ihn aber ohne sonstiges Staatsamt. Erst drei Jahre nach Kim Il Sungs Tod wurde Kim Jong Il zum Generalsekretär der Partei der Arbeit, ließ aber das frei gewordene Amt des Präsidenten der Republik unbesetzt, bis er 1998 beschloss, dieses überhaupt nur mehr dem Mythos Kim Il Sung zu überlassen und gar nicht mehr zu besetzen.

Kim Jong Il wurde durch seine Zurückhaltung, mit voller Symbolkraft in die Fußstapfen seines Vaters zu treten, zum Spielball der mächtigen Parteisekretäre, deren Selbsterhaltungstrieb mit den zunehmenden Schwierigkeiten, in denen sich das Land befand, proportional stieg. Neben diesen waren und sind es die Führungskader des Militärs und des Geheimdienstes sowie der Diplomatische Dienst und sein Klüngel, der an der Machterhaltung interessiert ist.

Kim Jong Un ist nun Erster Vorsitzender des Nationalen Verteidigungskomitees Nordkoreas, Oberkommandierender der Koreanischen Volksarmee im Range eines Generals und Erster Sekretär der Partei der Arbeit Koreas und außerdem der sogenannte ›Oberste Führer‹ nach dem ›Geliebten Führer‹ Kim Jong Il und dem ›Großen Führer‹ Kim Il Sung. Postum wurde Kim Jong Il im April 2012 zum ›Ewigen Generalsekretär‹ sowie zum ›Ewigen Vorsitzenden des Nationalen Verteidigungskomitees der DVRK‹ ernannt.

Gebäude der Obersten Volksversammlung am Mansu-Hügel in Pyongyang

Die Verfassung

Leitendes Prinzip der Verfassung und der gesamten nordkoreanischen Politik und Propaganda ist das Prinzip des Juche, im Inland gerne als ›Philosophie‹ bezeichnet. Im Artikel 4 der Verfassung findet sich folgender Passus: »Die DVRK wird in ihren gesamten Aktivitäten von der Juche-Ideologie der Partei der Arbeit Koreas geleitet, welche die schöpferische Anwendung des Marxismus-Leninismus auf die Realität unseres Landes darstellt«.

Die Erfindung des Juche, die einer grenzenlosen Geistesanstrengung Kim Il Sungs zugeschrieben wird, will das sozialistisch-kommunistische Gedankengut mit einer strikten Nationalideologie vereinigen. Nordkorea solle sich demnach als autarkes Land aus eigener Kraft zum sozialistischen Musterstaat entwickeln, was die Selbstversorgung, die eigene Verteidigungsfähigkeit und die Ablehnung äußerer Einmischung einschließt. Umgekehrt aber wird ausgedrückt, dass es das Fernziel dieser Politik sei, die Juche-Ideologie zu exportieren und schlussendlich die gesamte Welt nach dieser Idee zu formen. Hier driftet die Wahrnehmung des Auslands und der Nordkoreaner stark auseinander. Während – abgesehen von einigen afrikanischen Entwicklungsländern – die restliche Welt von Juche keine Notiz nimmt, wird der nordkoreanischen Bevölkerung ständig der ›ungeheure Einfluss, den diese Staatsphilosophie auf das Ausland ausübt‹, eingetrichtert. Dem nordkoreanischen Volk werden laufend die Grußbotschaften und Geschenke ausländischer Juche-Verehrer vor Augen geführt, die sich bei genauerem Hinsehen als Signale sektiererischer oder obskurer Splittergruppen im Westen entpuppen, in Nordkorea aber als Bezeugungen einflussreicher Staatsmänner verkauft werden. Zwar gibt es im Westen, so auch in Österreich und Deutschland, die eine oder andere ›Nordkoreanische Freundschaftsgesellschaft‹, die aber hauptsächlich von der Nostalgie der Zeiten der politischen Blöcke lebt, wo kommunistische Gesellschaftstheorien Salonthema in aufgeklärten Kreisen waren.

Freundschaftsbekundungen am Juche-Denkmal

Massengesellschaft: ›Lebendes Bild‹ auf dem Arirang-Festival

Die nordkoreanische Verfassung bestimmt außerdem, dass die DVRK ein »unabhängiger sozialistischer Staat ist, welcher die Interessen des gesamten koreanischen Volkes vertritt« (Artikel 1). Dies impliziert, dass der Wunsch nach Wiedervereinigung bereits im Staatsgrundgesetz niedergelegt ist, wie auch im Artikel 5 weiter ausgeführt wird: »Die DVRK ist bestrebt, den vollständigen Sieg des Sozialismus in der nördlichen Hälfte des Landes zu erreichen, fremde Streitkräfte aus dem gesamten Land zu vertreiben, das Land auf friedlichem Wege und auf demokratischer Grundlage zu vereinigen und die vollständige staatliche Unabhängigkeit zu verwirklichen«.

Vorgesehen ist in eher als pro-forma zu interpretierenden Abschnitten der Verfassung, dass jedem Staatsbürger das aktive und passive Wahlrecht zusteht (Artikel 52). Außerdem sieht die Verfassung ausdrücklich vor, dass der ›Bürger‹ die »Freiheit der Rede, die Pressefreiheit, die Freiheit des Zusammenschlusses und die Demonstrationsfreiheit« genießt. Außerdem garantiere der Staat »die Bedingungen für die freie Aktivität demokratischer politischer Parteien und sozialer Organisationen« (Artikel 53).

Die Prinzipien der kommunistischen Gesellschaft in der DPRK sind laut Verfassung formal ein demokratischer Sozialismus, gleichwohl aber auch die Diktatur des Proletariats sowie die Formung der Massengesellschaft nach den Prinzipien des Kollektivismus. Das Machtmonopol der Partei der Arbeit Koreas ist ebenfalls ein leitendes, unumstürzliches Prinzip, das wiederum auf der Gesellschaftslehre der Juche-Ideologie aufbaut; sie bildet die Grundfesten der Staatsidentität und umfasst sämtliche gesellschaftlichen Bereiche wie Politik, Wirtschaft, Kultur und Militär.

Stark im Vordergrund steht der Führergedanke als Leitidee einer zentralistisch aufgebauten Gesellschaft. Die Verwaltung ist dabei stufenförmig zentralistisch: Familien, in der kleinsten Gruppierung fünf an der Zahl, werden zu Einheiten zusammengefasst. Ihre leitende ›Vertrauensperson‹ bildet wiederum mit anderen derartigen Personen eine Einheit, die zu Blöcken, regionalen Administrationen, Stadt- oder Landzirkeln zusammengefasst sind und schließlich zu einer Art Kreisverwaltung werden. Dieses hierarchisch-zentralistische Prinzip setzt sich bis an die Spitze der staatlichen Verwaltung fort. Negativ wäre anzumerken, dass ein solches engmaschiges hierarchisches Prinzip Spitzeltum geradezu züchtet und dieses in Nordkorea erheblich ausgeprägt sein dürfte, als Begleiterscheinung oder Bestandteil eines ohnehin sehr starken Geheimdienstes.

Die Massengesellschaft drückt sich in entsprechenden Massenorganisationen aus: Die Union der Gewerkschaften Koreas, eine gebündelte Organisation aller Einzelgewerkschaften, hat fast zwei Millionen Mitglieder. Die wichtigste Jugendorganisation des Landes ist die ›Sozialistische Arbeiterjugend‹ mit ungefähr vier Millionen Mitgliedern; die Bauerngewerkschaft ›Union der landwirtschaftlich arbeitenden Menschen Koreas‹ zählt 1,5 Millionen Mitglieder, die ›Union demokratischer Frauen‹ etwa eine Viertelmillion Mitglieder.

Die reguläre Armee hat rund 1,2 Millionen Soldaten unter Waffen. Die Wehrdienstzeit beträgt fünf Jahre, ist für Männer verpflichtend und für Frauen ›freiwillig‹. Neben dem Militär wird die Tradition der Milizverbände gepflegt. Arbeiter-, Bauern- und Studentenmilizen umfassen etwa vier Millionen Mitglieder. Gemessen an der Zahl bewaffneter Bürger, die im Kriegsfall zu mobilisieren sind, hat Nordkorea die mächtigste Streitkraft aller Staaten der Welt.

Der Geheimdienst

Erwähnung verdient an dieser Stelle die geheimdienstliche Organisation der DPRK. Ein intensives Spitzelsystem durchzieht das Land und registriert jedes abweichlerische Verhalten, was für Opfer nicht selten mit Deportation in eines der Umerziehungslager enden kann. Als der Ostblock noch intakt war, wurden Nordkoreaner unter anderem auch in ostsibirische Gulags gesteckt, wie nunmehr durch die Öffnung entsprechender Archive in Moskau bekannt wurde.

Ganz besonders überwacht werden repatriierte ethnische Koreaner aus Japan, die von Seiten der japanischen Nordkorea-Vereinigungen wie zum Beispiel ›Choson Simun‹ mit teilweise unrealistischen Versprechungen zurück ins Land gelockt wurden und entsprechende ›Kulturkonflikte‹ durchmachen. Auch heimgekehrte Studenten und Sportler erwecken reges Interesse der Staatspolizei, desgleichen nordkoreanische Diplomaten und Wirtschaftsgesandte. Meist von China zurückgeschickte Landesflüchtlinge werden sofort vom Geheimdienst in Gewahrsam genommen und deportiert.

Ausländer im Land können davon ausgehen, dass sie unter ständiger Beobachtung stehen. Je nach Nationalität kann Fehlverhalten unangenehme Folgen haben, und ein Fehlverhalten beginnt bereits, wenn man an falscher Stelle durch ein Fernglas schaut, marschierendes Militär fotografiert oder gar eine unstatthafte Bemerkung über einen der Kims macht.

Durch dieses rigorose Bespitzelungs- und Überwachungssystem, ein leidvolles Charakteristikum kommunistischer Diktaturen von der Securitate über den KGB bis zur Stasi, ist gesichert, dass Kritik am politischen System geschweige denn ein nennenswerter Widerstand dagegen überhaupt nicht aufkommt.

Der Auslandsgeheimdienst

Eine wichtige Rolle spielt auch der Auslandsgeheimdienst Nordkoreas. Auf dessen Konto gehen einige terroristische Anschläge in den achtziger Jahren, weitaus mehr aber auch die Anbahnung illegaler Waffen- und Nukleargeschäfte. Vorwiegend geht es um Technologiebeschaffung zur Aufrechterhaltung der eigenen Rüstungsindustrie und die Beschaffung des entsprechenden Know-how, während im Gegenzug durch den Verkauf von Kriegsmaterial an Länder hauptsächlich des Nahen und Mittleren Ostens die größten Deviseneinnahmen erwirtschaftet werden. Die Beschaffungsaktivitäten erfolgen zumeist mit verdeckten Methoden, auch durch Nachrichtendienste oder durch Organisationen, die Geschäftsabläufe wie Geheimdienste tarnen. Mitarbeiter der nordkoreanischen Nachrichtendienste oder verdeckt arbeitender Beschaffungsfirmen reisen ins Ausland, um Kontakte zu Unternehmen aufzubauen und sensible Geschäfte zu planen. Der ›Reisezweck‹ und die nachrichtendienstliche Zuordnung der ›Geschäftsreisenden‹ sind nicht immer leicht erkennbar. Präventiv versucht vor allem Japan nun zum Beispiel, nordkoreanischen Frachtern das Anlegen in seinen Häfen zu verweigern. Intensive Beziehungen bestehen unter anderem zu Pakistan.

Struktur des Geheimdienstes

Nach Erhebungen der westlichen Geheimdienste sind die nordkoreanischen Spionageorganisationen in drei Einheiten aufgeteilt. Zum einen handelt es sich um das ›Ministerium für Staatssicherheit‹, ein kombinierter Nachrichtendienst für Inland und Ausland mit rund 80 000 Mitarbeitern. Beschäftigt sind diese mit der Beschaffung von geheimen Auslandsinformationen, mit Spionage gegen Südkorea, mit Rüstungsgeschäften, Überwachung von nordkoreanischen Diplomaten und ihren Mitarbeiten sowie von Studenten und Sportlern im Ausland. Dann gibt es das ›Ministerium für öffentliche Sicherheit‹, das für Spionageabwehr und Grenzschutz zuständig ist. Der militärische Nachrichten- und Sicherheitsdienst mit rund 34 000 Mitarbeitern wiederum sammelt militärische Informationen, überwacht die Kommunikationsmittel im Inland – er hört Telefone ab und kontrolliert den E-Mail- und Internet-Verkehr, so vorhanden – und schützt die Volksarmee gegen Spionage.

Auch hier hört mit Sicherheit der Geheimdienst zu

Verherrlichung des Militärs auf dem Arirang-Festival

Wenn Touristen nach Nordkorea kommen, dann haben sie es im Regelfall mit Mitarbeitern des ›Büros für soziokulturelle Angelegenheiten‹ zu tun. Diese Organisation hat die Aufgabe, für ein positives Bild Nordkoreas im Ausland zu sorgen, kontrolliert die Aktivitäten der Tourismusorganisationen und bildet entsprechend Reiseleiter und Übersetzer aus. Weitergehende Tätigkeiten bestehen in Aufbau und Unterstützung subversiver Gruppen vor allem in Südkorea und Japan und im gelegentlichen ›Lobbying‹ an ausländischen Botschaften. Ein entzückendes Beispiel dafür lieferte der nordkoreanische Botschafter in Wien, als er im Herbst 2006 Freunde, Geschäftsleute und sogar Journalisten zum ›Kammermusikabend‹ in die Residenz einlud – einfach so, zur Kontaktpflege.

Mit Österreich, wo Nordkorea seit 1974 eine diplomatische Vertretung samt Handelsattaché unterhält sowie Mitglied in diversen in Wien ansässigen UNO-Organisationen (z. B. UNIDO) ist, kam es zum Beispiel 1987 nach dem Attentat auf eine südkoreanische Linienmaschine mit 115 Toten zu einer Abkühlung der Beziehungen, weil der nordkoreanische Botschafter in Wien darin verwickelt gewesen sein soll. Seitdem durfte die Zahl des Botschaftspersonals nurmehr zwölf betragen, wobei diese Bedingung Anfang 2000 unter der Voraussetzung ›weiteren Wohlerhaltens‹ formell wieder aufgehoben wurde. Der Staatsschutz hatte aber sein Auge auf die Nordkoreaner geworfen; so wurde bekannt, dass nicht nur die europaweit einzige Vertretung der Nordkoreanischen Staatsbank, die mittlerweile geschlossene ›Golden Star Bank‹ in Wien, sondern auch ein benachbartes Taekwon-Do-Verbandsgebäude samt Akupunkturzentrum und die Zentrale der ›Internationalen Taekwon-Do-Föderation‹ in einem Außenbezirk Wiens den nordkoreanischen Geheimdienstaktivitäten zuzuordnen ist beziehungs weise war. Sehr zum Missfallen der Nordkoreaner hatte neben Bank und Verein in der Wiener City rein zufällig ein südkoreanisches Spezialitätenrestaurant seinen Standort. Österreichs Staatssicherheit geht von regen Abhörtätigkeiten aus. Weiter wurden ›Anwerbungen‹ südkoreanischer Staatsbürger für nordkoreanische Spionagearbeit beobachtet.

Nordkoreas Staatswesen in Kürze

Nordkorea hat ein sozialistisches Staatswesen mit der staatstragenden ›Arbeiterpartei‹ Koreas. Das Grundprinzip, das bei der Organisation und Funktion des Staates angewendet wird, bezeichnen die Nordkoreaner als ›demokratischen Zentralismus‹.

Neben den in der Verfassung festgeschriebenen Organen des Staates existieren parallel hierzu die der staatstragenden Partei.

Dem Militär kommt neben der Landesverteidigung in zunehmendem Maße auch eine Aufgabe bei der Durchsetzung und Kontrolle der in der Partei beschlossenen und von den Staatsorganen bestätigten und verfügten Maßnahmen zu.

Das nordkoreanische Parlament hat in erster Linie zeremonielle Aufgaben. Es kann formal den Staatshaushalt und andere wichtige Regierungsbeschlüsse billigen.

Die auf fünf Jahre gewählte Kammer kommt in unregelmäßigen Abständen lediglich ein bis zwei Mal im Jahr zusammen.

Das Wappen Nordkoreas

Staatsorgane laut Verfassung

- Parlament, genannt die ›Oberste Volksversammlung‹, hat 687 Sitze und besteht aus Plenum, Präsidium und den Ausschüssen. Eine Legislaturperiode beträgt fünf Jahre.
- Verteidigungskomitee, auch Nationaler Verteidigungsrat genannt
- Ministerkabinett
- Örtliche Volksversammlungen
- Örtliche Volkskomitees
- Parteiorgane
- Parteikongress
- Politbüro
- Zentralkomitee
- Militärkomitee

Staatswappen

Der fünfzackige Stern und seine Strahlen im oberen Teil des Staatswappens symbolisieren die revolutionäre Tradition und deren Erbe. Das Wasserkraftwerk symbolisiert eine moderne, unabhängige Industrie.

Die Reisähren um das Symbol herum symbolisieren eine sich entwickelnde Landwirtschaft und den Kleinbauernstand, der im System Nordkoreas als ein verlässlicher Verbündeter der Arbeiterklasse gesehen wird. Das um den unteren Rand geschlungene rote Band wiederum soll die kraftvolle Einheit aller Koreaner symbolisieren. Die auf dem Band befindlichen Schriftzeichen sind der Name Nordkoreas: Choson minchuchi inmingon hanguk.

Staatsflagge

Der fünfzackige Stern auf der Flagge symbolisiert wie auch auf dem Staatswappen Nordkoreas die revolutionären Traditionen und deren Erbe. Der rote Streifen steht für den Patriotismus der revolutionären Vorläufer und den Kampfeswillen der Nordkoreaner.

Die Flagge Nordkoreas

Der weiße Kreis und die beiden weißen Streifen sollen die Homogenität des Volkes mit seiner langen Geschichte und Kultur aufzeigen. Die beiden blauen Streifen symbolisieren letztlich die Idee der Unabhängigkeit, Frieden und Freundschaft.

Politische Parteien und Verbände, gesellschaftliche Organisationen

Es existieren offiziell drei Parteien in Nordkorea: Die staatstragende ›Koreanische Arbeiterpartei‹, die am 10. Oktober 1945 gegründet wurde. Ihre Mitgliederzahl beträgt etwa sieben Millionen. Neben der Koreanischen Arbeiterpartei gibt es die Koreanische Sozialdemokratische Partei und die Chondoistische Chongu Partei, die der ›Demokratischen Front für die Wiedervereinigung des Vaterlandes‹ in einer Koalition unter Führung der Koreanischen Arbeiterpartei angegliedert sind. Diese arbeitet nach nordkoreanischen Angaben daran, eine friedvolle, unabhängige Wiedervereinigung Koreas herbeizuführen.

Neben der Partei und den angeschlossenen Tochterparteien existieren in Nordkorea weitere offizielle Organisationen wie zum Beispiel die Gewerkschaftsvereinigung mit rund zwei Millionen Mitgliedern, die ›Liga der Sozialistischen Arbeiterjugend Koreas‹ (vier Millionen Mitglieder), die ›Union der landwirtschaftlich arbeitenden Menschen Koreas‹ (mehr als 1,5 Millionen Mitglieder) und die ›Union demokratischer Frauen‹ (rund 250 000 Mitglieder). Zusätzlich existieren zahlreiche weitere Organisationen und Verbände, wie zum Beispiel die ›Koreanische Gesellschaft für Kulturelle Beziehungen zum Ausland‹, der ›Koreanische Journalisten-Verband‹, das ›Koreanische Komitee für für Afro-Asiatische Solidarität‹, die ›Koreanische Buddhistische Föderation‹, die ›Koreanische Föderation der Christen‹ und zahlreiche weitere.

Politische Funktionäre Nordkoreas

- Ewiger Präsident: Kim Il Sung
- Ewiger Vorsitzender der Nationalen Verteidigungskommission: Kim Jong Il
- Erster Vorsitzender der Arbeiterpartei Koreas: Kim Jong Un (seit April 2012)
- Vizevorsitzende: Kim Yong Chun, Ri Yong Mu, O Kuk Ryol (seit April 2009)
- Politbüro-Präsident: Kim Jong Un (seit April 2012)
- Premierminister: Choe Yong Rim
- Außenminister: Pak Ui Chun
- Minister für Staatliche Konstruktionskontrolle: Pae Tal Jun
- Präsident der Zentralbank: Ri Kwang Gon
- Finanzminister: Pak Su Gil
- Minister für Öffentliche Sicherheit: Kwak Pum Ji
- Minister der Volksarmee: Kim Jong Gak

Mitgliedschaft Nordkoreas in wichtigen internationalen Organisationen

UNCTAD United Nations Conference on Trade und Development

UNDP United Nations Development Programme

UNEP United Nations Environment Programme

UNFPA United Nationa Fund for Population Activities
UNICEF United Nations Children's Fund
WFP World Food Programme
FAO Food and Agriculture Organization
IFAD International Fund for Agricultural Development
IMO International Maritime Organization
ITU International Telecommunication Union
UNESCO United Nations Educational, Scientific und Cultural Organization
UNIDO United Nations Industrial Development Organization
UPU Universal Postal Union
WHO World Health Organization
IITC International Trade Commission
INTERSPUTNIK International Organization of Space Communications
IOC International Olympic Committee
JINR Joint Institute for Nuclear Research
WTO World Trade Organization
WEC World Energy Council
WFTU World Federation of Trade Unions
WPC World Peace Council
WTCA World Trade Centers Association
IATA International Air Transport Association
ICC International Chamber of Commerce
IAU International Association of Universities
IRC International Red Cross
IPPNW International Physicians for the Prevention of Nuclear War
PATA Pacific Area Travel Association
ARF Association of Southeast Asian Nations (ASEAN) Regional Forum
G-77 Group of 77 developing nations
ICAO International Civil Aviation Organization
IHO International Hydrographic Organization
IPU Inter-Parliamentary Union
ISO International Organization for Standardization
NAM Non-Aligned Movement
WIPO World Intellectual Property Organization
WMO World Meteorological Organization

Verwaltungseinheiten in Nordkorea

Das Land unterteit sich in Hauptstadt, Provinzen (oder Städte unter zentraler Verwaltung), Städte (oder Distrikte), Landkreise (oder Stadtgemeinden) und Arbeiterbezirke. Städte unter zentraler Verwaltung sind Pyongyang, Kaesong und Nampo.

Provinz	Hauptstadt
Südpyongan	Pyongsong
Nordpyongan	Sinuiju
Chagang	Kanggye
Ryanggang	Hyesan
Nordhamgyong	Chongjin
Südhamgyong	Hamhung
Kangwon	Wonsan
Nordhwanghae	Sariwon
Südhwanghae	Haeju

Wirtschaft

Nordkorea leidet unter eklatantem Devisenmangel. Dies ist doppelt schlecht: Zum einen musste Kim Jong Il in den neunziger Jahren öffentlich eingestehen, dass die Ziele des Wirtschaftsplanes nicht erreicht wurden, was die Juche-Idee untergrub. Zum anderen musste die nordkoreanische Führung zur Kenntnis nehmen, dass ohne ausländische Hungerhilfe das Versorgungssystem – und damit wohl auch das politische System – über kurz oder lang kollabiert. Und so fuhr Kim Jong Il einen riskanten Zickzackkurs politischer Drohgebärden und großmütig akzeptierter ausländischer Hilfe. Seit dem Tod von Kim Il Sung 1994 wurde überhaupt kein neuer offizieller Wirtschaftsplan erlassen, und man wird sehen, was Kim Jong Un nun aus dem Hut zaubert.

Nordkorea hat in internationalen Wirtschaftskreisen nicht unbedingt den besten Ruf. Trotz der zaghaften Öffnung in der letzten Zeit und der Etablierung von Sonderwirtschaftszonen ist es um den Außenhandel mit der DPRK schlecht bestellt. Weltweite Exporte betrugen nach letzten verfügbaren Zahlen von 2010 lediglich rund 2,55 Milliarden US-Dollar, die Importe 3,53 Milliarden US-Dollar. Die wichtigsten Exportmärkte des Landes sind China, Japan, Thailand, Südkorea, Vietnam, Kuba und Deutschland. Die Exporte in die EU-27 betrugen 2010 rund 88,9 Millionen Euro, die Importe aus den EU-27 rund 74,8 Millionen. Bedeutendste Warengruppen for den offiziellen nordkoreanischen Export sind Mineralien und Metalle, Textilien und chemische Erzeugnisse. Importwaren sind hauptsächlich Rohöl, Rohstoffe, Getreide, Konsumgüter und Maschinen. Der deutsch-nordkoreanische Warenaustausch bewegt sich mit rund 40 Millionen Euro jährlich im Durchschnitt der letzten Jahre auf sehr niedrigem Niveau. Österreich handelte mit Nordkorea 2010 nur noch um 1,6 Millionen Euro, hauptsächlich mit Pharmaprodukten, PKW-Teilen, Stahlschrott und Maschinen.

Zudem ist es für Wirtschaftsdelegationen schwierig: Die Erlangung der nötigen behördlichen Genehmigungen ist langwierig, die Fact Finding Missions (Erkundung der Bedingungen vor Ort, beispielsweise bei der Standortsuche) meist unverbindlich und nicht selten ohne Ergebnis. Seit dem Schurkenstaat-Bann der USA zögern westliche Unternehmen noch mehr, mit Nordkorea Handelstätigkeiten aufzunehmen. Auch die Zahlungsmoral ist ein Problem. Die österreichische Kontrollbank weigert sich daher seit ein paar Jahren, für Import-Export-Geschäfte mit Nordkorea zu bürgen, wie sie es normalerweise bei ›Problemstaaten‹ tut. Nordkoreanische Akkreditive werden von deutschen und internationalen Banken nicht akzeptiert. Wegen offener Forderungen von rund 260 Millionen Euro besteht in Deutschland eine Sperre für Hermes-Ausfuhrkreditbürgschaften.

Dazu kommt, dass sich Nordkorea momentan in einer Phase der Deindustrialisierung befindet. Nach und nach werden die Errungenschaften der planwirtschaftlichen Hochblüte aus dem Wirtschaftsleben verdrängt, die Industrie fährt nurmehr auf einem Bruchteil ihrer Kapazität, in einigen Landesteilen sind überhaupt keine Fabriken mehr in Betrieb. Anderen, neuen und mit ausländischer Hilfe noch in den neunziger Jahren errichteten Betrieben fehlt es wiederum an Energie, Logistik, Grundstoffen und Know-how. Also, so berichtet ein Beobachter und früherer ›Aufbauhelfer‹ aus der ehemaligen DDR, der in den fünfziger

Schuhherstellung in der Sonderwirtschaftszone Kaesong

Jahren den Nordkoreanern bei der Errichtung von Betrieben und Wohnhäusern in der Provinz Hamhung zur Hand ging, bewegt sich das Niveau der Wirtschaft wieder auf eine Agrargesellschaft zurück, wie wir sie aus dem Osteuropa der ersten Hälfte des letzten Jahrhunderts kennen.

Mangels Maschinen wird Reis und Getreide wieder per Hand geerntet und per Ochsenkarren abtransportiert. Was ein Bauernkollektiv mehr als plangemäß erwirtschaftet, darf es zusätzlich verkaufen – es gibt aber nicht viel dafür zu haben, schon gar kein besseres Saatgut oder Ersatzteile für Traktoren, geschweige denn neue Traktoren. Das System ist streng in sich verhaftet und redundant: Wer eine Arbeit hat, bekommt eine Arbeitsbescheinigung; nur mit einer solchen ist man zum Bezug von Lebensmittelscheinen berechtigt, mit denen man Grundnahrungsmittel beziehen darf. Den Schilderungen des DDR-Helfers zufolge versuchten die deutschen Genossen einst, den Nordkoreanern mit Hilfe eines großen Baggers einen Bewässerungsgraben für ein Reisfeld auszuheben. Dies hätte einen Tag gedauert. Die ursprünglich geplanten 2000 Arbeitskräfte, zumeist Frauen, hätten eine Woche für das Ausheben des Grabens gebraucht. Nun aber legten die Frauen heftigen Protest gegen den Einsatz des Baggers ein, da sie ja sonst keine Arbeit hätten und auch keine Berechtigung auf Bezugsscheine, mit denen sie Lebensmittel für ihre Familien bekommen würden. Also ließen die DDR-Helfer von ihrem Plan ab und zogen sich zurück.

Ökonomische Isolierung

Wenn man diese Art des Planwirtschaftens auf die Wirtschaft des ganzen Landes überträgt, braucht man kein Ökonom sein, um die Ursachen der Entstehung von Ineffizienz und die Blockierung wirtschaftlicher Weiterentwicklung zu erkennen. Als Bruderstaat der Warschauer Paktstaaten mag dieses System für Nordkorea (›Vollbeschäftigung‹ bei niedrigster Effizienz, Tauschhandel mit anderen Planwirtschaften) wohl mehr oder weniger funktioniert haben – heute ist Nordkorea ökonomisch weitgehend isoliert und mit seinem System der globalisierten Wirt-

Menschliche Arbeitskraft ersetzt fehlende Maschinen: Baustelle in Pyongyang

Einige Betriebe werden Besuchern gerne gezeigt, hier die Mineralwasserabfüllung Kangso Yaksu

schaft im Rest der Welt hoffnungslos unterlegen. Nur massive Investitionen westlicher Unternehmen könnten Nordkorea – und das auch nur langfristig – auf eine Art niedriges ›Wettbewerbsniveau‹ bringen. Zu befürchten ist aber, dass bei einer Öffnung oder einem Zusammenbruch des Regimes vielmehr die Wirtschaft durch notwendige neue Freiheiten vollends durch Korruption, hemmungslose Ausbeutung von Bodenschätzen und andere individuelle Interessen von Konzernen und fremden Regierungen kollabiert, sich lange nicht wieder erholt und im schlimmsten Fall auch die Ökonomie Südkoreas mitreißt, sollte die Öffnung mit einer Wiedervereinigung verbunden sein.

Vor dem Zusammenbruch des Ostblocks lebte die Wirtschaft Nordkoreas für ihre Verhältnisse leidlich gut. So unterhielt das Land Kim Il Sungs gerade mit Österreich recht gute Beziehungen. Verschiedentlich kam es zu einigen Projekten: Die österreichische Seilbahnfirma ›Doppelmayr‹ etwa errichtete einige Seilbahnen auf den Paekdu-Berg, die später aber von den Nordkoreanern teilweise wieder abgebaut wurden, weil man die Tragseile als Stromkabel brauchte. Kleinere Unternehmen aus den Bereichen Kunststoff und Maschinenbau standen mit Nordkorea in wirtschaftlichen Beziehungen, und zuletzt interessierte sich der größte österreichische Stahlkonzern ›voestalpine‹ für nordkoreanische Rohstoffe. Von der Flugtechnikfirma ›Frequentis‹ wurden ebenfalls geschäftliche Kontakte gemeldet. Keine der Beziehungen ist jedoch bis jetzt sonderlich dauerhaft gewesen.

Über die ›Golden Star Bank‹, die wiederholt mit Geldwäscherei und auch Verbreitung von Falschgeld in Verbindung gebracht wurde, soll nach Ansicht westlicher Beobachter immerhin der Großteil des Technologie- und Waffenhandels mit europäischen und Nahost-Lieferanten abgewickelt worden sein. In diesem Zusammenhang fällt auch ein nachhaltiges Bemühen der nordkoreanischen Diplomaten in Wien auf, sich mit den Behörden und anderen Institutionen gut zu stellen. Früher gab es rege Kontakte zur Kommunistischen Partei Österreichs, die sich aber im Zuge der in der Bedeutungslosigkeit verschwindenden KPÖ sukzessive abschwächten.

Dorfleben in Nordkorea

Falschgeld und anderes

Im Ausland sind Nordkoreas Diplomaten aber jedenfalls nach wie vor aktiv, wenngleich sie unter einem erhöhten Erfolgsdruck arbeiten. Nachdem Hongkong 1999 an China zurückfiel, erlaubte die chinesische Führung den Nordkoreanern, dort im Februar 2000 ein Konsulat zu eröffnen. Die Nordkoreaner nutzen diese Gelegenheit, um in Hongkong eine Art Außenbüro für den Handel mit Zigaretten, Drogen und Waffen aufzuziehen. Derartige Aktionen, so wollen es zumindest die USA errechnet haben, bringen Nordkorea jährlich rund 100 Millionen Euro ein. Dazu kommt die Verbreitung von Falschgeld, für das es offenbar einige gut ausgerüstete Druckereien in Nordkorea und auch im Ausland gibt. Für den Absatz von Falschgeld eignen sich Casinos ganz gut, weshalb Nordkorea eine besondere Aktivität im Glücksspielparadies Macao entfaltet hat. Im Jahr 2000 sollen dort falsche Geldscheine im Wert von mindestens 600 000 US-Dollar in Umlauf gebracht worden sein. Berichte über festgenommene nordkoreanische Falschgeldbesitzer sind in Macao keine Überraschung mehr. Eine andere Drehscheibe für nordkoreanisches Falschgeld ist auch die Botschaft in Moskau.

Die USA verdächtigen Nordkorea seit Jahren, an der Verbreitung von hochqualitativem Falschgeld, dem sogenannten ›Superdollar‹, beteiligt zu sein. Dabei handelt es sich um falsche Dollarscheine in hoher Qualität. Die ersten Blüten dieser Art tauchten 1989 in Manila auf, seitdem in China, Japan und der Mongolei und letztlich in Europa (vergleiche dazu die interessante Studie: ›The Sopranos State? North Korean Involvement in Criminal Activity and Implications for International Security‹ von Sheena E. Chestnut, Stanford University, Mai 2005). Demnach sollen die Superblüten zuletzt hauptsächlich über Diplomaten nach Macao gebracht worden sein. Auch die nordkoreanischen Außenhandelsstellen in Guangzhou und Zhuhai (China) seien in derartige Aktivitäten verwickelt. Im Jahr 2000 wurde Falschgeld vermutlich nordkoreanischen Ursprungs an der deutsch-tschechischen Grenze im Gepäck eines diplomatischen Kuriers entdeckt und beschlagnahmt. In Macao wurde eine Handelsgesellschaft namens ›Zogwang Trading‹ der Geldwäsche in Zusammenarbeit mit der ›Banco Delta Asia‹ verdächtigt. Die Bank wurde daraufhin auf Druck der USA unter Zwangsverwaltung gestellt. Man entdeckte eine Reihe nordkoreanischer Konten, allerdings mit Einlagen von insgesamt nur 24 Millionen US-Dollar. Die nordkoreanische Regierung bestreitet, etwas mit Falschgeld oder Geldwäsche zu tun zu haben.

Dem widersprechen Aussagen von nordkoreanischen Überläufern, die behaupten, es würde in Pyongyang gleich eine ganze Reihe von Fälscherwerkstätten für ›Superdollars‹ geben. Wie Nordkorea aber zum Rohmaterial (Druckplatten, spezielle Papiermischungen und Farben) kommt, konnte nicht geklärt werden. Der größte Schlag gegen mutmaßlich nordkoreanisches Falschgeld gelang der britischen Polizei im Juni 2000, als sie 27 Millionen falsche US-Dollar beim IRA-Aktivisten Seán Garland sicherstellen konnte. Dieser – bis zu seiner Verhaftung Vorsitzender der kommunistischen irischen Arbeiterpartei ›Workers Party‹ – soll sich wiederholt mit nordkoreanischen Agenten in Russland und Polen getroffen und die Blüten über Mittelsmänner, darunter auch ein ehemaliger KGB-Agent aus Armenien, nach Großbritannien und Irland geschmuggelt haben, um es dort in Umlauf zu bringen und zu waschen. Die britische Polizei konnte den Geldwäscherring zerschlagen.

Neben Falschgeld soll Nordkorea auch am internationalen Drogenschmuggel mit Heroin und Methylamphetamin (›Ice, ›Crystal‹) beteiligt sein. So soll es dabei Verbindungen zur japanischen Mafiavereinigung Yakuza und chinesischen Banden geben. Nach China gelangen die Drogen vermutlich über die recht durchlässige Nordgrenze, nach Japan, Taiwan und andere Ziele in Fernost hauptsächlich per Schiff. Im Mai 2003 brachte die australische Marine den nordkoreanischen Frachter ›Pong Su‹, der zur Tarnung unter der Flagge der Südseeinsel Tuvalu fuhr, nach einer viertägigen Verfolgungsjagd in australischen Gewässern mit 125 Kilogramm Heroin auf, das allerdings aus Myanmar stammte. Nordkoreanischen Drogenlabors werden eher die Funde von Methylamphetamin, einer im Westen beliebte ›Partydroge‹, zugeschrieben.

Des Weiteren werden nordkoreanische Diplomaten ab und zu beim Schmuggeln von Rhinozeroshörnern, Elfenbein und afrikanischen ›Blutdiamanten‹ erwischt. Auch gefälschtes Viagra und andere Pharmazeutika sowie gefälschte Markenzigaretten soll das Regime in Pyongyang in Umlauf bringen.

Umbau der Ökonomie

Eigentlich widersprechen diese illegalen Aktionen dem Programm der nordkoreanischen Ideologie, doch die Entfremdung zwischen der westlichen Welt und der eigenen Entwicklung lassen dem Regime offensichtlich keine andere Wahl, um selbst überleben zu können. Im Grunde folgte die nordkoreanische Wirtschaft von Anfang an klaren Prinzipien: Mit der Etablierung der neuen Herrschaft nach dem Weltkrieg begann der Umbau der Ökonomie in eine nach marxistischem Vorbild orientierte zentrale Planwirtschaft. Im einzelnen wurden alle Produktionsmittel verstaatlicht beziehungsweise in genossenschaftliche Organisationen (Kollektivierung der Landwirtschaft 1958) übergeführt. Persönliches Eigentum

Großprojekte wurden von rekrutierten Brigaden gebaut: der Staudamm von Nampo

Maisverarbeitung in einer landwirtschaftlichen Kooperative

wurde nicht abgeschafft, aber stark reduziert und der staatlichen Aufsicht unterworfen, »nach sozialistischen Grundsätzen gemäß der erbrachten Leistung und durch zusätzliche staatliche Zuwendungen« (Art. 22 der Verfassung der DPRK). Dort wird auch das aus eigener Leistung erbrachte persönliche Eigentum definiert: In Heimarbeit hergestellte Güter sowie die auf eigenen, kleinen Grundstücken erzeugten Produkte zählen ebenfalls zum persönlichen Eigentum. 2002 war es einem Kollektivbauern und seiner Familie erlaubt, ein eigenes kleines Stück Land im Ausmaß von maximal 70 Quadratmetern für den eigenen Bedarf zu bewirtschaften. Die Arbeitszeit beträgt per Gesetz acht Stunden täglich, bei besonders schwerer Arbeit weniger. Ein unheilvoller Zusatz in der Verfassung regelt folgendes: »Der Staat garantiert die volle Nutzung der Arbeitszeit durch geeignete Organisation der Arbeit und durch Stärkung der Arbeitsdisziplin«.

Die Besteuerung wurde abgeschafft, der Staat bestritt in Folge seine Ausgaben aus den Überschüssen und Gewinnen der verstaatlichten Industrie, teilweise ein Grund dafür, warum die meisten Kollektive zur Übererfüllung der Pläne angehalten wurden. Die Mehrproduktion wurde nach Möglichkeit ins Ausland verkauft.

Verbunden mit der Juche-Idee war es das Ziel dieser Kommandowirtschaft, aus eigener Kraft die Versorgung der Bevölkerung mit Gütern sicherzustellen. Das Grundproblem nach der Teilung der beiden Koreas war nur, dass nunmehr die ›Kornkammer‹, der Süden, für die Versorgung wegfiel und Nordkorea aufgrund seiner gebirgigen Landschaft nur wenig nutzbares Ackerland (nur 18 Prozent der Gesamtfläche) aufweist. Dazu kam noch die der marxistischen Lehre folgende Überbetonung der Schwerindustrie und des Bergbaus, die in weiterer Folge zu einer Vernachlässigung der Getreide- und Reisproduktion und der Versorgung mit grundlegenden Konsumgütern führte. Nordkorea war über lange Jahre, soweit feststellbar, das Land mit dem höchsten Industrialisierungsgrad auf der Welt mit fast zwei Dritteln der gesamten Wirtschaft, in der der Dienstleistungssektor zur Marginalie verkommen war. Zudem schluckte das Militär eine Menge der Ressourcen, ganz zu schweigen vom Geld- und Arbeitskräftebedarf für die Errichtung monumentaler Bauwerke und Memorabilia für den ›Großen Führer‹. Die Arbeitskräfte an sich waren nicht das Problem. Meistens wurden bei großen Projekten sogenannte Brigaden rekrutiert, die mehr oder weniger ›freiwillig‹ an der Errichtung großer Vorhaben mitwirkten, wie etwa dem Wohnungsbau in den zerstörten Städten, der Errichtung des Staudammes von Nampo und der großzügigen Autobahnen durch das Land. Bezahlt wurden nur symbolische Löhne, denn der Staat kam ja für alles auf. Insofern sind an die nordkoreanische Wirtschaft bis heute keine makroökonomischen Begriffe wie Bruttosozialprodukt und Wertschöpfung anzuwenden, und die Produktivität ist somit schwer vergleichbar. Die Propaganda trommelte in schöner Regelmäßigkeit regelrechte ›Produktionswettbewerbe‹ (›Chollima-Brigaden‹) aus: Großprojekte wurden oft in atemberaubender Geschwindigkeit, nicht selten mit dramatischen Opfern unter den Arbeitern fertiggestellt. Berichten nordkoreanischer Überläufer zufolge wurden bei sensiblen Projekten wie in der Rüstungsindustrie und in bestimmten Bereichen des Bergbaus, nämlich bei der Errichtung von Verteidigungsstollen und Bunkern, meistens lebenslängliche politische Häftlinge und Insassen der Umerziehungslager herangezogen.

Vielfalt an Bodenschätzen

Einen Vorteil hat die Gebirgigkeit Nordkoreas immerhin: Rund zwei Drittel aller Bodenschätze der koreanischen Halbinsel befinden sich auf dem Territorium Nordkoreas. Neben Kohle, Eisenerz und Magnesit gibt es auch große Lagerstätten an Graphit, Wolfram, Zink, Molybdän, Blei sowie Silber- und Goldvorkommen. Dazu kommt die Ausbeutung der ausgedehnten Laub- und Nadelwälder und Stromerzeugung durch Wasserkraft. Fischerei spielt keine so große Rolle wie die Industrie, zumal die Fangflotten viele Energieressourcen verbrauchen. Die Bemühungen, eigene Öllagerstätten zu erschließen, sind bis heute nicht abgeschlossen, obwohl Untersuchungen auf insgesamt fünf Öllagerstätten vor den Küsten mit Kapazitäten von zwölf Millionen Barrel (155 Millionen Tonnen) Öl schließen lassen. Nordkorea arbeitet dabei mit einer norwegischen Ölbohrfirma zusammen, allerdings fehlt das Geld für die Ausbeutung der Lagerstätten und die Errichtung von Raffinerien.

Wie sich bald herauskristallisierte, sollte der Selbstversorgungsgedanke ein Wunschtraum bleiben. Zwar posaunte die Regierung bis zuletzt die stete Erfüllung oder sogar Übererfüllung der Zwei-, Drei-, Fünf- oder Siebenjahrespläne heraus, de facto aber war ein enger Handels- und Barterverkehr mit den Ländern des Comecon unerlässlich, um die Wirtschaft am Leben zu erhalten. Je stärker die Industrialisierung wuchs, desto mehr verschlang sie an Basis-Ressourcen wie Öl, Stahl und Energie, die in großen Mengen eingeführt werden mussten. Später waren es dann auch Nahrungsmittel, die im Tausch mit industriellen Gütern importiert wurden, bis mit der Zeit das ökonomische System aus dem Gleichgewicht geriet und schließlich mit dem Zusammenbruch des Ostblocks endgültig alle Fundamente verlor.

Zu Beginn der neunziger Jahre wurde Nordkorea durch den Wegfall nahezu aller traditionellen Handelspartner schwer getroffen. Nunmehr basierte der Handel auf harter Währung, Russland und China wollen seitdem Dollars sehen. Die Folge war der Rückgang der gesamten Wirtschaft in erschreckendem Ausmaß von bis zu fünf Prozent pro Jahr bis zu einem nahezu kompletten Stillstand der industriellen Produktion um die Jahrtausendwende. Dem Vernehmen nach mussten bereits mehr als die Hälfte der Fabriken stillgelegt werden, andere Quellen sprechen von bis zu 90 Prozent. Auf einem Drittel der Felder wächst mangels Dünger und Erosion keine verwertbare Nahrung mehr. Dazu kamen die verheerenden Überflutungen zwischen 1995 und 1997.

Wer heute durchs Land fährt, dem werden zahlreiche Industrieruinen auffallen. Auf den Autobahnen sind keine Güter- oder Nahrungsmitteltransporte auszumachen, ganz zu schweigen von Tankstellen. Das einzige, was augenscheinlich funktioniert, ist das riesige Fernwärmekraftwerk in Pyongyang, das die ganze Stadt – bis auf die Ausländerhotels mit ihrer eigenen Wärme- und Stromversorgung – mit Wärme beliefern soll und dabei Unmengen von schwarzgrauen Kohledampfschwaden ausstößt. Auf dem Land wiederum heizen die Menschen ihre Wohnungen mit Kohle, Stroh oder Holz. Elektrizität ist kaum verfügbar, fließendes oder gar heißes Wasser ausgesprochen selten. Sogar im großen Ausländerhotel in den Myohyang-Bergen (Hyangsan-Hotel) wird Strom und Warmwasser nach Ankunft der Gäste meist erst extra mit Generator, Ofen und Pumpen zur Verfügung gestellt.

Wirtschaft auf Subsistenzniveau

Im Internet kursiert ein Satellitenfoto, das die koreanische Halbinsel bei Nacht zeigt. Während Südkorea mit Lichtpunkten übersäht ist, ist der Norden mit Ausnahme kleiner Pünktchen in Pyongyang vollkommen schwarz. Daran gibt es nicht viel zu deuteln.

Leere Straßen – ein typisches Bild in Nordkorea

Fernwärmekraftwerk in Pyongyang

Die nordkoreanische Wirtschaft befindet sich derzeit, soweit dies von außen zu beurteilen ist, auf Subsistenzniveau und ist aus den Fugen geraten. Neben dem zusammengebrochenen staatlichen Versorgungssystem existiert die ausländische Hilfe, über deren Verteilung die UNO und verschiedene Non-Profit-Organisationen recht und schlecht wachen, offensichtlich aber auch eine Art Parallelwirtschaft einer ›begüterteren‹ Oberschicht aus Militär und Parteikadern, die an den Verteilungsschleusen sitzen, sowie eine geduldete Schattenwirtschaft.

Im Jahr 2005 konnte Nordkorea erstmals seit vielen Jahren wieder eine gute Ernte einfahren und gab bekannt, ab 2006 keine Nahrungsmittelhilfe mehr aus dem Ausland zu benötigen. Es hieß, die Hilfsorganisationen sollen das Land allmählich verlassen. Diese zweifeln aber stark daran, dass sich Nordkorea wieder vollständig selbst versorgen kann. Während also in Pyongyang Menschen Grünzeug in den Parks sammeln – und dies nicht aus Spaß oder um ihren Hamster daheim zu füttern – sieht man die Parteikader in Mercedes-Limousinen, manchmal sogar in neuen Cadillacs und in großen Geländewagen herumkurven.

Die Kommandowirtschaft in Verbund mit dem Führerkult hatte noch andere Auswirkungen: Die Gewohnheit von Kim Il Sung, seines Sohnes Kim Jong Il und nunmehr von Kim Jong Un, unter großem Medienhallo laufend Produktionsstätten und Agrarkollektive zu besuchen und dort laienhafte Anweisungen zu geben, hat der Wirtschaft nicht immer gut getan. Durch den Anspruch, alles und jedes zu wissen und keinen Widerspruch zu dulden, wurden oft Befehle ausgeführt, die sich katastrophal auswirkten: überdichte Pflanzung von Reis, massiver Einsatz von Kunstdünger, Rodungen, Abholzungen und Terrassierungen, Monokultur und Überbetonung bestimmter Getreidesorten haben zu einem massiven Ungleichgewicht in der Landwirtschaft geführt. Desgleichen wurden Fabriken unangemessen konstruiert und zu groß angelegt, sodass Versorgungsengpässe gleich zu ernsthaften und folgenschweren Lieferausfällen führten. Wo wiederum zuviel produziert wurde, fehlte es an Infrastruktur, Transportmitteln und Logistik für die Verteilung.

Privatwirtschaft im Kleinen

Eine Art private Parallelwirtschaft begann sich bald in sehr kleinem Rahmen in Nordkorea zu etablieren. Dazu kamen auch nachbarschaftliche Hilfe und der Tauschhandel mit lebenswichtigen Gütern. Zu von oben geduldeten kleinen Bauernmärkten kam es aber erst sehr spät und unter dem Eindruck der Reformen in Russland und China ab 1991. Die politische Polizei und das Militär begannen nicht nur, über die privaten Märkte hinwegzusehen, vielmehr beteiligten sie sich selbst durchaus auch daran. Ab 1996 wurde sogar erlaubt, über das Plansoll hinaus produzierte Güter für den Eigenverbrauch zu verwenden oder auf Märkten zu verkaufen. Die Regierung interpretierte dies offiziell nicht als kapitalistische Erscheinung, sondern formulierte daraus eine ›Vervollkommnung‹ des Kommunismus, nämlich eine besonders schlaue Art der ›Anreizpolitik‹, um Arbeiter zu höheren Leistungen anzustiften. Tatsächlich kam es streckenweise zu einer Verbesserung der Versorgungslage mit Nahrungsmitteln und anderen Gütern und dem Entstehen einer kleinen Dienstleistungswirtschaft mit Restaurants und improvisierten Werkstätten, viel stärker aber zum Entstehen von inoffiziellen Märkten für Schmuggelgut.

In der letzten Zeit wurde auch das seit Staatsgründung bestehende Bezugsscheinsystem nach und nach abgeschafft. Betriebe und private Haushalte sollen auf Geldwirtschaft umgestellt werden, dafür wurden angeblich auch die Löhne deutlich angehoben. Betriebe sollen künftig auch mit Krediten investieren können, was bislang nicht möglich war. Die Idee dahinter ist, dass staatliche Betriebe ihre Güter zu ›Marktpreisen‹ verkaufen und damit die Subventionen reduzieren sollen. Da der Nachfrage aber ein viel zu geringes und qualitativ schlechtes Angebot gegenübersteht, steigt die Inflation viel stärker, als es diese Art Rumpfwirtschaft aushalten könnte. Derzeit soll es in Nordkorea rund 350 Bauernmärkte geben, auf denen neben landwirtschaftlichen Erzeugnissen wie Getreide, Reis

Nahversorgung an der Straßenecke

und Fleisch auch chinesische und japanische Elektronikgüter oder Fahrräder verkauft werden. Der Handel an diesen Orten – zum Beispiel am Tongil-Markt in Pyongyang (an der Tongil-Straße), wo es von chinesischer Elektronik bis zu selbstgezogenen Tomaten alles gibt, aber zu enorm hohen Preisen für Nordkoreaner– wird aber streng überwacht und reglementiert. Einige Preisbeispiele befinden sich auf Seite 12.

Freihandelszonen

Diese Ambivalenz der freien Märkte war auch kein gutes Vorzeichen für eines der letzten großen Regierungsexperimente in Richtung einer freieren Wirtschaft, nämlich der Etablierung der sogenannten Freihandelszone im nordöstlichen Dreiländereck zwischen Nordkorea, China und Russland ab 1991 (Freihandelszone Rajin-Sonbong). Dort sollten gemäß eines 1992 erlassenen Gesetzes für Auslandsinvestitionen freie Unternehmen Niederlassungs- und Steuerfreiheit genießen, und zwar in Form von Joint-ventures. Bis heute erwirtschaften dort entstandene, meistens chinesisch-nordkoreanische und japanische Firmen – wenn überhaupt – keine nennenswerten Gewinne. Vielmehr scheint das ganze Gebiet zu einer riesigen Transitzone für Schmuggelgut geworden zu sein, wie westliche Delegationen berichten.

Dazu kommen Schwierigkeiten durch das Handelsembargo der USA gegen nordkoreanische Güter und Probleme mit Rohstoffversorgung und Infrastruktur. Die Kernbereiche des von der UNO unterstützen Projekts bilden ein Containerhafen, die größte Ölraffinerie Nordkoreas und eine Schiffswerft sowie diverse Produktionsbetriebe, auch der Tourismus sollte entwickelt werden. Nicht zuletzt betraf eine der größten Investitionen in Rajin-Sonbong das ›Emperor‹-Hotel (fünf Sterne) der gleichnamigen Hongkonger Hotelkette mit seinem Casino, das seit dem Jahr 2000 jährlich von rund 50 000 chinesischen Tages-

Turnschuhe aus der Freihandelszone Kaesong

besuchern zum Glücksspielen aufgesucht wurde. Anfang 2005 wurde das Casino wieder geschlossen. Nordkorea und die UNO bemühen sich weiter, internationalen Investoren das Projekt vorzustellen und Geschäftsreisenden die Vorzüge der Region – billige Arbeitskraft, strategisch gut gelegene Häfen, Bodenschätze wie Graphit und Braunkohle sowie Agrargüter – näherzubringen, der Erfolg ist bisher aber eher mäßig.

Gerade diese westlichen Geschäftsreisenden, die vielfach mit lauterer Absicht nach Nordkorea reisen, um sich über Investitionsmöglichkeiten zu informieren, beklagen sich über die Parallelwirtschaft, augenscheinliche Korruptionsanfälligkeit der zuständigen Funktionäre, große bürokratische Schwierigkeiten und die mangelnde Investitionssicherheit in Nordkorea. In der Vergangenheit gab es wiederholt Berichte von ausländischen Unternehmen, dass sich Nordkorea nicht an die wirtschaftlichen Abmachungen im Rahmen von Joint-ventures halten würde. Genau aus diesem Grund gehen die Weltbank und die Kontrollbanken westlicher Länder nur ungern Haftungen für Investitionen in Nordkorea ein.

Da hilft es auch nicht weiter, dass Nordkorea noch andere Freihandelszonen in Wonsan und Nampo errichten will beziehungsweise in Kaesong und Sinuiju bereits eingerichtet und dort ›freien Gewinntransfer‹ zugesichert hat. Nordkoreanischen Bürgern ist es ›in ihrer Freizeit‹ gestattet, privaten Wirtschaftstätigkeiten nachzugehen, freilich unter intensiver Kontrolle der Behörden, was der Schattenwirtschaft Tür und Tor öffnet. Trotz vieler Bemühungen ist es jedenfalls bis jetzt nicht gelungen, die Sonderwirtschaftszonen auszubauen und Investoren zu überzeugen.

Investoren

Investoren in Nordkorea umgibt zum Teil auch eine obskure Aura: So arbeitet die Religionsgemeinschaft der Quäker seit den neunziger Jahren an einem landwirtschaftlichen Genossenschaftsprojekt in Nordkorea und hat nach eigener Aussage seitdem rund 2,5 Millionen US-Dollar in Ackerbaumaschinen, Saatgut, Nahrung und Kleidung investiert. Unterstützt wird die Aktion vom ›American Friends Service Committee‹, der humanitären Vorfeldorganisation der Quäker, sowie zusätzlich von der Glaubensvereinigung der Mennoniten.

Auch die Autofabrik ›Pyonghwa Motors‹ in Nampo hat eine interessante Geschichte: Sie ist ein Joint-venture des staatlichen nordkoreanischen Metall- und Bergbauunternehmens Ryonbong mit dem Wirtschaftsimperium der südkoreanischen Mun-Sekte (›Vereinigungskirche‹), der ›Tongil Group‹, die 70 Prozent an ›Pyonghwa‹ hält und dafür unter anderem ›Fiat‹-Lizenzen zur Verfügung stellt. Produziert werden das kleine Personenauto ›Pyonghwa Hwiparam‹, ein Nachbau des ›Fiat Siena‹, sowie der etwas geräumigere ›Pyonghwa Ppeokkugi‹, ein Nachbau des ›Fiat Dobló‹, zum Preis zwischen 10 000 und 12 000 US-Dollar. Außerdem baut die Fabrik eine Großraumlimousine und einen Pick-Up nach chinesischem Vorbild, den ›Premio‹ und den ›Pronto‹, in Lizenz des chinesischen Herstellers ›Dandong Shuguang‹. Im Sommer 2006 veröffentlichte das nordkoreanische Regierungsmagazin ›Foreign Trade‹ Pläne für den Bau eines weiteren Autos namens ›Pyonghwa Junma‹, den Fotos nach zu schließen ein

Blanker Hohn für die Mehrheit der Nordkoreaner: Werbung für den Pyonghwa Hwiparam

Nachbau der südkoreanischen Limousine ›Ssangyong Chairman‹, die wiederum größtenteils eine Kopie der ›Mercedes‹-E-Klasse aus der ersten Hälfte der neunziger Jahre ist. Die ›Pyonghwa‹-Autofabrik hat eine Jahreskapazität von 10 000 Autos. Rund 300 werden angeblich jährlich im Inland an höhere Parteiangehörige verkauft, in Zukunft sollen auch Autos nach China und Vietnam exportiert werden. Aufsehen in der Bevölkerung erregte ein riesiges, vier Mal zehn Meter großes Reklameschild vor der ›Pyonghwa‹-Fabrik in Nampo, das in schillernden Farben für den Kauf eines ›Hwiparam‹ wirbt. An sich waren so große Schilder bis jetzt nur für Parteiparolen oder Konterfeis der Staatsführer senior und junior zugelassen. ›Pyonghwa Motors‹ kontrolliert auch den landesweiten Handel mit Gebrauchtfahrzeugen und ist bei Produktion und Handel offensichtlich an die Stelle der alten ›Sungri‹-Autofabrik in Tokchon getreten, die seit den fünfziger Jahren in Nordkorea zivile Personenautos und Lastwagen (Mercedes-, Jeep- und GAZ-Kopien) herstellte.

Die ›Tongil Group‹ hat 2003 auch mit dem extra dafür gegründeten Reisebüro ›Pyonghwa Air Travel‹ mit Sitz in Seoul erste Direktflüge mit Touristen von Seoul nach Pyongyang durchgeführt, und zwar mit Charterverbindungen der nordkoreanischen ›Air Koryo‹ sowie den südkoreanischen Linien ›Korean Air‹ und ›Asiana‹. Die Flüge wurden kurz darauf aber wieder eingestellt. ›Tongil‹ versuchte auch, in der Kumgang-Region eine Tourismuszone mit Ski-Resort zu etablieren, scheiterte aber am Konkurrenten ›Hyundai Asan‹, der sich die Exklusivrechte an der touristischen Entwicklung von Kumgang teuer erkauft hatte. Nebenbei war das Engagement von ›Hyundai‹ in Kumgang lange alles andere als gewinnbringend, so hat auch ›Tongil‹ davon abgesehen.

Die Mun-Sekte in Nordkorea

Die Mun-Sekte versucht aber weiter, nach Nordkorea vorzudringen. Das Verhältnis scheint nicht so schlecht zu sein, sandte Kim Jong Il doch dem Reverend Mun Sun-Myung, Oberhaupt der Vereinigungskirche, zu dessen 80. Geburtstag im Februar 2000 ein Geburtstagsgeschenk, bestehend aus seltenen Ginsengwurzeln. Und Mun hatte nicht nur etwa sechs Millionen US-Dollar in die ›Pyonghwa‹-Autofabrik gesteckt, sondern war auch Eigentümer des ›Potonggang-Hotels‹ in Pyongyang und investierte außerdem in den Sonderwirtschaftszonen. Dazu wollte Mun eine Tankstellenkette (›Pyonghwa Gas Station‹) in Nordkorea aufziehen, um einen Autoverkehr auf breiterer Basis überhaupt zu ermöglichen. Weiterhin hatte Mun noch zu Lebzeiten von Kim Il Sung ein neun Quadratkilometer Grundstück in Chongchu (Provinz Nordpyongan) zugesprochen beziehungsweise für 99 Jahre auf Leasingbasis übertragen bekommen, angeblich befindet sich dort sein Geburtsort. In Chongchu wollte Mun ein Zentrum für die Vereinigungskirche einrichten, geht aus sekteneigenen Zeitschriften hervor. Über Bauaktivitäten ist aber noch nichts bekannt.

Das Verhältnis von Sektenführer Mun zu Nordkorea hätte ambivalenter nicht sein können: Einerseits galt er als streng antikommunistisch und rechtsreligiös, was sich in den ihm gehörenden Medien wie der US-Tageszeitung ›Washington Times‹ und – etwas gedämpfter – in seiner weltweiten Nachrichtenagentur ›United Press International‹ (UPI) niederschlug, die Mun im Jahr 2000 gekauft hatte. Dann galt Mun als Unterstützer der beiden US-Präsidenten George Bush senior und George W. Bush, bei denen er durch seine rechtskonservativ-fundamentale Haltung offene Türen einrannte. Andererseits wiederum gab es immer wieder Gerüchte, dass Mun im Rahmen seiner weltumspannenden Netzwerke auch glänzende illegale Geschäfte mit Nordkorea machte, etwa, dass er mal ausgediente Sowjet-U-Boote nach Pyongyang verhökerte oder bei dem einen oder anderen Waffendeal zur Hand ging. Gleichzeitig sollen Muns Firmen auch im internationalen Ginseng-Geschäft mit Nordkorea kräftig mitmischen. Dann wieder gelang es ihm, für die ›Washington Times‹ im Jahr 1992 ein zweieinhalbstündiges Exklusivinterview mit Kim Il Sung zu arrangieren, das erste, das der verstorbene Staatsführer in 20 Jahren damals für ein westliches Medium gab und das bei Erscheinen ein sehr schmeichelhaftes Bild von Kim Il Sung und seinem Land zeichnete. Das ist insofern bemerkenswert, als Mun in seiner Jugend in den vierziger Jahren des vorigen Jahrhunderts während des Befreiungskrieges in Nordkorea mehrmals verhaftet wurde und auch ein paar Jahre im Arbeitslager verbringen musste.

Über die Rolle der Mun-Sekte in Nordkorea wird viel spekuliert: Etwa, dass sie von der CIA unterlaufen sei und das Land destabilisieren soll; dass sie eine faschistische Unterwanderung Nordkoreas plane und ähnliches. Seit 2008 ist Mun Sun-Myungs Sohn, Mun Hyung Jin, Präsident der ›Vereinigungskirche‹, Mun Sun-Myung verstarb 2012. Inwiefern dieser Machtwechsel Auswirkungen auf die Beziehungen der Sekte zu Nordkorea hat, ist noch nicht abzusehen. Jedenfalls hat Mun Hyung Jin 2011 Nordkorea besucht, um zum Tode Kin Jong Ils zu kondolieren.

Außenhandel und Investitionen

Doch zurück zu den Fakten: Eine ganz andere Rolle in der nordkoreanischen Wirtschaft nimmt Japan ein. Das Land zählte in den siebziger Jahren, während der Aufbauphase in Nordkorea, zu den größten ausländischen Kreditgebern. Japan lieh Devisen für den Aufbau der Infrastruktur sowie für den Wohnungsbau und spendete auch ab 1995 in der Krise große Mengen Nahrungsmittel und Medikamente – wohl auch als eine Art Wiedergutmachung für die Kolonialzeit – und wurde dadurch zu einem der wichtigsten Handelspartner für Nordkorea. Das Verhältnis litt allerdings durch ständige diplomatische Zwischenfälle; mal waren es nach Nordkorea entführte Japaner, mal die Aktivitäten der nordkoreanischen Minderheit in Japan, die dort recht gut organisiert ist und der Spionage verdächtigt wird. Dazu kamen Zahlungsausfälle der Nordkoreaner nach dem Zusammenbruch der Sowjetunion und durch die Hungersnöte der neunziger Jahre. Die Japaner waren es auch, die den Bau des riesigen ›Ryugyong‹-Hotels in der Mitte von Pyongyang durch den Bauträger ›Baikdoosan (Paekdusan) Architects & Engineers‹ mitfinanzierten, sich dann aber 1991 zurückzogen. Seitdem stand das Hotel als ›Wahrzeichen‹ von Pyongyang leer und erhielt erst 2011 mit der ägyptischen ›Orascom‹ einen neuen Investor.

Beendet sind auch die japanischen Investionen in Eisenbahn, Straßen und Maschinengüter in Nordkorea, da die Nordkoreaner dem Nachbarland insgesamt zwölf Milliarden US-Dollar schulden. Auf die Spitze trieben die Nervosität zwischen den beiden Ländern die wiederholten Raketenabschüsse der Nordkoreaner über das Japanische Meer (Koreanisches Ostmeer) und letztlich die starre Haltung Kim Jong Ils im Atomprogramm. Die Besuche des japanischen Ministerpräsidenten Junichiro Koizumi 2002 und 2004 konnten das Verhältnis nicht kitten. Stattdessen hat die japanische Regierung Ende 2006 auch den Kapitaltransfer zwischen nordkoreanischen Handelshäusern und Japan unterbunden, um zu verhindern, dass japanisches Geld in die Rüstungsprogramme der Nordkoreaner fließt. Insgesamt waren im Jahr 2005 umgerechnet nur mehr rund 1,9 Millionen Euro von Japan über offizielle Finanztransfers nach Nordkorea gelangt. Mehr als

Das Außenhandelsministerium am Kim-Il-Sung-Platz

das Zehnfache ist in ›bar‹ hauptsächlich über die berühmt-berüchtigte Passagierfähre ›Mangyongbong-92‹ von Niigata (Japan) nach Wonsan (Nordkorea) und über gelegentliche Charterflüge ins Reich von Kim Jong Il gelangt.

Die Rolle des größten Investors in Nordkorea spielt heute China. Mit dem wirtschaftlichen Aufschwung Chinas fühlen sich zahlreiche Geschäftsleute aus dem Reich der Mitte von Nordkorea und seinem Aufbaupotential angezogen, außerdem gilt das Land trotz allem mehr oder weniger immer noch als eine Art ›Bruderstaat‹. China muss sich auch nicht unbedingt um ein US-Embargo und wohl auch nicht wirklich um internationale Handelssanktionen scheren, denn wer kontrolliert die schon an der einsamen Nordgrenze.

Den Department Store No. 1 in Pyongyang bauten chinesische Geschäftsleute

Laut dem chinesischen Handelsministerium sind die Investitionen aus dem Reich der Mitte in Nordkorea von 1,1 Milliarden US-Dollar (2003) auf knapp 29 Milliarden US-Dollar im Jahr 2011 angestiegen. 70 Prozent davon flossen in Mineralabbau, Eisen- und Kupferminen, der Rest in Infrastruktur in den Sonderwirtschaftszonen. Der bilaterale Handel erreichte 2011 einen Umfang von 5,63 Milliarden US-Dollar und 89 Prozent des gesamten nordkoreanischen Aussenhandels. Neben Investitionen in Fertigung und Lohnproduktion bauten zum Beispiel chinesische Geschäftsleute aus Shen-yang ein Warenhaus in Pyongyang, eine Glasfabrik und eine Reifenproduktion.

Die Chinesen zeigen sich interessiert an weiteren Engagements in Bergbau, Fahrzeugproduktion, Landwirtschaft, Staudämmen und Energiegewinnung, Ölförderung und sogar Computersoftware und Biotechnologie. Der Umfang der einzelnen Projekte reicht von 30 Millionen bis zu 650 Millionen US-Dollar.

Beziehungen zu Russland

Die Wirtschaftsbeziehungen mit Russland haben seit Beginn der neunziger Jahre stetig abgenommen. Betrug der wechselseitige Handel 1992 noch rund 600 Millionen US-Dollar, lag er 20 Jahre später nur noch bei einem Fünftel davon. Die Schulden Nordkoreas aus der Sowjetzeit werden auf bis zu 4,5 Milliarden US-Dollar geschätzt, die Bereitschaft für weitere Kredite, vor allem auch für Militärgerät, ist in Moskau daher denkbar gering. Nordkorea exportiert im Gegenzug dafür ›Humankapital‹: Ungefähr 90 Prozent der nordkoreanischen ›Exporte‹ bestehen aus billiger Arbeitskraft, hauptsächlich aus entsandten ›Leiharbeitern‹, die in Sibirien für Forstarbeiten (Region Chabarowsk) oder im Eisenbahnbau eingesetzt werden.

Woran russische Geschäftsleute aber doch interessiert sind, ist ein Ausbau der Raffinerie in Rajin, mit deren Produkten dann die ebenfalls Mangel leidende Region Wladiwostok versorgt werden könnte. Die Raffinerie wurde schon in den sechziger Jahren von den Sowjets gebaut und müsste daher ein wenig modernisiert werden. Die Sowjets waren in besseren Zeiten die Hauptunterstützer der nordkoreanischen Industrie. Sie haben als ›Bruderhilfe‹ von den sechziger bis in die achtziger Jahre etwa 65 Prozent der Industrieanlagen, 40 Prozent der Eisenminen, 50 Prozent der petrochemischen Anlagen, 20 Prozent der Textilfabriken und 13 Prozent der Düngemittelfabriken in Nordkorea gebaut. Darunter fällt zum Beispiel das Kraftwerk von Sopung/Taechon, das mit 750 000 Kilowatt die größte Stromleistung des ganzen Landes abwirft – wenn es in Betrieb ist. In der Nähe befindet sich auch ein Atomreaktor russischer Bauart, von dem die USA vermuten, dass dort Plutonium für Nuklearwaffen aufbereitet wird.

Sonstige Investoren

Zu westlichen Firmen, die in Nordkorea aktiv sind oder waren, zählt unter anderem die Schweizer ›ABB‹, die 1994 einen Vertrag über die Lieferung von Elektrizitätsanlagen im weitesten Sinne (auch Reaktorausrüstungen) abschloss. Interessant: Damals befand sich Ex-US-Verteidigungsminister Donald Rumsfeld im Aufsichtsrat der ›ABB‹. Im Sommer 2006 zog sich ›ABB‹ aber aus Nordkorea komplett zurück, als ruchbar geworden war, dass die Schweizer mit Duldung der USA auch Leichtwasserreaktoren geliefert hatten. Ein weiterer westlicher Konzern in Nordkorea war ›Alcatel‹, der Kommunikationstechnik lieferte, Bestrebungen gab es auch von ›Alstom‹.

Investments gab es zuletzt auch von einem alten ›Freund‹ Nordkoreas, dem Spielcasino-Magnaten Stanley Ho aus Macao. Er hat seit 1998 über seine ›Sociedade de Turismo e Diversoes‹ rund 30 Millionen Dollar in das Casino im ›Yanggakdo‹-Hotel in Pyongyang und ins – mittlerweile wieder geschlossene –

›Japanische‹ Straße in den Filmstudios bei Pyongyang

Casino im ›Emperor‹-Hotel in der Sonderwirtschaftszone Rajin-Sonbong investiert. Mit den USA hat er es sich damit nachhaltig verscherzt, da er auch die umstrittene ›Banco Delta Asia‹ in Macao kontrolliert, die zuletzt wegen des Verdachts, eine Geldwaschanstalt der Nordkoreaner zu sein, auf US-Druck schließen musste.

Hilfe bekommt das Regime Kim Jong Uns neuerdings vom allerärgsten Klassenfeind, den Kapitalgesellschaften. Die Londoner Fondsgesellschaft ›Anglo-Sino Capital Partners Ltd.‹ hat den ›Chosun Fund‹ aufgelegt, der von Anlegern 50 Millionen Dollar aufbringen will, die direkt in Investitionen in Nordkorea fließen sollen. Der Fonds ist in Hongkong registriert. Fondmanager ist der Chef der Finanzberatungsgesellschaft ›Koryo Asia‹, Colin McAskill, der bereits seine erste Aktion im Auge hat: Geplant ist die Übernahme der Mehrheit an der ›Daesong Credit Bank‹, das ist eine Tochter der nordkoreanischen ›Daesong Bank‹, die für Devisengeschäfte zuständig ist. Die ›Daesong Credit Bank‹ war von der Schließung ihrer Partner-Bank ›Banco Delta Asia‹ in Macao besonders betroffen und seitdem nicht mehr handlungsfähig. Die Aktiva der Bank sollen aber nur rund zehn Millionen Dollar betragen, davon waren bis zuletzt sieben Millionen in Macao eingefroren.

Weitere Investitionen aus dem Ausland könnten das bisher überhaupt nicht betriebene Ölförderungsgeschäft in Nordkorea vor der Küste bei Nampo betreffen. Dafür interessiert sich die irische ›Aminex Plc‹ über ihre südkoreanische Tochter ›Korex‹. Im Holzgeschäft hat sich die ›Evergreen Kormax Paulownia Ltd.‹ aus Singapur engagiert, die thailändische ›Loxley Pacific‹ kümmert sich um den Ausbau der Telekommunikationsanlagen in der Sonderwirtschaftszone Rajin-Sonbong. Investoren aus Singapur versuchen es auch mit nordkoreanischen Goldminen: Zu ihrer Ausbeutung hat sich die ›Kumsan Joint Venture Corp.‹ formiert, die mit dem Bergbauunternehmen ›Hungsong‹ aus Nordkorea eine Partnerschaft eingegangen ist. Um auch noch mit den auf insgesamt rund 18 Milliarden Dollar geschätzten Auslandsschulden Nordkoreas Geld zu verdienen, hat die britische ›Exotix Ltd.‹ einen Teil davon in Euro-Schuldzertifikate umgewandelt und handelt mit diesen im Freiverkehr an der Londoner Börse in der Hoffnung auf einen großen ›Wandel‹ in Nordkorea.

Film- und IT-Branche

Ein Bereich, in dem sich Nordkorea erstaunlich gut macht, ist die Trickfilmproduktion. In den ›SEK Studios‹ in Pyongyang, einem Ableger des Propagandaministeriums, der bisher als ›Kinderfilmstudio‹ für sogenannte ›lehrreiche Filme‹ für Vorschüler und Schüler tätig war und sich nun dem Kommerz zugewandt hat, werden Zeichentrickanimationen im Auftrag von westlichen Filmproduktionsfirmen aus Südkorea, Europa und sogar den USA, angeblich über Umwege auch für Disney, angefertigt. Ein Auszug aus der Titelliste der US-Trickfilme, an denen die SEK-Studios mitgewirkt haben sollen: ›Pocahontas‹, ›König der Löwen, ›Ninja Turtles‹, ›Simpsons‹. Über die SEK-Studios gibt es ein lesenswertes Comic des kanadischen Zeichners Guy Delisle namens ›Pyongyang‹. Das SEK-Studio (Scientific Educational Korea) gilt mit mittlerweile 1500 bis 1700 Mitarbeitern (die Angaben schwanken) als eines der größten Trickfilmstudios der Welt. Was die ausländischen Filmproduktionsfirmen anzieht, sind die extrem niedrigen Lohnkosten, aber die im Vergleich zu japanischen, südkoreanischen, philippinischen oder taiwanesischen Studios konkurrenzfähige Qualität.

Auch die IT-Industrie ist in Nordkorea im Wachsen begriffen: Zu ihr zählen etwa das ›Pyongyang Information Center‹, das ›Korea Computer Center‹ und das ›Chosun Computer Center‹, dazu kommen diverse Technologiekooperationen mit dem Ausland, etwa mit der ›United Nations University‹ in Macao, dem ›Osaka Information Center‹ und sogar der US-amerikanischen ›Syracuse University‹.

Aussichten

Um zu nennenswerten Devisen zu kommen, bleibt Nordkorea im Moment neben diesen Nischenbereichen, den Sonderwirtschaftszonen, der verbliebenen Auslandshilfe, den wenigen legalen Ex- und Importen sowie den Schattengeschäften mit dem Westen nur mehr der Tourismus. Der ursprüngliche Plan, die Zahl der Besucher auf jährlich eine Million auszuweiten, ist nicht aufgegangen, was natürlich auch maßgeblich mit den Reiserestriktionen zu tun hat. Dennoch gibt es einiges an touristischem Potential in Nordkorea, wie etwa das Ausflugsprogramm des südkoreanischen Hyundai-Konzerns zu den Kumgang-Bergen zeigt. Abschottung von der Bevölkerung ist jedoch oberstes Gebot bei allen touristischen Besuchen, was die Attraktivität für westliche Reisende natürlich mindert. Dennoch ist dieser Wirtschaftszweig einer der vielversprechendsten.

All diese Initiativen und Chancen sind aber nur ein Tropfen auf den heißen Stein angesichts der prekären Versorgungslage der Bevölkerung mit Nahrungsmitteln, Medizin, Kleidung und Energie. Einerseits wird aus den bereits beschriebenen Gründen immer weniger produziert, andererseits kann das wenige, was da ist, nicht verteilt werden, weil die Infrastruktur zusammengebrochen ist. Der Widerspruch zwischen doktrinärer Führung und den Tatsachen des Mangels hat dazu geführt, dass offensichtlich auch die regionalen politischen Funktionäre damit begonnen haben, die Selbstorganisation der Bevölkerung mit eigenem Anbau von Nahrungsmitteln und die durch Nahrungssuche entstandenen Wanderungsbewegungen besonders in den nördlichen Landesteilen zu tolerieren. Und nicht nur das: In den letzten Jahren wurde vermehrt von Überläufern auch aus höheren politischen Kasten nach China berichtet. An der chinesischen Grenze, die in großen Teilen ohnehin ziemlich durchlässig ist, gibt es neben den Landesflüchtlingen, die bei Ertappen schwer bestraft werden, auch eine große Zahl an ›Pendlern‹, die in China Nahrungsmittel und andere Güter beschaffen oder dort illegal arbeiten. Häufig wird von verarmten nordkoreanischen Frauen berichtet, die jenseits der nordkoreanischen Grenze der Prostitution nachgehen sollen.

Legale und illegale Wege

Dass die Schmuggel- und Schattenwirtschaft vom nordkoreanischen Regime nicht mit aller Härte verfolgt wird, sondern langsam in die stalinistischen Strukturen einsickert, hat damit zu tun, dass die Verantwortlichen erkannt haben dürften, dass dies zur Linderung der augenscheinlichsten Probleme führt. Auf allen

Touristisches Potential haben schön gelegene Klöster und Tempel

legalen und illegalen Wegen versuchen viele Nordkoreaner, die Versorgungsprobleme aus eigener Kraft zu lindern und weichen durch diese Art der schleichenden ›Reprivatisierung‹ die strenge Kollektivierung der fünfziger und sechziger Jahre wieder auf. Jedoch gelingt dies nur insoweit, wie die nordkoreanische Führung der Meinung ist, die Lage noch unter Kontrolle zu haben. Ansonsten reagiert sie mit propagandistischen Drohgebärden, ideologischer Umerziehung und Schlimmerem, um aufkeimende Unzufriedenheit und womöglich die Gefahr von Aufständen im Zaum zu halten.

Der derzeitige Status der nordkoreanischen Wirtschaft ist jedenfalls rundum desaströs. Dazu kommt noch eine gewisse Ausweglosigkeit in der momentanen weltpolitischen Situation: Rund 25 Prozent des Bruttoinlandsproduktes werden für das Militär verwendet, jedoch verblasst diese Maßnahme angesichts der massiven Hochrüstung des Hauptgegners USA nach den Anschlägen vom 11. September 2001. Militärische Muskelspiele der Amerikaner in Richtung China lassen einen chinesischen Bündnispartner im Falle eines Konflikts fraglich erscheinen. Insofern wird manchem besser informierten Militärverantwortlichen die Überbetonung der Selbstverteidigung Nordkoreas wohl etwas hilflos vorkommen. Zudem rekrutiert sich die ungeheure Masse an Soldaten aus dem einfachen Volk, bekommt den Mangel und die Unterversorgung in ihren eigenen Familien mit und steht selbst kaum besser da: Berichten von übergelaufenen Offizieren zufolge sollen fast zehn Prozent der Soldaten unterernährt sein. Große Ungleichheiten in der Behandlung des Militärs sollen die Unzufriedenheit weiter schüren. Dazu kommt, dass zum Beispiel Japan nach den widerholten Raketenabschüssen der Nordkoreaner klargestellt hat, weitere solche Provokation mit ziemlicher Sicherheit mit einem massiven Gegenschlag beantworten zu wollen. Nachdem kaum die Wahrscheinlichkeit besteht, dass sich die Amerikaner dabei heraushalten, dürfte ein militärischer Konflikt mit den Großmächten das unheilvolle Ende Nordkoreas bedeuten.

Ein Arrangement mit dem verhassten kapitalistischen System sind die neuen Sonderwirtschaftszonen in Nordkorea. Eine davon ist aber bereits mehr oder weniger gescheitert. Im Oktober 2002 wollte das Regime mit einem chinesischen Geschäftsmann abgeschottet hinter Mauern eine Enklave errichten, in der nur ›die Gesetze des freien Marktes‹ gelten – mit dem Segen der nordkoreanischen Regierung. Sie hat den 39-jährigen Yang Bin, vom Magazin ›Forbes‹ 2001 als zweitreichster Mann Chinas bezeichnet, zum Gouverneur und damit praktisch zum Alleinherrscher der neu geschaffenen ›Sinuiju-Sonderverwaltungs-Zone‹ an der Grenze zu China bestellt. 50 Jahre lang soll das Gebiet vollkommen unabhängig vom Rest des Landes sein. Für den Aufbau des Mini-Staates sollten 500 000 Bürger mit technischen Fähigkeiten und Erfahrung in Verwaltungsaufgaben ausgewählt werden. Andere Nordkoreaner sollten die Region in Zukunft nicht mehr betreten dürfen. Die 200 000 jetzigen Bewohner, größtenteils Soldaten, sollten umgesiedelt werden. Für die Ausarbeitung von Gesetzen wollte Yang Führungskräfte aus anderen asiatischen Ländern, Europa und der USA gewinnen. Ausländer sollten auch sonst freien Zugang zu der Enklave haben.

Bis jetzt ist es aber bei der Idee geblieben, zumal Yang Bin im Juni 2003 im chinesischen Shenyang wegen Betruges und Bestechung vor Gericht gestellt wurde, da sich herausstellte, dass sein Unternehmen hoch verschuldet ist. Wie es mit der Sonderwirtschaftszone weiter geht, ist derzeit offen. Ein Industriekomplex ist geplant. Die südkoreanische Hyundai-Gruppe und die staatliche südkoreanische Land Corporation wollen 220 Milliarden Won (etwa 160 Millionen Euro) in das Projekt investieren. Knapp 900 südkoreanische Unternehmen, die unter anderem auch von den billigen Arbeitskräften in Nordkorea profitieren wollen, bewarben sich bereits für die Ansiedlung in dem neuen Gewerbekomplex.

Bei den anderen beiden Sonderwirtschaftszonen handelt es sich um die schon erwähnten Regionen Rajin-Sonbong im Nordosten und Kaesong an der südwestlichen Grenze. Näheres dazu im Kapitel ›Sonderwirtschaftszonen‹, → S. 172.

Die Bevölkerung

Die koreanische Halbinsel verfügt über eine sehr homogene Bevölkerung. Man stößt – insbesondere in Nordkorea – kaum auf nennenswerte Gruppen von Minderheiten. Während im Süden zumindest mehrere zehntausend Personen zu ethnischen Gruppen aus China oder Japan zählen, ist dies in Nordkorea nicht der Fall. Rassenprobleme oder Rassenunterdrückung sind unbekannt.

Auf der anderen Seite gibt es bei ungefähr gleicher Ausdehnung der beiden Länder Süd- und Nordkorea eine ziemlich ungleiche Entwicklung der Population. Südkorea zählt heute rund 49 Millionen Einwohner, Nordkorea nur 24 Millionen. Etwa 3,5 Millionen Nordkoreaner leben in der Hauptstadt Pyongyang. Während Südkoreas Bevölkerung – zum Teil auch in ungewolltem Maße – stetig zunimmt, stagniert sie in Nordkorea oder ist möglicherweise auch leicht rückläufig – statistische Daten fehlen. Allerdings lassen Hochrechnungen der teilweise den ausländischen Hilfsorganen zugänglichen Kindersterblichkeitsraten und Fakten über die mangelhafte medizinische Versorgung Rückschlüsse auf die Bevölkerungsentwicklung zu.

Weitere Großstädte neben Pyongyang sind Nampo, Haeju, Wonsan, Hamhung und Kaesong. Mehr als die Hälfte der Nordkoreaner lebt in Städten, auf dem Land ist die dörfliche Struktur meist in Gemeinschafts-Wohnblöcke konzentriert worden. Statt der in Südkorea typischen Bauernhäuser besteht das nordkoreanische Landschaftsbild aus kollektivierten Agrarflächen mit weißen Betonbauten für mehrere Dutzend Bauernfamilien in der Mitte. Auf den Feldern wehen rote Fahnen, während sich die Bauernfamilien auf mehreren Stockwerken in den aus Fertigbeton zusammengefügten ›Sozialbauten‹ zusammendrängen.

Nordkoreaner brauchen, um im Land reisen zu können, eine behördliche Bewilligung. Auf den großen Verkehrsverbindungen zwischen den Städten trifft man ständig auf Kontrollposten, die die Reiseaktivitäten der Bürger kontrollieren. Durch die Gebirgigkeit und Unübersichtlichkeit des Landes ist allerdings

Schulausflug zum Großen Monument

Das Tragen der Anstecknadel wird erwartet: Mädchen in der Pyongyanger U-Bahn

davon auszugehen, dass es einen regen inoffiziellen Reiseverkehr gibt. Offiziellen Angaben zufolge gibt es in Nordkorea ein rund 31200 Kilometer umfassendes Straßennetz, davon sind knapp 2000 Kilometer asphaltiert. Das Schienennetz umspannt 5200 Kilometer.

Nordkoreaner im Ausland sind, abgesehen von ihrer schon ans Asketische gemahnenden Schlankheit, an ihrer Anstecknadel zu erkennen, die sie grundsätzlich am linken Revers tragen. Diese Nadel zeigt entweder Kim Il Sung oder Kim Jong Il, manchmal sogar beide, neuerdings auch Kim Jong Un. In einer dem Besucher nicht zu durchdringenden Symbolik gibt diese Anstecknadel auch den politischen Status des Trägers wieder. Jedenfalls wird von allen Bürgern Nordkoreas mit ganz wenigen Ausnahmen (Minenarbeiter, Säuglinge) erwartet, den Anstecker stets in der Öffentlichkeit zu tragen. Versuche von Touristen, diese Anstecknadel als Souvenir zu ergattern oder zu kaufen, sind übrigens zwecklos, wenn nicht gar ein Affront.

Offizielle Angaben sprechen von einer Lebenserwartung in Nordkorea von 72 Jahren bei Frauen und 69 Jahren bei Männern, westliche Quellen nennen 68 und 64 Jahre. Das Bevölkerungswachstum wird mit 0,4 Prozent angegeben (2012). Seit der Gründung der Demokratischen Volksrepublik Koreas haben Schätzungen zufolge rund vier Millionen Menschen das Land verlassen beziehungsweise sind geflüchtet.

Auch über Totgeburten und Säuglingssterblichkeit gibt es unterschiedliche Angaben, zumal keine zuverlässigen Gesundheits- oder Krankenhausstatistiken aus Nordkorea ans Ausland dringen. Schätzungen internationaler Organisationen zufolge kommen auf 1000 Entbindungen 25 Totgeburten (in Südkorea sind es vier von 1000). Die Schulbildung ist zumindest in den dichter besiedelten Regionen relativ gut organisiert, ohne jetzt auf die propagandistischen Inhalte eingehen zu wollen. Laut offiziellen Daten liegt die Alphabetisierungsrate der Nordkoreaner mit den Südkoreanern gleichauf, bei den Frauen sogar höher (97 Prozent im Norden, 95 Prozent im Süden). Schulpflicht besteht bis zum Alter von 16 Jahren.

Keine echten Mönche: Schauspieler bei Dreharbeiten

Religion

Im Prinzip besteht für Nordkoreaner Religionsfreiheit, wenngleich der überwiegende Teil der Bevölkerung konfessionslos ist. Eine Minderheit bekennt sich zum Buddhismus, noch weniger zum Christentum. Bei Rundreisen werden den Touristen gerne buddhistische Tempel und Klöster vorgeführt, es drängt sich aber der Eindruck auf, dass es sich nur um Vorzeigeobjekte oder historische Freilichtmuseen handelt.
In der offiziellen Parteipropaganda gilt Religion gemäß der marxistischen Maxime als fortschrittsfeindlich, reaktionär, antimaterialistisch und als Bedrohung der nationalen Unabhängigkeit (als Folge der Erfahrungen aus den Missionierungsversuchen der Kolonialzeit). Deshalb ist Religion zwar nicht per Gesetz verboten, aber einfach abgeschafft beziehungsweise durch die Juche-›Religion‹ und den Kim-Il-Sung-Kult ersetzt worden.

Auslandskoreaner

Eine bestimmte Bevölkerungsgruppe verdient besondere Beachtung: Die Gruppe der in Japan lebenden Auslandskoreaner, allesamt Angehörige oder Nachkommen einer unter der japanischen Besatzung verschleppten Generation, die sich über die Jahre in verschiedenen Gruppen organisiert hat und von Japan selbst mit wechselnder Sorge und Aufmerksamkeit beobachtet wird.
In den sechziger und siebziger Jahren gab es die ›Chosun Soren‹-Bewegung, die die freiwillige Rückübersiedelung von in Japan lebenden Nordkoreanern propagierte und damit gar nicht so wenig Erfolg hatte. Repatriierte Nordkoreaner wurden häufig mit falschen Versprechungen zurück in ihre Heimat gelockt, oder sie hatten falsche Vorstellungen vom Staate Kim Il Sungs, jedenfalls fiel die Assimilierung schwer. Viele Umerziehungslager füllten sich mit Rückkehrern aus Japan, andere wiederum stiegen aufgrund bestimmter im Ausland erworbener Talente in der Verwaltungshierarchie auf. Ein besonderes Problem sind mit Nordkoreanern verheiratete japanische Frauen; über die Zusammenführung der Ehepaare sind ständige politische Debatten zwischen Nordkorea und Japan im Gange, die oft zu Verstimmungen führen, weil sie Erinnerungen an die Kolonialzeit wachrufen.

Heute existiert in Tokio die Chongyun-Bewegung (Vertretung der in Japan niedergelassenen Koreaner), die sich gegen als Repressalien empfundene Aktivitäten der japanischen Behörden wehrt und eine Informationspolitik in diesem Sinne betreibt, unter der Hand aber als Tummelplatz nord- und südkoreanischer sowie japanischer und sonstiger Agenten gilt.

Medien

Die Medienlandschaft Nordkoreas ist eher dürftig. Es gibt fünf Tageszeitungen in der Landessprache, die man als Ausländer aber mangels Kiosken nirgends kaufen kann. In den Hotels liegt manchmal die englischsprachige ›Pyongyang Times‹ aus, auf Flügen der ›Air Koryo‹ findet sich gelegentlich eine dünne ›Wirt-

Internationale Fernsehprogramme gibt es nur in Ausländerhotels

schaftsbroschüre‹ mit veralteten Informationen über den Handel Nordkoreas mit dem Rest der Welt, und das ›Democratic People's Republic of Korea Magazine‹ informiert mit bunten Bildern über die Schönheit des Landes und die touristischen Hot Spots.

Ausländische Zeitungen und Magazine sind nicht zu erhalten; falls man sie bei der Einreise mitbringt, sollten sie tunlichst keine antinordkoreanischen Inhalte aufweisen. Die Buchhandlungen in den Touristenshops der Hotels bieten in mehreren Sprachen jede Menge Lektüre über die beiden Kims und die Errungenschaften des nordkoreanischen Volkes, Bildbände und Landkarten sowie schlecht fotografierte Postkarten. Die meisten der erhältlichen Bücher sind allerdings bereits mehrere Jahre alt.

Aktueller sind die Informationen im Internet (→ S. 207). Es ist auch nicht so, dass Nordkorea mit dem Web gar nichts am Hut hätte. Um mit nordkoreanischen Stellen in Kontakt zu treten, gibt es zwei E-Mail-Services (Silibank.com und Chesin.com), neuerdings wurden sogar Online-Shopping-Sites eröffnet. Das Internet-Länderkürzel von Nordkorea ist ›.kp.

Sämtliche Medien in Nordkorea sind staatlich kontrolliert, was die Lektüre der Zeitungen und den Konsum von Radio und Fernsehen relativ eintönig macht. Hauptinhalte sind das Lob der Leistungen der Regierung, insbesondere jener von Kim Jong Il, ständige Reminiszenzen an Kim Il Sung, ellenlange Beschreibungen von Fabriks- und Argrarkollektiv-Besuchen des ›Geliebten Führers‹, Meldungen über neue Produktivrekorde und Schmähungen Südkoreas, die aber in der letzten Zeit etwas gedämpft wurden.

In Nordkorea erhältliche Radio- und TV-Geräte (falls verfügbar) sind auf die staatlichen Sender voreingestellt, die Frequenzwahl ist unterdrückt. Allerdings sind Nordkoreaner keiner ›Zwangsberieselung‹ durch Radioparolen ausgesetzt, wie es der Ex-Außenminister der USA, Henry Kissinger, Mitte 2003 in einer Rede zur Situation auf der koreanischen Halbinsel behauptete. Einzig in den Ausländerhotels sind internationale Programme zu empfangen. Die Sendezeit der beiden nordkoreanischen Programme umfasst die Zeit zwischen sechs und 20 Uhr; werden Großereignisse wie zum Beispiel die ›Arirang‹-Massentanzveranstaltungen übertragen, wird länger in den Abend hinein gesendet.

Radio-Weltempfänger können auf Kurzwelle internationale Stationen wie zum Beispiel BBC empfangen, wenngleich die Empfangsqualität so ungewöhnlich schlecht ist, dass Störsender zu vermuten sind. Funk und ähnliche Übertragungsmittel stehen für die Bevölkerung nicht zur Verfügung. Die Nachrichten im Fernsehen werden von einem unbewegten Sprecher monoton vor einem Blue Screen ohne jede Dramaturgie oder gar News-Einspielungen heruntergelesen. Ausnahmslos jeden Abend werden Berichte über die Aktivitäten des Staatsführers gesendet, begleitet von einem überschwänglichen Kommentar, in dem auch für Nicht-Koreanischsprechende häufig die Worte ›Juche‹ und ›Kim Jong Un‹ auszumachen sind. Meldungen über Probleme im Land, die Aktivitäten von Hilfsorganisationen oder Stillegung von Fabriken wird man nicht hören.

Die Nordkoreaner selbst sind von Nachrichten von der Außenwelt zwar nicht vollständig abgeschirmt, aber der Filterung der staatlichen Medien ausgeliefert und können mangels alternativer Informationsquellen keine Vergleiche über die Glaubwürdigkeit anstellen. So überrascht es nicht, dass über den 11. September und die verzweifelte Jagd der Amerikaner nach Bin Laden, den Irak- und Afghanistan-Krieg sowie über die häufigen Streiks und Studentendemonstrationen in Südkorea ausführlich berichtet wird, andererseits zum Beispiel in harmlosen Gesprächen mit Reiseführern keinerlei Wissen über die Funktionen der Weltwirtschaft, demokratischer Systeme, Börsen oder zum Beispiel über reiche Männer wie etwa Bill Gates zu Tage tritt und ehrliche Verwunderung die Folge

Internationale Kinohalle auf der Yanggak-Insel in Pyongyang

ist. Andererseits wieder konnte bei einem Besuch im August 2002 fast jeder Gesprächspartner den Inhalt des Hollywood-Blockbusters ›Titanic‹ wiedergeben, der zu dieser Zeit in Nordkorea gezeigt und in den Medien diskutiert worden war. Das nordkoreanische Fernsehen ist auch in Südkorea zu empfangen und hatte dort eine Zeitlang Kultstatus, der mittlerweile einer zwangsläufig eingetretenen Langeweile gewichen ist. Umgekehrt ist südkoreanisches Fernsehen in Nordkorea nicht zu empfangen.

Offizielle Informationen über Nordkorea verbreitet die staatliche ›Korean Central News Agency‹ (www.kcna.co.jp) über einen Datenserver in Japan. Sie wurde 1946 als staatliche Nachrichtenagentur Nordkoreas gegründet und hat ihre Zentrale in Pyongyang sowie Korrespondentenbüros in China und Russland. Neben Koreanisch sind die Nachrichten in Englisch, Russisch und Spanisch abrufbar. Die KCNA ist darüber hinaus in den internationalen Verbund der Nachrichtenagenturen eingegliedert.

Internet

Was das Internet betrifft, herrscht in Nordkorea ein besonders strenges Regiment. Privatpersonen sind komplett vom Zugang zum World Wide Web abgeschnitten. An den Universitäten und Schulen sowie in Bibliotheken gibt es ein eingeschränktes Intranet für Schulungszwecke und zum Durchstöbern von Datenbanken.

Grenzüberschreitende Kommunikation ist aber unmöglich. Internationale Hilfsorganisationen berichten von erheblichen Schwierigkeiten, Internet- oder auch nur E-Mail-Verbindungen mit ihren Hauptquartieren einzurichten. Zu diesem Zweck müssen meist Server in Peking über unzuverlässige Telefonleitungen zu horrenden Tarifen angewählt werden. Einzig die wichtigsten Botschaften verfügen über ausreichende elektronische Kommunikationsverbindungen über geschlossene Spezialleitungen.

Dennoch sind in letzter Zeit einige Aktivitäten in Richtung elektronischer Kommunikation zu bemerken. Mittlerweile gibt es zwei E-Mail-Plattformen, über die man vom Ausland mit nordkoreanischen Stellen kommunizieren kann: Silibank.com und Chesin.com (eine dazugehörige Internetseite gibt es noch nicht). Bei ersterer kann man sich sogar registrieren und muss eine Gebühr für sein geschätztes E-Mail-Volumen für die nächsten drei Monate im Voraus bezahlen. Die Gebühren betrugen Anfang 2007 pro E-Mail bis 10 Kilobyte ein Euro, bis 40 Kilobyte zehn Cent pro Kilobyte und darüber hinaus pauschal vier Euro zuzüglich zwei Cent pro Kilobyte, die die 40 Kilobyte überschreiten – alles in allem kein billiger Spaß.

Der E-Mail-Verkehr von ›Silibank‹ wird über zwei Server abgewickelt, einer steht in Pyongyang, einer in Shenyang in China. Die Übermittlungsdauer der E-Mails zwischen den beiden Servern wird mit 30 Minuten angegeben. Man kann sich ziemlich leicht vorstellen, was in dieser Zeit in den staatlichen Kontrollstellen passiert. Kommunizieren kann man über ›Silibank‹ nur mit ebenso registrierten Usern. Bei Chesin.com dürfte es sich um einen weiteren Regierungsserver handeln. Viele neuere offizielle E-Mail-Adressen mit der Endung ›@co.chesin.com‹ deuten darauf hin.

Dass mit dem Internet Geld zu verdienen ist, dürfte Kim Jong Il nicht verborgen geblieben sein. So gab er im April 2002 seinen Sanktus für die Homepage www.dprklotto.com, ein Joint-venture mit dem südkoreanischen E-Business-Unternehmer Kim Beom-Hoon, Chef des Online-Gaming-Anbieters ›Hoonnet Corp.‹. In Zusammenarbeit mit ihm wurde zunächst die Website www.dprklotto.com gestartet, auf der man sein Geld in einem Internet-Casino – hauptsächlich zu Nordkoreas Gunsten – verspielen konnte. Mittlerweile ist die Seite wieder offline.

Mit ›Hoonnet‹ wurde auch 2002 das erste Internetcafé in Pyongyang eröffnet. Mittlerweile soll es sechs oder sieben solcher Internetcafés (›PC Café‹) im Diplomaten-, Regierungs- und Universitätsviertel geben. Genutzt werden kann aber nur ein auf Nordkorea beschränktes ›Intranet‹ (Kwangmyung), etwa zum Downloaden von Filmen, zum Spielen von zugelassenen Online-Games oder zum E-Mailen im nationalen Netzwerk. Dafür steht seit dem Jahr 2000 ein Glasfasernetzwerk (von ›Alcatel‹) zur Verfügung. Surfen auf ausländischen Seiten ist nicht möglich.

Touristen können internationale Telefonleitungen in den Hotels für Internetverbindungen ins Ausland zu benutzen versuchen. 2004 wurde zusätzlich das ›Korea Computer Center‹ (KCC) gegründet, ein Joint-venture der nordkoreanischen Post und dem deutschen Geschäftsmann Jan Holtermann. Dieser will die ›kommerzielle Nutzung‹ des Internet in Nordkorea vorantreiben, eine Satellitenverbindung soll dafür bereits zur Verfügung stehen. KCC habe sich dafür auch die Länderendung ›.kp‹ für Nordkorea gesichert. Das KCC hat mittlerweile diverse Regierungshomepages aufgebaut (darunter das Webportal ›Naenara‹, http://naenara.com.kp) und betreibt einige Entwicklungs- und IT-Produktionsanlagen. Internetverbindungen ins Ausland stehen ansonsten nur Botschaften und Regierungsmitgliedern via Satellit offen.

Aufsehen erregte eine Nordkorea-Reise von Google-Vorstand Eric Schmidt im Januar 2013, die kurz nach einem neuerlichen Raketenabschuss im Dezember 2012 erfolgte und das US-Außenamt auf den Plan rief. Während Beobachter mutmaßten, dass Schmidt das Potential für Google in Pyongyang ausloten wolle, sagte dieser, dass es sich um eine ›private Reise‹ handelte, auf der er einem in Nordkorea wegen Spionageverdacht inhaftierten US-Bürger helfen wolle. Google ist in Nordkorea offiziell nicht im Internet abrufbar. Ein Sprecher des Weißen Hauses sagte, dass der Zeitpunkt des Besuches ›nicht hilfreich‹ gewesen sei. Auch Südkorea und Japan äußerten Kritik.

Telefonieren

Auch das Telefonieren oder Faxen in Nordkorea ist nicht einfach. Öffentliche Telefonzellen sind sehr rar gesät und nur mit einheimischen 10-Jon-Münzen zu bedienen, die dem Reisenden normalerweise nicht zur Verfügung stehen. Eine Möglichkeit, mit dem Ausland telefonisch Kontakt aufzunehmen, ist das Telefon im Hotel. Die Tarife sind deftig, weshalb man sich bei Bedarf vielleicht über einen Calling-Card-Anbieter in China nach Europa weiterverbinden lassen sollte.

Die Landesvorwahl von Nordkorea ist +850. Innerhalb des Landes zu telefonieren, wird nur in den seltensten Fällen notwendig sein (etwa, wenn man seine Botschaft oder die Fluggesellschaft anruft). Zudem ist kein Telefonbuch erhältlich, obwohl es welche geben muss: Wie die Septemberausgabe 2002 von ›Newsweek‹ berichtete, gelang es einer japanischen Delegation, ein Telefonbuch von 1995 aus Nordkorea herauszuschmuggeln, was als Sensation gefeiert wurde. In dem 300 Seiten starken Wälzer waren rund 50 000 Telefonnummern verzeichnet, hauptsächlich von Parteiorganisationen und Regierungsstellen. Es stellte sich heraus, dass es Notrufnummern für die Rettung nur in Pyongyang gibt, außerdem verfügen Restaurants und öffentliche Badehäuser über zwei Nummern – jene des Managers und jene des zuständigen Parteisekretärs. Verschiedene Regierungsstellen trugen das Wort ›nuklear‹ in ihrem Namen. Ein ganzes Netzwerk von Nummern schien unter dem Namen ›tongbo‹ auf, das bedeutet soviel wie ›Bericht erstatten‹, offensichtlich also Hotlines für Spitzel. Fotokopierte Ausgaben dieses Telefonbuches kursieren laut ›Newsweek‹ in Japan zu Preisen von mehr als 200 US-Dollar.

Die Mobiltelefonie hat sich in Nordkorea seit 2011 drastisch verbessert. An sich hatte die südkoreanische ›Korean Telecom‹ (KT) 2002 den Auftrag bekommen, ein Mobilfunknetz im Norden aufzubauen. Man kam aber über 40 Basisstationen von ›Motorola‹ und ›Nokia‹ in Pyongyang nicht hinaus. Mitte 2004 wurde die Nutzung wieder verboten. Den rund 20 000 Nordkoreanern, die bis dahin ein Handy hatten, wurde dieses wieder abgenommen, aus Angst, sie könnten unkontrollierten Kontakt mit dem Ausland aufnehmen. Mittlerweile gibt es ›Koryolink‹, das 3G-Netz der ägyptischen ›Orascom‹, mit zwei Millionen Nutzern (Stand April 2013), allerdings nur als geschlossenes Netzwerk innerhalb Nordkoreas und ohne Internetzugang. An der Grenze zu China blüht inzwischen der Schwarzmarkt mit Handys, denn dort gibt es Chancen, sich ins chinesische Mobilfunknetz einzuklinken, desgleichen an der Südgrenze.

Ausländische Besucher können Mobiltelefone seit Januar 2013 mit ins Land nehmen und eine SIM-Karte kaufen, allerdings nur ins Ausland, zu Botschaften oder Hotels telefonieren und auch kein Internet nutzen.

Post

Was die Postkarten- und Briefzustellung betrifft, arbeitet die nordkoreanische Post normal schnell, sofern die Post im Hotel aufgegeben wird. Der Postweg nach Europa dauert ungefähr eine Woche. Man kann davon ausgehen, dass Briefe geöffnet werden. Postsendungen nach Nordkorea sollten am besten an die Hoteladresse und nicht etwa ›poste restante‹ ans Hauptpostamt in Pyongyang adressiert werden.

Sprache

Entsprechend der ›Reinheit‹ des nordkoreanischen Volkes (99 Prozent Koreaner, ein Prozent Chinesen) ist auch die Sprache relativ authentisch geblieben. Verstärkt wurde dies durch die komplette Abschottung vom Süden, sodass sich das Koreanische in den letzten Jahrzehnten im Norden und im Süden in unterschiedliche Richtung entwickelte.

Koreanisch an sich ist bereits eine autarke Sprache, die mit anderen Sprachstämmen auf der Welt wenig an Verwandschaft aufweist, aber linguistisch der

Ural-Altai-Sprachgruppe zugezählt wird. Das koreanische Alphabet besteht insgesamt aus zehn Vokalen und 14 Konsonanten, die zu zahlreichen Silbenkombinationen zusammengestellt werden können. Die Verben kommen ohne Personen- und ohne Numerusangaben aus. Die Sprache weist traditionell eine Reihe von chinesischen Lehnwörtern auf. Die Schrift, im Süden Hangeul, im Norden Chosongul genannt, hat sich insbesondere aber im Norden vom chinesischen Einfluss ziemlich abgekoppelt. Historisch eingeflossene chinesische Ausdrücke wurden – soweit möglich – mit der Zeit offiziell eliminiert und wieder durch rein koreanische Wörter ersetzt.

Grundsätzlich können sich Nord- und Südkoreaner untereinander verstehen, jedoch hat sich die Umgangssprache im Süden durch dem amerikanischen Einfluss stark ›verwestlicht‹. Viele Vokabeln, die im südkoreanischen Alltag verwendet werden, sind im Norden unbekannt. Auch gibt es eine Reihe von Abweichungen grundsätzlicher Art. So heißt ›Korea‹ im Norden ›Chosun‹, im Süden aber ›Hanguk‹. Eine Reihe weiterer Abweichungen bei alltäglichen Begriffen unterstreichen den Unterschied, was eine noch wenig beachtete Hürde im Falle einer Wiedervereinigung bedeuten würde.

Die Kenntnis irgendeiner Fremdsprache ist bei ›normalen‹ Nordkoreanern nicht vorauszusetzen. Kaum jemand beherrscht Englisch, auch nicht Chinesisch oder Russisch. Japanisch wird von jenen, die es noch von früher her können, nicht in der Öffentlichkeit gesprochen. Im Gegensatz dazu ist das Niveau an Sprachkenntnissen unter den offiziellen Reisebegleitern sehr hoch. Für jede Reisegruppe, sei sie aus China, Japan, Deutschland, Frankreich, Großbritannien, Spanien oder gar Norwegen oder Schweden, scheint sich ein sprachkundiger Übersetzer zu finden, der die jeweiligen Fremdsprachen vorzüglich beherrscht und mit dem es sich mühelos parlieren lässt.

Die Aneignung einiger grundlegender koreanischer Sprachwendungen vor einem Nordkorea-Urlaub ist zwar überlegenswert, aber wenig sinnvoll, weil man kaum Gelegenheit bekommen wird, Konversation mit Einheimischen zu betreiben. Manchmal eingeworfene Brocken Koreanisch können aber durchaus für Sympathien, wenn nicht gar für ehrliches Erstaunen sorgen.

Auch wegen mangelnder Sprachkenntnisse wird vieles in Nordkorea unverständlich bleiben

Kunst und Kultur

Das künstlerische Leben in Nordkorea ist zwar einerseits von Kim Il Sungs Kulturrevolution geprägt, andererseits kam es nie zu einem so dramatischen Schnitt in der nationalen Kulturgeschichte wie etwa in der Sowjetunion oder in China. Die Besonderheit des Sozialismus in Nordkorea ist seine starke nationale Bindung an das koreanische Volkserbe. Deshalb sind heute noch traditionelle Künste in Nordkorea vorzufinden, so etwa die Töpferei, die Seidenmalerei und die Musik auf überlieferten Instrumenten. Alle diese Künste werden von den Nordkoreanern auch gerne und stolz hergezeigt.

Natürlich aber folgen auch Kunst und Kultur in Nordkorea der Juche-Ideologie, was bedeutet, dass beide der ›Erneuerung der Gesellschaft‹ dienen sollen. So blieb die Form der überlieferten Kultur zwar dieselbe, der Inhalt allerdings hatte sich dem Parteiwillen unterzuordnen. Seidenmalerei zeigt nun eben nicht mehr nur Landschaften oder abstrakte Formen, sondern vielfach politische Themen und Führerportraits. Das koreanische Theater und die opulenten Opern haben meistens die Revolutionsgeschichte und die Huldigung der Kims zum Inhalt. Die Darstellung ist eine Mischung aus nationalen Tänzen und kommentierenden Chören im Hintergrund.

Musik

Der Musik wird ebenfalls ein großer Stellenwert beigemessen. Musikerziehung in der Schule ist obligat, die musikalischen Darbietungen basieren auf klassischen Instrumenten wie Geige, Cello oder Bass, werden aber durch traditionelle koreanische Instrumente wie zum Beispiel Taechaegum und Sohaegum (viersaitige ›Fiedeln‹), Flöten und Trommeln ergänzt. Sehr beliebt sind auch Elektrogitarren und Elektrobässe, die im Westen eher als Utensilien für Rock- und Popbands dienen. In Nordkorea werden darauf von jungen Damen mit stoisch lächelnder Miene Volksweisen und -rhythmen gezupft.

Vorstellung im staatlichen Zirkus in Pyongyang

Tänzerinnen bei den ›Arirang‹-Spielen

Tanz

Besonders gefördert wird die Tanzkunst, wobei dies besonders die Massentanzveranstaltungen ›Arirang‹ betrifft. Mehrmals im Jahr werden die Massentänze in den großen Stadien in Pyongyang abgehalten, nicht selten mit mehr als 100 000 Mitwirkenden. In verschiedenen Figuren werden in einer unglaublich präzisen Massenchoreographie auf der Rasenfläche Episoden aus der revolutionären Vergangenheit nachgestellt, was schließlich in eine opulente, farbenprächtige Huldigung des ›Großen Führers‹ übergeht. Auf der Tribüne hinter den Tanzformationen sitzen tausende anderer Mitwirkender, die aus einzelnen farbigen Papierfahnen riesige Bilder nachzeichnen, die im schnellen Wechsel verblüffende Effekte ergeben. Ein Arirang-Besuch ist schon allein aufgrund dieses monumentalen Erlebnisses auch für Touristen empfehlenswert, aber meistens nicht im Tourpreis inbegriffen und relativ teuer. Die Arirang-Spiele, von Kritikern auch manchmal ›anti-amerikanischer Karneval‹ genannt, finden jährlich entweder von April bis Juni oder von August bis Oktober statt, Westliche Reiseveranstalter bieten Extratouren zu den Festivals an. Derartige Reisen mit Flug, Aufenthalt und Eintrittspreisen kosten ungefähr 2500 Euro. Die Einzeleintrittspreise liegen für Ausländer zwischen 50 und 300 Dollar, je nach Sitzplatz. Die Arirang-Spiele im Jahr 2006 wurden nach einer Flutkatastrophe mit mehr als 100 Toten aus Pietätsgründen abgesagt.

Literatur

Ein dunkleres Kapitel ist die Literatur. Gibt es an sich schon wenig Möglichkeiten, Bücher zu erstehen, so besteht das dem Besucher zugängliche Repertoire erwartungsgemäß aus Propaganda und Führerhuldigungen sowie meterlangen Regalreihen mit den Werken von Kim Il Sung und von Kim Jong Il. Über eine authentische nordkoreanische Belletristik ist wenig bekannt. Die Hauptbibliothek in Pyongyang verfügt dagegen auch über ausländische Bücher: Auf eine entsprechende Bitte nach deutschsprachigen Büchern bei einem Besuch im August 2002 kamen ein Anleitungsbuch zur Hühnerzucht sowie ein schon leicht überholtes Computerhandbuch für das Betriebssystem Windows aus dem Jahre 1995 zum Vorschein.

Architektur

Das Kapitel Architektur ist zweischneidig. Einerseits dominiert in Stadt und Land die Plattenbauweise aus Beton, andererseits gaben sich die staatlichen Architekten alle Mühe, bei den Auftrags-Prunkbauten das koreanische Erbe mit der neuen Megalomanie in Einklang zu bringen, wie es zum Beispiel beim großen Studienhaus des Volkes oder beim Historischen Museum am Kim-Il-Sung-Platz in Pyongyang der Fall ist. Nach dem Koreakrieg waren Wohnhäuser mit einer Gesamtwohnfläche von 28 Millionen Quadratmetern zerstört, dazu mehr als 5000 Schulen, 1000 Spitäler, 8700 Fabriken und Betriebe sowie mehr als 260 Kulturgebäude und Veranstaltungszentren. In den meisten Städten gibt es keine historischen Ortskerne mehr, von kleineren Ausnahmen wie zum Beispiel in Kaesong abgesehen. Daher wurden fast alle Städte als ›sozialistische Musterstädte‹ wieder aufgebaut, was sich in breiten Prunkstraßen entlang der zentralen Achse der Stadt, flankierenden realsozialistischen Repräsentationsbauten und schlampig emporgezogenen Plattenbauten an der Peripherie äußerte. An strategisch gut gelegenen Plätzen und Hügeln prangt meistens eine überdimensionale Kim-Il-Sung-Statue mit revolutionären Reliefs oder pathetischen Inschriften. Die Nordkoreaner sind nichtsdestoweniger stolz auf diese Errungenschaften: Beim Anblick eines Fotos, das die Altstadt von Kaesong mit ihren traditionellen koreanischen Hütten zeigt, wurde ein nordkoreanischer Funktionär bei einem Treffen mit dem Autor in Österreich übellaunig und meinte, dies würde nicht das ›revolutionäre Nordkorea‹ darstellen.

Den architektonischen Overkill hat sich schließlich Kim Jong Il in Pyongyang geleistet. Im März 1979 ließ er Pläne für zwei monumentale Bauwerke erstellen, die zu Ehren des 70. Geburtstages seines Vaters errichtet werden sollten. Eines dieser Bauwerke ist der Triumphbogen an einer der nördlichen Ausfallstraßen gegenüber dem Kim-Il-Sung-Stadion. Dort hat Kim Il Sung nach seiner Rückkehr vom antijapanischen Befreiungskampf 1945 der Überlieferung nach eine historische Rede gehalten. Das mehrere Millionen US-Dollar teure Bauwerk mit

Vorplatz der Filmakademie in Pyongyang

Der Triumphbogen in Pyongyang

vier Pfeilern und vier Bögen bedeckt eine Fläche von 6800 Quadratmetern und ist mit 66 Metern Breite und 60 Metern Höhe wohlweislich größer als der Triumphbogen in Paris. Die Bauzeit betrug zwei Jahre.

Das zweite Monument ist der Turm der ›Juche‹-Ideologie, ebenfalls zum 70. Geburtstag des ›Großen Führers‹ errichtet. Er ist 170 Meter hoch und von einer 20 Meter hohen, von innen beleuchteten stilisierten Fackel gekrönt, die in der Nacht – als eine der wenigen Lichtquellen in der ganzen Stadt – weithin rot leuchtet. Vor dem Turm stehen eine Dreipersonengruppe aus Bronze und weitere Granitskulpturen. Weitere große architektonische Merkmale von Pyongyang sind der riesige Chanwangwon-Gesundheitskomplex im Westen, die beiden enormen Sportstadien und die Changwang-Prachtstraße im Zentrum.

Film

Erwähnung verdient auch das nordkoreanische Filmschaffen. In einem Studiokomplex in der Nähe der Hauptstadt werden historische, Herzschmerz- und Propagandafilme gedreht. In einem eigenen ›Klein-Hollywood‹ sind koreanische, chinesische, japanische und europäische Straßenzüge nachgebaut. Dem Vernehmen nach war der Film eine der großen Leidenschaften von Kim Jong Il, er soll

Hügellandschaft bei Sariwon, im Vordergrund ein Fischzuchtbetrieb

sogar Drehbücher geschrieben und Regie geführt haben, jedenfalls aber jeden einzelnen Film vor Veröffentlichung genau studiert und in allen Einzelheiten auf Propagandatauglichkeit überprüft haben.

Nicht zuletzt bemerkenswert ist auch die emsige Produktion von Progagandagemälden der beiden verstorbenen Kims und nun auch von Kim Jong Un. Nur die talentiertesten Künstler werden dafür zugelassen, in eigenen Atelierkollektiven werden laufend Portraits und szenische Bilder angefertigt, dazu Mosaike, Wandbilder und Plakate. Die künstlerische Darstellung ist nicht weit von tiefstem Kitsch entfernt, die technische Malpräzision aber bemerkenswert. Werden öffentlich angebrachte Kim-Gemälde gesäubert oder restauriert, sind sie züchtig verhängt.

Flora und Fauna

Der nördliche Teil der koreanischen Halbinsel ist mit einer Reihe landschaftlicher Schönheiten gesegnet. Der größte Teil des Landes ist hügelig bis gebirgig, und die Abwesenheit von Zivilisationsmüll bringt die Unverfälschtheit der Landschaft erst richtig zur Geltung. Von den massiven Flachenbombardements und Napalmabwürfen aus dem Koreakrieg ist heute nichts mehr zu merken, nicht auch zuletzt durch Aufforstungsprogramme in den kriegsgeschädigten Gebieten. Tiefe und enge Täler sowie ein zerklüftetes System von Gebirgszügen prägen den Nordosten des Landes, wo sich auch der höchste Berg, der Mount Paekdu mit seinem malerischen Vulkansee, befindet. Nur ein Fünftel der Fläche Nordkoreas besteht aus Ebenen und fruchtbarem Ackerland. Das Regime bemüht sich, der Westküste, dem Gelben Meer, durch Aufschüttungen Land abzutrotzen. Auch auf dem Schwemmland der großen Flüsse (Yalu, Taedong, Chingchon, Chaeryong und Tumen) soll neues Territorium für den Ackerbau geschaffen werden.

Die negativen Auswirkungen der kollektivistischen Landwirtschaft sind dem Besucher zwar nicht sofort ersichtlich, aber der Zustand der Böden ist dennoch prekär. Überdüngung, Monokulturen, Erosion, Abholzung und Überflutungen haben das verwundbare Ackerland schwer geschädigt. Die UNO versucht derzeit, im Rahmen eines Entwicklungsprogrammes den ländlichen Raum wiederzubeleben, was aber nur schrittweise und sehr zögerlich gelingt.

Die Fauna in Nordkorea ist sehr vielfältig. Im Gebirge finden sich Leoparden, Hirsche, Tiger, Bären und Wölfe, die Vogelarten, darunter Reiher, Adler und Kraniche, sind zahlreich. Das staatliche Reisebüro organisiert eigene Ausflüge für Tierbeobachter und Öko-Interessierte, aber auch für Jagdgruppen.

Es gibt auch zwei Orchideenarten, die den Ruhm Nordkoreas in der Welt verbreiten sollen. Die eine, ›Kimilsungia‹, ist die Züchtung eines indonesischen Gärtners und wurde von Indonesiens Präsident Sukharno anlässlich eines Besuches 1965 dem nordkoreanischen Staatschef gewidmet. Die andere nennt sich folgerichtig ›Kimjongilia‹ und ist die Schöpfung eines japanischen Züchters. Die Präsentation der Blume fand zum 46. Geburtstag des ›Geliebten Führers‹ statt. Die jährliche Blüte der beiden Orchideen ist in Nordkorea ein Ereignis von nationaler Bedeutung.

Die Hauptstadt der Demokratischen Volksrepublik Korea mit ihren rund 2,2 Millionen Einwohnern ist ein Unikat – und kaum mit einer anderen Millionenstadt der Erde vergleichbar. Sie ist das Abbild einer utopischen Ideologie, ein formgewordenes soziologisch-gesellschaftliches Experiment, eine ›Musterstadt des Kommunismus‹, die sich wie nur wenige andere abgelegene Planstädte der ehemaligen Sowjetunion und Chinas bis heute als Relikt bewahrt hat.

Ryugyong-Hotel und Neubauten am Taedong-Fluss

PYONGYANG UND UMGEBUNG

Die Hauptstadt

Auf den ersten Blick erscheint Pyongyang modern, wenn auch schon ein wenig angejahrt. Es gibt beeindruckend hohe Gebäude, einen logisch strukturierten Grundriss, zentrale Achsen, große Plätze, Parks und Hügel, stabile Brücken und unzählige Wohnhäuser in einem so systematischen Plattenbaustil, dass dieser schon wieder eine eigene Ästhetik vermittelt. Die beherrschende Farbe im Panorama Pyongyangs ist ein ins Graue reichendes Weiß. Dies liegt hauptsächlich daran, dass die Häuser aus Betonteilen hochgezogen und nicht verputzt oder höchstens gekalkt worden sind.

Aus der Nähe betrachtet, sieht die Sache allerdings etwas weniger ästhetisch aus. Die Häuser, auch jene in den stolzen Siedlungsbezirken rund um die Tongil-Straße, sind windschief gebaut. Die Fensterrahmen sind aus Holz und rissig, manchen fehlen die Scheiben. Undichte Heizungs- und Wasserrohre hinterlassen hässliche Rinnsale an den Außenmauern. Überall merkt man erheblichen Renovierungsbedarf.

Pyongyang wird von einem enorm großen Kohlekraftwerk im Nordosten der Stadt zentral beheizt. Die Lage ist gut gewählt, denn der Wind, der über die Stadt weht, verbläst den rußigen Brennstaub stadtauswärts über die Hügel. Die Fernwärme wird dann – wie heute auch noch zum Teil in den größeren Metropolen der UdSSR-Nachfolgestaaten, etwa in Kiew – mit ziemlichen Energieverlusten durch ein unterirdisches Leitungssystem zu den Wohnhäusern geführt. Energieeffizienz und Ökobilanz sind selbstverständlich kein Thema. Das einzige Problem der Bewohner von Pyongyang ist, ob genügend Kohle rechtzeitig geliefert werden kann – was häufig nicht der Fall ist. Bewohner der erkalteten Wohnungen behelfen sich daher mit eigenen kleinen Allesbrenneröfen, was mit ein Grund dafür ist, dass weite Gebiete um die Stadt abgeholzt und kahl sind. Das Holzsammeln ist zwar offiziell nicht erlaubt, wird aber notgedrungen akzeptiert.

Ein ähnlich trauriges Thema ist die Stromversorgung, die zum Teil aus Wasserkraft, aus Wärmekraftwerken und aus Atomkraftwerken stammt, je nachdem, was gerade funktioniert. Bestimmte Einrichtungen wie das diplomatische Viertel, die Ausländerhotels, Regierungs- und wichtigere Verwaltungsgebäude sowie

Im Zentrum von Pyongyang

▲ Karte: hintere Umschlagklappe

Blick vom Hotel ›Yanggakdo‹ auf die Insel Yanggak und Wohngebiete im Süden

die Armeequartiere verfügen über eigene Stromkreise. Und selbstverständlich verfügen auch die in der Nacht beleuchteten Monumente zu Ehren Kim Il Sungs über ihre eigene Energiezufuhr. Eine Beobachtung aus Kaesong, die genauso gut auf Pyongyang umzumünzen ist: Während am späteren Abend der Strom in fast der ganzen Stadt, inklusive dem Touristenhotelkomplex, ausfiel, strahlte am Hügel weithin sichtbar die übergroße Kim-Il-Sung-Statue weiter in ihren weißen und roten Farben, mit dem Effekt, dass die Stadt wenigstens ein bisschen Helligkeit abbekam. Entsprechende Bemerkungen der Besucher wurden von den Guides mit Erstaunen aufgenommen. Selbstverständlich erstrahle das Licht Kim Il Sungs, auch wenn es in der Stadt vorübergehend finster sei.

Übersicht

Nach dem Koreakrieg lag Pyongyang in Schutt und Asche, die Metropole musste völlig neu aufgebaut werden. Von Anbeginn erfolgte dies nach dem Willen und den Vorstellungen Kim Il Sungs und seiner Parteistrategen, unter kräftiger Stützung auf sowjetische Gestaltungsdoktrinen. Pyongyang liegt an den Bänken des Taedong-Flusses, und so wurde der Fluss zur Städteachse auserkoren. Auf der westlichen Seite liegen die großen Ehrenplätze, Versammlungshallen, wichtige Monumente, Museen, Theater, Kulturpaläste und Verwaltungsgebäude. Auf der östlichen Seite wiederum befinden sich Universitäten, Spitäler, Parteischulen, Sportstadien und ausgedehnte Wohnbezirke. Verbunden werden diese beiden Stadtteile durch insgesamt fünf Brücken. Eine optische Achse bildet der ›Mittelpunkt‹ der Stadt, im Westen ausgehend vom Großen Studienhaus des Volkes über den Kim-Il-Sung-Platz am Historischen Museum vorbei über den Fluss mit zwei riesigen Fontänen an die östliche Seite, wo der Turm der Juche-Idee ziemlich dominant den Blick auf sich zieht. In der Nacht ist die weithin strahlende Turmspitze, die einer roten Flamme nachempfunden ist, einer der wenigen Orientierungspunkte, wenn man in den dunklen Straßen herumstreift.

Eine Besonderheit sind die beiden Inseln im **Taedong-Fluss**: Auf der südlichen namens Yanggak finden sich das große Ausländerhotel ›Yanggakdo‹, ein Kinozentrum, ein Golfplatz und ein kleines Sportstadion. Auf der nördlichen Insel

Der Hauptbahnhof von Pyongyang

U-Bahnhof in Pyongyang

namens Rungna befindet sich das architektonisch überaus dominante 1.-Mai-Stadion.

Die wichtigste Straßenachse in Pyongyang ist die **Changgwang-Straße**. Sie zieht sich vom Kulturpalast schräg durchs Zentrum bis hin zum Hauptbahnhof und wird von hoch aufragenden ›Prachtbauten‹ geschmückt. Eine erste Version dieser Straße wurde sogleich nach dem Koreakrieg gebaut, mit Wohn- und Verwaltungshäusern, öffentlichen Anlagen und Verkehrsinfrastruktur. Doch so ganz gelang es nicht, das sowjetische Vorbild nach Pyongyang zu übertragen, sodass die Partei in einer der wenigen Situationen überraschender Selbstkritik zu dem Schluss kam, dass das Bauprojekt misslungen sei. Das Problem: Die Häuser wurden in aller Eile hochgezogen, um den Menschen Wohnungen und städtische Strukturen zu bieten. Jedoch wurden viele Fehler gemacht, etwa bei Heizung, Kanalisation und Stromversorgung. So beschloss Kim Il Sung im Jahre 1964 in seiner großen Güte und Weisheit, alle Bauten der Changgwang-Straße abzureißen und an ihrer Stelle etwas Ordentliches zu bauen. Ganz so schnell wurde dies zwar nicht verwirklicht, doch im Jahre 1979 erinnerte sich Kim Jong Il an die wegweisenden Worte seines Vaters. Er ließ das Vorhaben umsetzen und neue Häuser bauen. Heute säumen die Changgwang-Straße eine Reihe von Bauten mit 18 bis 20 Stockwerken, dazwischen liegen breite Gehsteige und eine noch breitere zweispurige Fahrstraße mit Oberleitungen für Busse. Die neu gebauten möblierten Wohnungen haben im Schnitt drei bis vier Zimmer mit Anschluss an Heizung, Strom, Wasser und Kanal.

Auf Straßenniveau finden sich einige freudlos anmutende Lebensmittel- und Bedarfsartikelgeschäfte, ansonsten fehlt der ›Prachtstraße‹ vor allem eines: urbane Lebensfreude. Von Cafés, Bars, Restaurants oder sonstigen geselligen Plätzen ist keine Spur zu sehen. Die Menschen eilen schnellen Schrittes dahin, würdigen dahinspazierende Ausländer nur kurzer, gehetzter Blicke. An den Busstationen stehen unglaublich lange – und unglaublich geduldige – Schlangen von Wartenden. Der wenige Verkehr wird an den Kreuzungen von zackigen Polizistinnen geregelt, die sich voll und ganz ihrer Aufgabe widmen. Wie in der ganzen Stadt ist das Überqueren der großen Straßen verboten, dafür gibt es eigene Unterführungen, wobei sich tatsächlich ein jeder sklavisch an diese Vorschriften hält. Auffallend ist außerdem das fast völlige Fehlen von Fahrrädern, von Hunden, ja sogar von Tauben. Statt dessen wird allerorten fleißig geputzt, geschrubbt und der Rasen auf den Verkehrsinseln und am Straßenrand per Hand mit kleinen Scheren gestutzt. An Grünflächen bei Kreuzungen sind fast überall Fahnenmasten und ähnliche Vorrichtungen zu sehen, damit an einem Feiertag die Festbeflaggung rasch aufgestellt werden kann.

▲ Karte: hintere Umschlagklappe

U-Bahn

Eine Besonderheit des städtischen Verkehrs ist zweifellos die U-Bahn. Sie besteht aus zwei Linien, und zwar in nord-südlicher Richtung (Chollima-Linie) und in west-östlicher Richtung (Hyoksin-Linie). Die Länge der U-Bahn beträgt ungefähr 22 Kilometer, wenngleich es Angaben darüber gibt, dass zumindest das Tunnelsystem weit verzweigter sein und der Bevölkerung als Bunker und dem Militär als Versteck dienen soll. Die U-Bahn ist sehr tief in den Boden gebaut und folgt mehr oder weniger den Routen der darüberliegenden Hauptstraßen. Prachtvoll anzusehen – ganz nach Moskauer Vorbild – sind die Stationen, etwa Yonggwang oder Puhung, andere wie zum Beispiel die Kreuzung zwischen der Jonu- und der Jonsung-Station werden Besuchern – aus welchem Grund auch immer – nicht gezeigt. Die Arbeiten an der U-Bahn begannen bereits 1968, und 1973 wurde die Chollima-Linie eröffnet. Die Hyoksin-Linie folgte 1978. Es sind zwar Verlängerungen der zwei Linien geplant (insbesondere eine westliche Ausdehnung der Hyoksin-Linie nach Mangyongdae, dem Geburtshaus von Kim Il Sung), allerdings ist damit in der nächsten Zeit wohl kaum zu rechnen. Besuchern von Pyongyang wird die U-Bahn gerne vorgeführt, und man sieht sie auch in regem Betrieb. Allerdings dürfte die Frequenz der Züge durch die wirtschaftliche Krise in Wirklichkeit stark reduziert worden sein, obwohl gerade vor einigen Jahren gebrauchte deutsche Zuggarnituren aus der ehemaligen DDR gekauft wurden und auch eingesetzt werden. Die offiziellen Betriebszeiten liegen zwischen 5 und 23 Uhr, Berichten zufolge fahren die Züge in den letzten Jahren aber ziemlich unregelmäßig, viele Stationen sind unbeleuchtet, die Züge überfüllt und häufig von Stromausfällen betroffen.

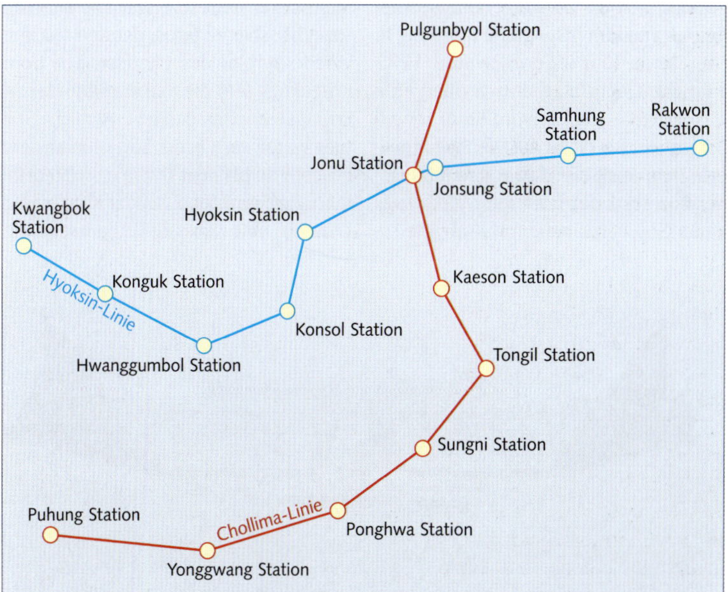

Metroplan Pyongyang

Viele Spekulationen gibt es um die militärische Nutzung des erwähnten, weiter verzweigten unterirdischen Systems, das von den U-Bahn-Tunnels seinen Ausgang nehmen soll. Angeblich soll es auch einen riesigen unterirdischen Platz geben, der 100 000 Personen fassen können soll, und auch eine Straße zwischen den U-Bahn-Stationen vom Kim-Il-Sung-Mausoleums-Palast bis zum Flughafen. Bis jetzt gibt es dafür aber nur Indizien.

Sehenswürdigkeiten

In Pyongyang befinden sich zahlreiche Sehenswürdigkeiten, die einem unter Garantie von den Reiseleitern auch ausführlich nahegebracht werden.

■ Großes Monument

Der wichtigste Sightseeing-Spot und zugleich das Allerheiligste ist zweifellos das Große Monument am Mansu-Hügel. Dabei handelt es sich um tatsächlich beeindruckende, 20 Meter hohe **Bronzefiguren von Kim Il Sung und Kim Jong Il**. Die Statue Kim Il Sungs wurde 1972 zum 60. Geburtstag des ›Großen Führers‹ errichtet, 2012 wurde Kim Jong Il aufgestellt. Bei dieser Gelegenheit erneuerte man auch die Statue Kim Il Sungs, der nun statt des früheren Maoanzugs einen Geschäftsanzug mit Krawatte sowie eine Brille trägt. Flankiert werden die Skulpturen von zwei je 50 Meter langen **Figurengruppen**, die den historischen Freiheitskampf des koreanischen Volkes symbolisieren sollen. Dynamik erhält das Ensemble durch zwei stilisierte Fahnen, die über den Figuren aufragen. Hinter den Statuen befindet sich ein aufwändiges **Mosaik des Paekdu-Berges**, in der offiziellen Parteigeschichtsschreibung Wiege der Revolution und Geburtsort von Kim Jong Il. Das Mosaik ist 70 Meter lang und rund 13 Meter hoch. Auf den Mansu-Hügel gelangt man über weit ausgreifende Freitreppen. So imposant das ganze Ensemble gestaltet ist, so einfach und schlicht ist aber die darin verpackte Aussage: Hier stehen die Chefs.

■ Chollima-Statue

In der Nähe des Mansu-Monuments ragt die Chollima-Statue 46 Meter in die Höhe. Auf einem 32 Meter hohen Steinsockel steht so etwas wie ein realsozialistischer Pegasus, der den raschen Wiederaufbau des Landes nach dem Koreakrieg und die damit verbundenen Errungenschaften darstellt. Ähnliche Statuen waren auch in der Sowjetunion sehr beliebt – so befindet sich in der Hafeneinfahrt von Sewastopol auf der Krim (heute Ukraine) eine sehr ähnlich aussehende

Das Große Monument

▲ Karte: hintere Umschlagklappe

Bronzestatue. Nach welchen Vorbildern in Nordkorea nach dem Krieg gearbeitet wurde, ist offensichtlich.
Chollima ist übrigens der Ausdruck für die Geschwindigkeit des Wiederaufbaues. Die sogenannte Chollima-Bewegung der Werktätigen hatte zum Ziel, sich wahre Schnelligkeitswettbewerbe bei der Erreichung der Planzahlen zu liefern, was zwar nicht immer gelang, aber stets umständlich und feierlich von offizieller Seite schöngeredet wurde. Die entsprechende Chollima-Statue wurde am 15. April 1961 zum 49. Geburtstag von Kim Il Sung eingeweiht.

Turm der Juche-Idee

Um bei den Geburtstagsmonumenten zu bleiben: Zum 70. Geburtstag erhielt Kim Il Sung den dominanten Turm der Juche-Idee am östlichen Taedong-Ufer, der 1982 feierlich enthüllt wurde. Der 170 Meter hohe Turm besteht aus einem Sockel, einem sich nach oben verjüngenden, abgestuften Turmkörper, dem obenauf eine stilisierte rote Flamme gesetzt ist. Davor steht eine **Drei-Personen-Gruppe** (30 Meter hoch), an der ein Pinsel zu sehen ist, der die revolutionäre Rolle der Kunst darstellen soll.
Rundherum befinden sich weitere sechs **Gruppenskulpturen**, die verschiedene Symboliken zu den Themen Industrie, Ernte, Kunst usw. wiedergeben. Auf der dem Fluss abgewandten Seite sind in den Turm 230 **Granitplatten** eingebracht, die Freundschaftsbekundungen aus etwa 80 Ländern der Welt beinhalten, darunter solche von sympathisierenden Parteien aus aller Welt und zahlreichen Juche-Studiengruppen.
Es ist möglich, für zehn US-Dollar mit einem Expresslift im Inneren des Turmes auf eine **Aussichtsplattform** hochzufahren, was sich für ein schönes Panoramafoto allemal lohnt.

Am Triumphbogen ist die Befreiung von den Japanern dargestellt

Triumphbogen

Ebenfalls am 70. Geburtstag von Kim Il Sung wurde 1982 der etwas übertrieben wirkende Triumphbogen eingeweiht. Er ist mit 60 Metern natürlich höher als sein Pariser Vorbild (exakt um drei Meter), besteht aus 10 500 Granitblöcken, einem riesigen, 27 Meter hohen Bogen, kostete mehrere Millionen US-Dollar und dient der Versinnbildlichung der heroisierten Rückkehr des Generals Kim Il Sung vom siegreichen Kampf um die Befreiung des Landes von den Japanern. Auf der Außenseite des Bogens sind Reliefs angebracht, dazu Strophen aus dem ›Lied von General Kim Il Sung‹ und die Ziffern 1925 und 1945, die die japanische Besatzungszeit eingrenzen. Neben dem Triumphbogen streckt sich der Freundschaftsturm in die Höhe, der 1959 errichtet und 1984 vergrößert wurde und die Freundschaft zwischen Nordkorea und China symbolisieren soll.

Der Kunstpalast

Ryugyong-Hotel

Ein Besonderheit im Stadtbild ist das Ryugyong-Hotel, von der Architektengruppe ›Baikdoosan‹ in einem japanischen Joint-venture ab 1987 gebaut und 1991 wegen Geldmangel und baulicher Probleme sich selbst überlassen.

Seitdem stand der 330 Meter hohe Bau, in dem ursprünglich 3000 Zimmer, sieben rotierende Restaurants sowie Casinos und Clubs für Ausländer geplant waren, als Ruine herum, bis es im Jahr 2011 mit Investitionen der ägyptischen ›Orascom‹ revitalisiert wurde und nun als Kempinski-Hotel dienen soll. ›Orascom‹ hat 180 Millionen US-Dollar investiert, und Experten rätseln, wieviel von der kaputten Bausubstanz von den Ägyptern renoviert werden konnte. Ursprünglich wurden die Sanierungskosten auf 300 Millionen US-Dollar geschätzt, da die Bausubstanz nach 20 Jahren Wind und Wetter so schlecht war und die statischen Bedingungen so bedenklich, dass der Bau eigentlich in sich zusammengefallen sein müsste. Nunmehr allerdings prangt das Hochhaus mit einer glitzerndem blauen Glasfassade stolz im Zentrum Pyongyangs, auf der Rückseite allerdings (alle Fotos zeigen nur die Vorderseite) fehlen noch große Teile der Fassade. ›Orascom‹ renoviert auch nur die obersten Stockwerke und das Restaurant für die Hotelnutzung, sodass das Bauwerk 2012 zum 100. Geburtstag Kim Il Sungs zumindest teilweise eröffnet werden konnte. Angestellte der chinesischen Reiseagentur ›Koryo Tours‹ waren die ersten, die 2011 in das Gebäude durften und Fotos schießen konnten (http://ryugyong hotel.com/inside.html).

Ein Wahrzeichen der Stadt ist auch der **Pyongyang Tower**, ein Fernsehturm am Stadtrand.

Koreanisches Revolutionsmuseum

Am Mansu-Hügel liegt das Koreanische Revolutionsmuseum, das 1972 (übrigens zum 60. Geburtstag des ›Großen Führers‹) eröffnet wurde. Auf 54 000 Quadratmetern und 90 Ausstellungshallen sowie mehreren großen Schlachtenreliefs kann man dort die nordkoreanische Variante der Zeitgeschichtsschreibung studieren.

Nebenan findet sich die **Mansudae-Versammlungshalle**, eine Volkshalle, wie sie nach den Vorstellungen der nordkoreanischen Führer dem Volksempfinden angemessen ist: 50 000 Quadratmeter, umbaut mit Granit und Marmor, 2000 Sitzplätze mit Mikrofonen sowie unzählige Konferenz- und Zeremonieräume.

▲ Karte: hintere Umschlagklappe

Eröffnet wurde sie 1984 und dient für Verlautbarungen, politische Treffen und Versammlungen der Einheitspartei und ihrer Nebenorganisationen.

Mansudae-Kunstpalast

Vis à vis liegt der Mansudae-Kunstpalast, 1976 eröffnet. Auf 60 000 Quadratmetern dient er zur Aufführung von Performances im Parteigeist, von Theaterstücken und für Film- und Radioaufnahmen. Die bewegliche Theaterbühne misst 2000 Quadratmeter. Die Wände und der zentrale Turm des Kunstpalastes sind mit aufwändigen Malereien geschmückt. Auf dem Platz davor spucken zahlreiche Fontänen im **Mansudae-Brunnenpark** bis zu 80 Meter Wasser in den verschiedensten Formationen in die Höhe.

Palast der Schulkinder

In Blickweite nimmt man den Palast der Schulkinder wahr, der 1963 gebaut wurde. Dort werden die nordkoreanischen Kinder in den verschiedensten Fertigkeiten gelehrt, um nicht zu sagen: gedrillt. Kaum eine Pyongyang-Führung kommt ohne einen Besuch dieses Gebäudes aus, in dem sich auf 50 000 Quadratmetern rund 500 Räume und eine Bibliothek mit angeblich 100 000 Büchern befinden. Man sieht Kinder, die sich mit Naturwissenschaften, Kunst, Sport, Landwirtschaftswesen und Handwerk beschäftigen, besonders Begabte dürfen auf verschiedenen Instrumenten den Touristen vorspielen, vorsingen, töpfern, Theater spielen, tanzen, malen, sticken oder Taekwon-Do-Übungen zeigen. Fast alle Schulkinder in Pyongyang halten sich nach dem Vormittagsunterricht am Nachmittag hier auf.

Der Kim-Il-Sung-Platz

Kim-Il-Sung-Platz

Schlendert man vom Mansu-Hügel auf der Sungni-Straße nach Süden, eröffnet sich einem der riesige Kim-Il-Sung-Platz. Er ist in der kommunistischen Tradition flächenbetonter Aufmarschplätze gehalten, kommt mit seinen rund 75 000 granitgedeckten Quadratmetern aber nicht an den Tienamen-Platz in Peking oder den Roten Platz in Moskau heran. Jedenfalls wurde er bereits 1954 errichtet und dient vor allem für Paraden, Aufmärsche und diverse Huldigungsfeste. An anderen Tagen kommt es aber durchaus auch vor, dass ihn die Jugend zum Fußball-Kicken zweckentfremdet, ohne dass die Polizei einschreitet. Im Süden flankiert das Gebäude des **Außenhandelsministeriums** den Platz. Hier hing das einzige große Gemälde in der Stadt (und wohl auch im ganzen Land) mit einer Personendarstellung, das nicht entweder Kim Vater, Kim Sohn oder Kim Enkel zeigte; auch Karl Marx und Lenin, gebannt auf übergroßen Ölschinken, wachten über den Kim-Il-Sung-Platz. Im Jahr 2012 ließ Kim Jong Un beide Bilder entfernen.

An der Nordseite liegt das **Historische Museum**, das die Geschichte Koreas in insgesamt 19 Ausstellungsräumen von der Steinzeit bis zur japanischen Besatzung wiedergibt. Unter den Ausstellungsstücken findet sich unter anderem auch ein Exemplar eines Buchletters, der in

Korea einige Zeit vor Gutenberg erfunden wurde, worauf das Land mächtig stolz ist. Den westlichen Abschluss des Platzes bildet das 1982 eröffnete **Große Studienhaus des Volkes**, eine in harmonischer traditionell-moderner Architektur gebaute Bibliothek, von deren Balkonen man einen schönen Ausblick über den Platz und den genau in Luftlinie liegenden Turm der Juche-Idee hat. Die gesamte Fläche umfasst 100 000 Quadratmeter, darüber befinden sich 34 Dächer in koreanischem Stil mit grünen Schindeln. Nach offizieller Aussage werden im Studienhaus 30 Millionen Bücher aufbewahrt. Es gibt ein computerunterstütztes Archivsystem, das man auf Anfrage ausprobieren kann. Die Angestellten sind bemüht, Bücher in der Landessprache der Besucher auszuheben und vorzuzeigen. Man sollte sich davon aber nicht zuviel erwarten.

Gegenüber dem Historischen Museum, auf der Südseite des Platzes, befindet sich die **Koreanische Kunstgalerie**. Sie wurde 1954 eröffnet und beherbergt auf 11 000 Quadratmetern antike Kunstgegenstände ebenso wie moderne – parteitreue – Malerei und Skulpturen. Gleich in der Nähe steht das **Folkloremuseum**, in dem koreanische Volkskunst und -kultur ausgestellt ist.

Das Große Studienhaus des Volkes

▲ Karte: hintere Umschlagklappe

Blick vom Juche-Turm auf das 1.-Mai-Stadion

Taedong-Tor

Ein Stück weiter nach Süden, in der Mitte eines Kreisverkehrs, prangt das Taedong-Tor, ein Überbleibsel der Stadtmauer aus der Mitte des 6. Jahrhunderts. Es wurde 1635 neu aufgebaut und enthält eine große Bronzeglocke. Eine ebensolche findet sich am Flussufer des Taedong, genannt **Glocke von Pyongyang**. Ursprünglich hing sie im Taedong-Tor, wurde aber nach einem Feuer im Jahr 1714 zerstört. Die jetzige Glocke wurde 1726 neu angefertigt, ist 3,1 Meter hoch und wiegt 13 Tonnen. Bis 1890 wurde sie als Signalgeber für die Bevölkerung von Pyongyang verwendet, wenn Gefahr drohte.

Ebenfalls ein historisches Erbe der Stadtmauer ist der **Ryongwang-Pavillon**, der direkt am Fluss Taedong liegt und eine schöne Aussicht bietet. Er wurde im Jahre 1111 errichtet, wieder zerstört und 1670 in seiner jetzigen Gestalt neu aufgebaut.

Großes Opernhaus

Wer koreanische Opern hören will, kann das Große Opernhaus an der Kreuzung zwischen Sungni- und Yonggwang-Straße besuchen. Es fasst 2200 Personen und kann auf seiner Bühne bis zu 700 Schauspieler auftreten lassen. Koreanische

Opern sind für das europäische Gehör allerdings etwas gewöhnungsbedürftig und dauern selten unter drei, vier langen Stunden.
Es gibt noch ein zweites großes **Opernhaus** im Nordosten von Pyongyang nahe der Rungna-Brücke. Ihm gegenüber steht die **Zentrale Jugendhalle** für Konzerte und künstlerische Aufführungen. Deren Sitzkapazität umfasst insgesamt 3600 Personen.

Taedong-Inseln

Auf der **Rungna-Insel**, der zweitgrößten Insel im Taedong-Fluss im Norden der Stadt, befindet sich das riesige **1.-Mai-Stadion**, das von überall weithin sichtbar ist. Es wurde im Mai 1989 eingeweiht und dient spektakulären Massenaufführungen (Arirang) und Sportaktivitäten. Dort wurden etwa die 13. Weltjugendfestspiele abgehalten. Das Stadion umfasst 207 000 Quadratmeter, 150 000 Sitzplätze und ist acht Stockwerke hoch. Durch 80 Ein- und Ausgänge lässt sich das Stadion theoretisch in einer Viertelstunde komplett füllen.
Die beiden weiteren Taedong-Inseln lohnen ebenfalls einen Besuch. Auf der **Yanggak-Insel** befindet sich neben dem Yanggakdo-Hotel und seinem Golfplatz die **Internationale Kinohalle** für 3150 Personen. Sie wurde 1989 eröffnet, dient großen Filmaufführungen und gelegentlich Filmausstellungen und Messen. Weiter südlich, unter der Yanggak-Brücke durch, liegt das **Yanggakdo-Fußballstadion**, ebenfalls 1989 fertiggestellt, mit 30 000 Sitzplätzen.
Die noch weiter südlich gelegene **Ssuk-Insel** dient im wesentlichen als Grünoase und Freizeitgelände für die Bewohner Pyongyangs, ist mit einer Fähre erreichbar und besitzt ein 13,5 Meter hohes Monument, das an historische, aber leider erfolglose Verhandlungen Kim Il Sungs mit südkoreanischen Politikern im Jahre 1948 erinnern soll. Das Freizeitgelände auf der Ssuk-Insel ist mit Swimmingpool, Strand, Wrestling-Ring, Tanzhalle und Spielplatz ausgestattet.

Museum der Parteigründung

Zurück im Stadtzentrum, gibt es rund um die Yonggwang-Straße einiges zu sehen, so zum Beispiel das Museum der Parteigründung. Es liegt am südlichen Hang des Haebang-Hügels und beschreibt den Prozess der Gründung der koreanischen Arbeiterpartei durch Kim Il Sung. Lange diente es auch als Sitz des Zentralkomitees der Partei. In dem 1970 zum Museum umgestalteten Haus kann man die Empfangsräume und Versammlungszimmer, in denen einst Kim Il Sung tätig war, bewundern.
Eine ähnlich feierliche Aura verbreitet das Haus daneben, das Kim Il Sung als erste Wohnstätte nach der Rückkehr vom Abwehrkampf gedient haben soll. Dort prangt auch ein **Denkmal zu Ehren der Parteigründung**, das am 10. Oktober 1975 zum 30. Jahrestag enthüllt wurde. In Sichtweite steht noch ein weit größeres Monument, nämlich das **Denkmal der gefallenen Soldaten der Volksarmee**, 1959 errichtet und 24 Meter hoch. Unweit davon und vom Koryo-Hotel leicht erreichbar befindet sich das **Internationale Kulturhaus**, das 1988 eröffnet wurde. Interessant ist es, weil darin Memorabilia und folkloristische Gegenstände aus anderen als den ›Bruderstaaten‹ und aus Entwicklungsländern ausgestellt sind. Ebenfalls im Kulturhaus finden sich eine Tanzhalle, ein Kino und ein Restaurant.

Im Westen Pyongyangs

Im Westen der Stadt, im Gebiet, das von den Armen des Potong-Flusses umschlossen wird, finden sich eine Reihe von Sehenswürdigkeiten, die durchaus

Der Zirkus der Volksarmee

einen Besuch wert sind. Dazu gehören die **Gedenkstätte für den Vaterländischen Befreiungskampf**, die erst 1993 zum 40. Jubiläum desselben errichtet wurde. Die 150 000 Quadratmeter Fläche betritt man durch ein monumentales Tor mit verschiedenen Bronzereliefs, die in diversen Variationen das Thema ›Sieg‹ abhandeln. Beim Schlendern durch das Gelände sieht man unter anderem mehr als zehn Themenskulpturen, Einzeldarstellungen von Kriegern in heroischen Posen und gemeißelte Schriftzüge von Kim Il Sung. Das Ganze wirkt – auch angesichts des späten Eröffnungsdatums – als überladene Feierstätte mit einer mehr als direkten propagandistischen Aussage. Weitere wichtige Gebäude in dieser Gegend sind das **Museum für den Siegreichen Vaterländischen Befreiungskrieg**, 1953 mit 52 000 Quadratmeter Ausstellungsfläche errichtet, der **Zirkus der Volksarmee** von 1964, gedacht für akrobatische Aufführungen und Orchester, das **Potong-Tor** als Westtor der ehemaligen Stadtmauer, der **Volkskulturpalast** nahe dem Potong-Tor auf der Chollima-Straße von 1974, in koreanischem Stil mit 500 Zimmern und fünf riesigen Konferenzsälen. Gegenüber befindet sich das große überdachte **Pyongyang-Stadion** für Sportveranstaltungen, und in der Nähe – für Besucher wichtig – das **Internationale Kommunikationszentrum**, wo Telefongespräche, Telexe und Faxe mit dem Ausland möglich sind.

Ein markantes Gebäude mit konischem Dach neben dem Stadion ist der **Eisring**, wo auf mehr als 25 000 Quadratmetern eisgelaufen werden kann. Der Eisring fasst rund 6000 Personen.

Der Körperpflege dient das daneben gelegene **Changgwang-Gesundheitszentrum** aus dem Jahre 1980. Etwa 16 000 Personen können dort gleichzeitig auf vier Stockwerken Bäder nehmen, sich rasieren lassen oder Schwimmwettbewerbe abhalten.

Koreanisches Filmstudio

Weiter nordwestlich außerhalb der Stadt (ungefähr 16 Kilometer), liegt das Koreanische Filmstudio, ein Riesenareal mit mehr als 800 000 Quadratmetern Fläche. Es wurde 1947 gebaut, gilt als ›nordkoreanisches Hollywood‹ und hat einen regen Ausstoß an Propaganda- und Herz-Schmerz-Filmchen. Auf den Hügeln rundherum sind koreanische, japanische, chinesische und europäische Straßenzüge für Outdoor-Aufnahmen

Der Eisring

▲ Karte: hintere Umschlagklappe

Das Kim-Il-Sung-Stadion

nachgebaut. Vor allem Kim Jong Il soll ein großer Freund des Filmschaffens gewesen sein, jedenfalls sah er sich jeden produzierten Streifen eingehend an, bevor er im staatlichen Fernsehen oder in den Kinos gezeigt wird.

Kim-Il-Sung-Stadion

Im Norden der Stadt, rund um den **Moran-Hügel**, findet sich ein weiteres großes Sportstadion, das Kim-Il-Sung-Stadion, ganz in der Nähe des Triumphbogens. Gleich nach der Befreiung befand sich hier eine öffentliche Erholungsregion, und eine erste Version des Stadions wurde schon in den späten vierziger Jahren gebaut, aber im Koreakrieg zerstört. Nach dem Krieg wurde ein neues Stadion errichtet, 1982 umgestaltet und vergrößert, sodass heute rund 100 000 Menschen darin Platz finden.

Kim-Il-Sung-Universität

Unweit vom Stadion befindet sich die Kim-Il-Sung-Universität, gegründet im Oktober 1946. Das ausladende Gelände verfügt über mehrere hohe Gebäude, eine große Bronzestatue des Universitätsstifters Kim Il Sung und eine Reihe von Reliquien aus den Studienjahren von Kim Jong Il, der an der Uni seines Vaters graduierte. Im Schnitt sollen an der Kim-Il-Sung-Universität rund 12 000 Studenten eingeschrieben sein, die in verschiedenen Fächern der industriellen Forschung, Medizin, Architektur und Landwirtschaft und natürlich in politischer Ideologie gelehrt werden. Ein Besuch der Universität ist normalerweise nicht im Besuchsprogramm einer Nordkorea-Tour enthalten, kann aber auf Wunsch meistens arrangiert werden.

Kumsusan-Gedenkpalast

Gleich hinter der Kim-Il-Sung-Universität liegt der Kumsusan-Gedenkpalast mit dem **Mausoleum von Kim Il Sung und Kim Jong Il**. Dort sind die einbalsamierten Leichen aufgebahrt und an bestimmten Tagen auch von ausländischen Besuchern zu betrachten, wenn man dies rechtzeitig anmeldet. Jedenfalls nutzen die Nordkoreaner den weiten Platz vor dem Gedenkpalast für Feiertagsausflüge, verneigen sich vor den Gemälden von Kim Il Sung und Kim Jong Il an der Front und fotografieren die ganze Familie.
Der Palast ist wie alle wichtigen Gedenkstätten innen blitzsauber und nur mit Schuhschützern zu betreten. Erwar-

tet wird schweigsames und andächtiges Verhalten sowie drei Verbeugungen vor dem jeweiligen einbalsamierten Korpus, eine von der linken Seite, eine von rechts und eine vor seinen Füßen. In angrenzenden Räumen sind internationale Geschenkgaben ausgestellt, darunter der Dienstwagen des Verstorbenen, ein Mercedes mit Parteiemblem. Gerüchten zufolge war der Kumsusan-Gedenkpalast auch der bevorzugte Aufenthaltsort von Kim Jong Il, wenn er sich in Pyongyang aufhielt, aber genau weiß man das nicht, weil man über Kim Jong Ils persönliche Umstände eigentlich überhaupt nichts zu wissen hatte und schon gar nicht zu fragen wagte. Ähnliches gilt für Kim Jong Un, der allerdings weniger öffentlichkeitsscheu als sein Vater ist.

Pagoden und Pavillons

In derselben Gegend finden sich weitere markante Gebäude, wie zum Beispiel das in griechisch-antikem Stil gebaute **Moranbong-Theater** gleich gegenüber der Chollima-Statue. Es diente 1948 der ersten Volksversammlung nach dem Ende der japanischen Besatzung und wird heute für Aufführungen benutzt.

Eine Reihe von Pagoden und Pavillons liegen in der Nähe: Die **siebenstöckige Pagode**, der **Umil-Pavillon** (benannt nach General Umil aus dem antijapanischen Widerstand), der **Choesung-Pavillon** als ehemaliger Beobachtungsstützpunkt der Befreiungsarmee, der **Pubyok-Pavillon** als Ausflugsziel mit schöner Sicht auf den Taedong-Fluss sowie der **Chongnyu-Pavillon** als Überbleibsel der alten äußeren Stadtmauern. Der **Befreiungsturm** wurde 1946 errichtet, um an die Unterstützung der sowjetischen Armee im antijapanischen Krieg zu erinnern.

Am Fuße des Moran-Hügels liegt ein Spielplatz, der **Moranbong-Jugendpark**, mit Zerstreuungsmöglichkeiten sowie lieblichen Lotusteichen und sanft plätschernden Brunnen.

Sportanlagen

Während der Norden der Stadt heute eher der kontemplativen Erholung dient, liegt im Südwesten das Zentrum für sportliche Betätigung jeder Art. Die lange Chongchun-Straße ist flankiert mit teilweise enormen Sporthallen (insgesamt zehn an der Zahl), in denen verschiedene Sportarten unterrichtet und

Der Schülerpalast

▲ Karte: hintere Umschlagklappe

Planetarium in der Ausstellung der Drei Revolutionen

ausgeübt werden. Auf Hallenflächen zwischen 6000 und 23 000 Quadratmetern gibt es Sportstätten für Handball, Tischtennis, Turnen, Kampfsportarten, Schwimmen, Badminton, Gewichtheben, Volleyball, Basketball und Taekwon-Do. Dazu kommt noch das **Sosan-Fußballstadion** mit einer Kapazität von 25 000 Zuschauern.

Kwangbok-Straße

Eine Wohngegend mit teilweise enormen Hochhäusern ist die Kwangbok-Straße, die für nordkoreanische Verhältnisse mit 100 Metern Breite und sechs bis acht Autospuren völlig überdimensioniert ist. Auf sechs Kilometern wird sie von hohen Wohnblocks flankiert.

Besuchen wird man die Straße eventuell wegen der dort befindlichen **Pyongyang-Zirkushalle**, in dem der staatliche Zirkus seine atemberaubenden Kunststücke zu zeigen pflegt. Etwas weiter südlich liegt der **Schülerpalast**, gedacht als Sportstätte für Schulkinder des Bezirks mit Schwimmhalle, Trainingsraum und Theater. Vor dem Gebäude sprüht ein kunstvoll angelegter Brunnen Fontänen bis zu 100 Meter hoch.

Ebenfalls von hohen 20-, 25- und 30-stöckigen Wohnhäusern dominiert ist die **Tongil-Straße** auf der südöstlichen Seite des Taedong-Flusses. Sie ist wie die Kwangbok-Straße als Pracht-Avenue angelegt und mit 120 Metern sogar noch breiter als diese. Zahlreiche Propaganda-Skulpturen sind im **Jogak-Park** zu bewundern, und man findet dort besuchenswerte Einrichtungen wie das **Volkskunstmuseum** und mehrere populäre **Restaurants**.

Podunamu-Straße

Interessant ist auch ein Besuch der Podunamu-Straße, auf der man normalerweise vom Flughafen kommend in die Stadt fährt. Sie durchquert das, was man geschichtlich als die ›Altstadt‹ von Pyongyang bezeichnen könnte. Heute wird man keine Anzeichen einer früheren Besiedelung ausmachen können, dafür aber folgende Sehenswürdigkeiten: die **Ausstellung der Drei Revolutionen**, die die ideologischen, technischen und kulturellen Errungenschaften der Volksrepublik beschreiben soll. Die Ausstellung liegt sechs Kilometer nördlich vom Zentrum Pyongyangs und umfasst auf ungefähr 100 Hektar Fläche verschiedene Themenpavillons, so zum Beispiel über Schwerindustrie, technische Innovationen, Elektronikindustrie und Landwirtschaft. Für einen westlichen Besucher ist es trotz all des Stolzes, mit dem die Nordkoreaner ihre revolutionären Erfolge präsentieren, wie eine Wanderung durch ein Industriemuseum aus den sechziger Jahren. Die Ausstellung ist auch beliebtes Ziel für Wirtschaftsdelegationen aus dem Ausland. Neben einem weiteren Theater, dem **Ponghwa-Theater**, befindet sich auf der Podunamu-Straße eine Schmuckfertigung, die **Taesong-Schmuckfabrik**, wo man unterschiedlichste Juwelen kaufen kann, wenn man will.

Bauwerke in Pyongyang (Auswahl)

Bauwerk	Höhe	Baujahr
Ryugyong-Hotel	330 m	1985/2012
Juche-Turm	170 m	1982
Koryo-Hotel	143 m	1985
Yanggakdo-Hotel	140 m	1995
Kwangbok-Häuser	130 m	1972
Chongnyon-Hotel	96 m	1985
Tongil-Häuser	92 m	1975
Triumphbogen	60 m	1982
Chollima-Statue	46 m	1961

Pyongyang

Vorwahl: +850/2.

Koryo-Hotel, Changgwang-Straße im Zentrum von Pyongyang, Tel. +850/2/18111/7600, Fax +850/2/3814422; 45 Stockwerke, 500 Zimmer. Deluxe-Standard, zentraler Treffpunkt für Touristen, Diplomaten und Hilfsorganisationen, mit Restaurants, Konferenzräumen, Shops, Bädern und Pools, Tennisplatz, Klinik, Friseur.
Yanggakdo-Hotel, auf der Yanggak-Insel im Taedong-Fluss, Tel. +850/218111/2134, Fax +850/2/38129301; 40 Stockwerke, 450 Zimmer. Deluxe-Standard, mit Restaurants, Post, Buchladen, Bar, Swimmingpool, Amusement-Bereich, Night-Club, Golfplatz usw. Neben dem Koryo bevorzugtes Touristenhotel.
Potonggang-Hotel, Phyongchon-Bezirk, am Ufer des Potong-Flusses, Tel. +850/2/3812228/9, Fax +850/2/3814428; 9 Stockwerke, 160 Zimmer. First Class.
Ryanggang-Hotel, Chongchun-Straße (Mangyongdae-Bezirk), Tel. +850/2/73825; besteht aus 6 Bauwerken, 11 Stockwerke, 330 Zimmer. First Class, in der Nähe der großen Sportanlagen.
Sosan-Hotel, am Fuß des So-Hügels in der Nähe des Ryanggang-Hotels, Chongchun-Straße, Tel. +850/2/71191, +850/2/71197; 513 Zimmer. First Class.
Chongnyon-Hotel, an der Kreuzung von Kwangbok- und Chongchun-Straße, Tel. +850/2/72340; 30 Stockwerke, 448 Zimmer. First Class, nahe Zirkus und Sportanlagen.
Taedonggang-Hotel, Sungni-Straße, Central District, am Ufer des Taedong-Flusses, Tel. +850/2/3818340, Fax +850/2/3814424; 5 Stockwerke, 60 Zimmer. Dreisterne-Standard.
Pyongyang-Hotel, Sungni-Straße, Central District, gegenüber dem Grand Theatre, Tel. +850/2/3818161, Fax +850/2/3814426; 5 Stockwerke, 170 Zimmer. Dreisterne-Standard.
Haebangsan-Hotel, Sungni-Straße, Central District, Tel. +850/2/37037, Fax +850/2/3813569; 5 Stockwerke, 83 Zimmer. Dreisterne-Standard.
Changgwangsan-Hotel, Chollima-Straße, in der Nähe des Changgwang-Gesundheitszentrums am Ufer des Potong-Flusses, Tel. +850/2/4218366; 2 Gebäude mit je 5 Stockwerken, 326 Zimmer. Dreisterne-Standard.
Ryugyong Hotel Kempinski, Central District. Fünfsterne-Standard, oberste Etagen von 105 Stockwerken. Geplant war eine Teileröffnung von 150 von 1500 geplanten Zimmern, Veranstaltungssaal, Restaurant und Business-Center im Sommer 2012. Allerdings hat die Kempinski-Gruppe aufgrund der verstärkten Sanktionen gegen Nordkorea im April 2013 verkündet, es wolle die Eröffnung des Hotels vorerst

▶ Karte: hintere Umschlagklappe

›auf unbestimmte Zeit‹ verschieben, da es für einen Markteintritt derzeit ›nicht der richtige Zeitpunkt‹ sei. Verhandlungen laufen mit KEY International, Kempinskis Joint-venture-Partner in China mit der Beijing Tourism Group.

Restaurant Ongnyu, Tel. +850/2/381-1273. Traditionelle koreanische Gerichte, insbesondere Nudeln.

Ongnyu Eating House, in der Nähe des Turms der Juche-Idee auf der Ostseite des Taedong-Flusses, Tel. +850/2/4218251. Reisgerichte wie zum Beispiel *sinsollo* (eine Art Fondue).

Chongnyu-Restaurant, auf einem Schiff am Potong-Fluss, Tel. +850/2/4218257. Zahlreiche koreanische Gerichte und Spezialitäten, zum Beispiel Reiskuchen.

Ryugyong-Restaurant, auf der An-Sang-Taek-Straße, Moranbong-Bezirk. Spezialitäten sind Roastbeef und Fleischgerichte.

Hyangmanru-Restaurant, Kwangbok-Straße, Mangyongdae-Bezirk. Spezialität sind chinesische Gerichte.

Chongchun-Restaurant, ebenfalls auf der Kwangbok-Straße. Traditionelle koreanische Kost.

Vom Shopping sollte man sich – kaum überraschend – in Nordkorea wenig er-

Das Ryugyong-Hotel

Department Store in Pyongyang

warten. Das Warenangebot ist für Ausländer enttäuschend, die heimische sowie die meist chinesische oder russische Importware von denkbar schlechter Qualität. Lohnenswert sind eventuell Ginseng-Präparate, die man am besten in Kaesong kauft, oder Andenken wie kalligraphische Wandbilder oder Malereien, Kunstgegenstände, Geschirr, Vasen, Porzellan, Stoffe, vielleicht Liköre (mit eingelegten Schlangen!), Briefmarken, Schmuck oder gar nicht so schlechte einheimische Zigaretten.

Kaufhaus Nr. 1, Kim-Il-Sung-Platz. Neun Stockwerke, aber moderate Auswahl.

Kaufhaus Nr. 2, nahe Haebangsan-Hotel, Sungni-Straße. Kaum zu empfehlen.

Kaufhaus West, in der Nähe des Triumphbogens.

Kaufhaus für Kinderartikel, nahe Moranbong-Jugendpark. Ein Besuch lohnt vielleicht für Spielzeug als Mitbringsel.

Kaufhaus Ragwon, in der Nähe des Changgwang-Hotels und des Gesundheitskomplexes.

Kaufhaus Taesong, im Ostteil der Stadt. Wenig Nützliches.

Kaufhaus Changgwang, nahe des ›Koryo‹-Hotels. Die eine oder andere nützliche ausländische Ware für harte Währung.

Pyongyang Stamp Shop, Othan-dong, Central District. Briefmarken.

Koryo Trading Company, Pyongchon District. Schmuck, Folklore.

Ausflugsziele von Pyongyang

Mangyongdae

Mangyongdae, zwölf Kilometer westlich von Pyongyang, ist ein Pflichtbesuch sowohl für Nordkoreaner selbst als auch für Besucher. Denn an diesem Ort befindet sich nichts Geringeres als das Geburtshaus von Kim Il Sung. Dort, so will es die nordkoreanische Geschichtsschreibung, wurde der ›Große Führer‹ am 15. April 1912 geboren und verbrachte anschließend eine behütete, aber bereits vom revolutionären Eifer erfüllte Kindheit. Heute ist das ganze Gelände, hübsch gelegen an einem sanft ansteigenden Hügel, ein Museum, und zwar das Revolutionsmuseum von Mangyongdae.

Im Vergügungspark

Geburtshaus von Kim Il Sung

Zu sehen ist vor allem das Geburtshaus selbst, ein niedriges, strohgedecktes Haus mit Holzwänden, einem kleinen Hof und einer niedrigen Einfriedung. In den Wohnräumen, die man nur von außen andächtig betrachten darf, sieht man die einstigen Wohnumstände der revolutionären Familie samt Andenkenfotos, einem Spinnrad, verschiedenen Schlafmatten und Küchenutensilien. Es empfiehlt sich für Touristen, sich beim Geburtshaus angemessen andächtig zu verhalten, die Scharen von Nordkoreanern bei der Kontemplation nicht zu stören und sie nicht in Gruppen zu fotografieren.

Das Geburtshaus von Kim Il Sung

Mangyongdae-Revolutionsmuseum

Wer sich näher mit der Stätte auseinandersetzen will, sucht das Mangyongdae-Revolutionsmuseum auf, das 100 Meter vom Geburtshaus entfernt liegt und 1970 zum Anlass des 58. Geburtstags des Präsidenten eröffnet wurde. Dort findet man zahlreiche interessante Dinge aus der revolutionären Verlassenschaft von Kim Il Sung und seiner Familie.

Spaziert man weiter, erreicht man auf der Spitze des Mangyong-Hügels einen **Pavillon** mit einer schönen Aussicht auf die Skyline von Pyongyang. Kim Il Sung nutzte diesen Platz als ruhigen Studienort, wird gesagt. Auf dem Hügel auf der nördlichen Seite wurde 1982 ein 60 Hektar großer **Vergnügungspark** errichtet, der recht gut frequentiert ist, sofern Strom für Karussell und Achterbahn verfügbar ist.

▲ Karte S. 129

Berge Ryongak und Taesong

Zwei weitere Ausflugsziele von Pyongyang verdienen noch Erwähnung: Der **Berg Ryongak** 13 Kilometer westlich der Stadt mit einem **Kinder-Erholungscamp**, einer großen Lesehalle, einem Klosterkomplex und mehreren Pavillons. Und weiters der **Berg Taesong** zehn Kilometer nordöstlich der Stadt, auf dem sich der **Friedhof der Märtyrer der Revolution** befindet, der 1975 eröffnet und 1985 vergrößert wurde. Die Gedenkstätte, die meist mit vielen Blumenbuketts geschmückt ist, erreicht man über 530 Granitstufen den Berg hinauf, flankiert von zahlreichen Bronzebüsten der Märtyrer. In der Nähe gibt es außerdem zwei **Forts** und einen **Tempel** sowie wiederum einen **Vergnügungspark**, dazu einen **Zoo** und einen **Botanischen Garten**.

Weitere Ziele

In der weiteren Umgebung Pyongyangs interessant sind unter Umständen noch die **Ponghwa-Gedenkstätte der Revolution** (36 Kilometer nordöstlich der Stadt) zu Ehren von Kim Hyong Jik, dem Vater von Kim Il Sung, inklusive Bronzestatue und früherem Wohnhaus.

Einen Besuch wert ist auch das **Tongmyong-Grab**, 30 Kilometer östlich des Zentrums von Pyongyang. Dieses Grab gedenkt an König Tongmyong, den Gründer der Koguryo-Dynastie, die von 277 vor Christus bis 668 nach Christi Geburt das Land dominierte. Auf 220 Hektar verteilt ist der eigentliche (rekonstruierte) Grabhügel, ein viereinhalb Meter hohes Granitmonument mit Inschriften aus der Feder Kim Il Sungs, sowie Reiter- und Tierskulpturen. Rund um das Gelände gibt es drei **Tempel**, in denen Buddhastatuen stehen. Die Grabstätte steht auf der UNESCO-Liste des Weltkulturerbes.

Die Residenzen der nordkoreanischen Führung

Was garantiert nicht auf dem Tourplan einer Nordkoreareise steht, sind die Residenzen der nordkoreanischen Führungskader und der Kim-Familie selbst. Eini-

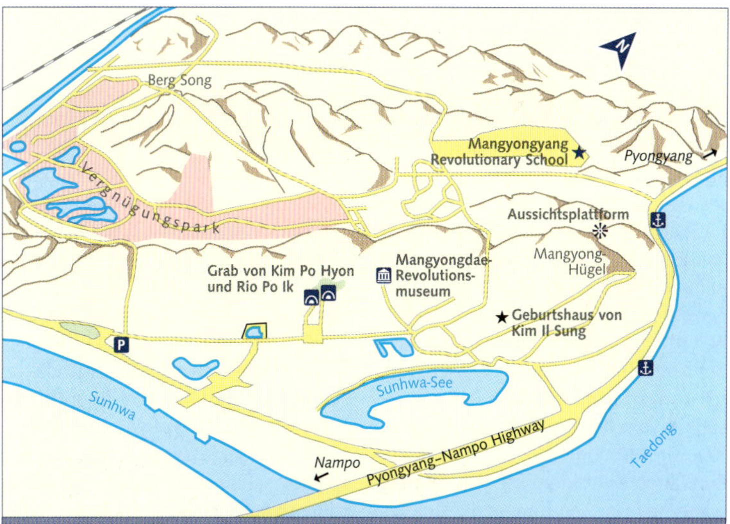

Mangyongdae

Bronzestatuen auf dem Friedhof der Märtyrer

ge davon befinden sich in Pyongyang. Manche Beobachter gehen davon aus, dass der **Kumsusan-Palast**, früherer Regierungssitz von Kim Il Sung und heute sein Mausoleum, noch teilweise Aufenthaltsort für Kim Jong Un ist, wenn er in Pyongyang seinen Regierungsgeschäften nachgeht. Das Gebäude ist angeblich untertunnelt, die unterirdischen Gänge sollen ein Stück südlich zum sogenannten Haus Nr. 15 im Jungsung-song-Bezirk führen. Die Tunnel sollen ein System bilden mit den weit unter die U-Bahn-Schächte gegrabenen Verbindungsgängen, die eine Art unterirdisches Bunkersystem formen. Südöstlich davon, jenseits eines Zuflusses des Taedong, gibt es eine weitere Residenz der Kims, das **Haus Nr. 85**. Es handelt sich um eine weiträumige Anlage mit einem großen Helikopterlandeplatz, der auf Satellitenbildern sehr gut zu sehen ist. Hier soll sich der Staatschef mit der Armeeführung treffen. Dieser Stadtteil ist mit den großzügigen Parkanlagen südlich vom Kumsusan-Palast über zwei Brücken verbunden.

Eine andere Residenz ist das **Changgwang-Haus** im Zentrum an der Changgwang-Straße südlich vom Potong-Tor, eine imposante Anlage in der Nähe eines großen Regierungsgebäudes.

Weiterhin gibt es das **Jangdong-Haus** im Botonggang-Bezirk gleich südwestlich der Gedenkstätte für den Vaterländischen Befreiungskrieg. Eine weitere große, eingezäunte Residenz mitten in der Stadt soll sich gleich links neben der Mansudae-Versammlungshalle befinden, das sogenannte **Haus Nr. 16**. Eine weitere Anlage für die obersten Kader ist das Haus Nr. 55, die **Ryongsong-Residenz**, 12 Kilometer nördlich von Pyongyang. Ein großes Areal liegt etwa 15 Kilometer östlich von Pyongyang den Fluss Taedong hinauf, der **Youngsung-Komplex**. Dabei soll es sich um das Armeehauptquartier handeln. Der Komplex, von dem man an der Oberfläche kaum etwas erahnt, ist eingebettet in eine hügelige, fast baumlose Landschaft und mit Gängen und Bunkern untertunnelt. Im Falle eines (Atom-)Krieges, so glauben ausländische Beobachter, wird sich Kim Jong Un mit seinem Armeestab dorthin zurückziehen. Satellitenbilder lassen in Youngsung tatsächlich zahlreiche Eingänge zu unterirdischen Bunkeranlagen erkennen, daneben sind Fliegerabwehr-Geschützanlagen sowjetischen Stils, Artilleriepositionen, Radaranlagen und Abschussrampen für Raketen zu sehen.

In der Nähe, am rechten Ufer des Taedong, befindet sich in einem kleinen Waldstück eine **Wohnanlage mit mehreren Häusern**, vermutlich für Armeekader und andere hochrangige Parteiangehörige. In einer Schlinge des Taedong nochmals zwei Kilometer flussaufwärts finden sich einige weit **luxuriösere Anlagen**, die für die höchsten Kader bestimmt sein dürften. Zwischen den Residenzen liegt eine Art **Garnison**, die vermutlich eine Leibgarde für den persönlichen Schutz der Parteigranden beherbergt. Rund um die Anlage, die einen eigenen Versorgungshafen am Taedong-Ufer hat, sind Baracken für Bedienstete, eine Getreide- und Kartoffelfarm sowie ein Kohledepot angesiedelt. Am Flussufer sind Wachtürme zu erkennen.

Damit nicht genug: Noch ein Stück weiter nördlich – kurz nach der Ortschaft Kangdong mit ihrem großen Militärflughafen – befindet sich ein anderer weitläufiger Luxuskomplex mit verschiedenen Chalets, also Landhäusern, und Freizeitanlagen. Das größte davon, das **Jangsu Chalet**, wurde 1982 angelegt und dient seitdem als Freizeitdestination für die Kims. Auch das nahegelegene **Youngwon Chalet** und das **Kangdong Chalet** gehören zur Gesamtanlage. Fujimoto Kenji, von 1988 bis 2001 Leibkoch von Kim Jong Il und dann auf einer Einkaufstour in Japan ›desertiert‹, beschreibt die Residenzen als großzügig und aufwändig ausgestattet, mit großen Teich- und Poolanlagen auf den weiten Freiflächen, Renn- und Kegelbahnen, Schießständen, Wasserskianlagen und Pferdeställen. Rund um die Anlagen sind auf Satellitenbildern zusätzlich zahlreiche Sicherheitsposten zu erkennen, ein großes Wohnareal für Bedienstete, ein eigenes Kleinkraftwerk zur Stromversorgung, Nahrungsmittellager und sogar ein Schlachthaus. Das Kernareal mit den Luxuswohnhäusern ist mit zwei Ringen Sicherheitszäunen von der Außenwelt abgeschnitten. Der große Militärflughafen von Kangdong ist etwa acht Kilometer entfernt.

Nicht zuletzt gibt es noch eine Luxusresidenz in **Sinuiju** im Nordwesten nahe der chinesischen Grenze, die erst vor kurzem auf Satellitenfotos entdeckt wurde.

Gruppenfoto vor dem Mausoleum in Pyongyang, möglicherweise ein Aufenthaltsort Kim Jong Uns

Der Südwesten des Landes ist gewissermaßen das ›industrielle Kernland‹ Nordkoreas, mit einer Reihe von Fabrikationsbetrieben und einem großen stromerzeugenden Staudamm an der Küste bei Nampo sowie der lebhaften Stadt Kaesong mit ihren guterhaltenen traditionellen koreanischen Bauten. Im Süden reicht die Region bis zur Demilitarisierten Zone.
Im Norden Pyongyangs befinden sich die Myohang-Berge in ihrer ganzen landschaftlichen Schönheit, wo den Höhepunkt eines Besuches die Freundschaftsausstellung für Kim Il Sung und Kim Jong Il darstellt, ein in die Felsen hineingetriebenes Museum der Kuriositäten.

Aussicht vom Kongmin-Grab bei Kaesong

DER SÜDWESTEN UND DAS MYOHYANG-GEBIRGE

Nampo

Die Stadt Nampo an der Westküste Nordkoreas, etwa 55 Kilometer über eine breite, leere Autobahn von Pyongyang entfernt, wird man am ehesten durchfahren, wenn man sich auf dem Weg zum großen Staudamm an der Taedong-Mündung befindet. An Sehenswürdigkeiten ist die Stadt nicht unbedingt reich, sie dient in erster Linie als Hafen und als Industriestandort, wenngleich von pulsierender Wirtschaft beileibe nicht viel zu merken ist. In Nampo beziehungsweise auf der Fahrt dorthin befinden sich jedenfalls verschiedene Fabrikationsbetriebe, ob oder zu welchen Ausmaß sie in Betrieb sind, ist nicht erkennbar: und zwar ein Stahlkombinat (Chollima Stahl-Komplex), eine Maschinenfabrik (Taean-Komplex), eine Landmaschinenfabrik (Kum-Song-Traktorwerke) sowie andere

Produktionsbetriebe und schließlich ein großer, aber nicht sehr lebendiger Hafen, in dem auffallend viele Schiffe vor sich hin rosten.

Die Struktur der Stadt ist die eines reißbrettartigen Stadtkerns samt großzügig angelegter Peripherie mit vielen eher schäbigen Hochhäusern, ungeteerten Straßen und den unvermeidlichen Huldigungsstatuen, man gewinnt aber doch auch den Eindruck eines belebten, an gewissen Plätzen der Innenstadt sogar charmanten Hafenstädtchens mit asiatischem Flair, wie man ihn in zuweilen auch in China antrifft.

Nampo war und ist für das nordkoreanische Regime ein strategisch wichtiger Punkt als Verkehrsader und Hafen für die Hauptstadt und nicht zuletzt als Bastion gegen mögliche Aggressoren, die womöglich auf Pyongyang zusteuern wollen. Gleichzeitig wurde die Flussmündung, an der Nampo liegt, auch für einen monumentalen Staudamm auserwählt. Und außerdem sind rund um die Taedong-Mündung wichtige Teile der nordkoreanischen Marine stationiert, wovon man als normaler Besucher aber eher wenig bis gar nichts bemerken wird.

Der Staudamm

Die 15 Kilometer lange Staumauer samt drei riesigen Schleusen für Schiffe bis zu 50 000 Bruttoregistertonnen dient in erster Linie als Wasserscheide zwischen Meer- und Flusswasser, als schnelle Verkehrsverbindung zwischen dem Nord- und Südufer des Taedong (Straße und Eisenbahn) sowie als physische Barriere an der Flussmündung. Zur Stromgewinnung wird sie nicht genutzt. Auf halbem Weg befindet sich eine in die Staumau-

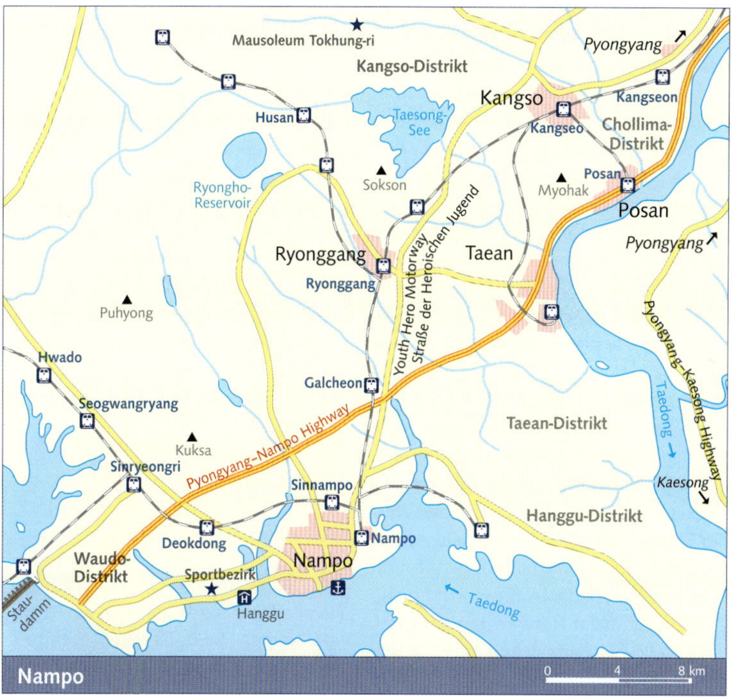

Leuchtturm und Kim-Il-Sung-Monument auf der Insel Pi

er-Anlage integrierte **Insel** (Pi), selbstverständlich mit einem riesigen, von Kim Il Sung eingeweihten **Monument zu Ehren der Fertigstellung des Dammes**. Dort gibt es Informationsmaterial und Dokumentarfilme über den Bau des Dammes. Auffallend sind die relativ einfachen Mittel, die während der fünf Jahre Bauzeit (1981–1986) verwendet wurden, sowie die Anstrengungen der zu Brigaden abkommandierten Arbeiter und Soldaten, die zu jeder Jahreszeit an dem Betonmonstrum arbeiten mussten. Abgerundet wird die Dokumentation durch die feierliche Eröffnung des Dammes durch Kim Il Sung. Eines der Resultate der Staumauer war die Verfügbarkeit von Süßwasser aus dem Taedong-Fluss für die Industrie und zur Trinkwasserversorgung der Region. Offiziellen Angaben zufolge werden rund zwei Milliarden Kubikmeter Wasser pro Jahr gefördert. Und außerdem bewahrt der Staudamm die Region der Flussmündung bis hinauf nach Pyongyang vor möglichen Flutkatastrophen. Und nicht zuletzt gibt es im Nordwesten der Insel einen schönen **Badestrand** in der Nähe der Staumauer.

▲ Karte S. 135

Die Umgebung von Nampo

In der Gegend um Nampo befindet sich zudem ein beliebter Ausflugsort, der **Taesong-See**. Dieser See mit einem Durchmesser von rund 30 Kilometern wurde 1959 künstlich angelegt, wird vom Taedong-Fluss gespeist und dient zur Bewässerung der Felder in der Umgebung. In der Nähe liegt der **Pyongyang Golfclub**, ein 5,2 Kilometer langer 18-Loch-Platz mit Restaurant und Waschräumen.

Einen Abstecher lohnen auch die **Mausoleen von Kangso und Tokhung-ri**. Kangso liegt nordöstlich des Taesong-Sees und 28 Kilometer südwestlich von Pyongyang. Dort wurden Grabstätten der Koguryo-Dynastie aus dem 7. Jahrhundert ausgegraben. In Tokhung-ri wurden in den Jahren 1976 und 1977 drei Gräber aus der Koguryo-Dynastie restauriert, deren Entstehungsjahr auf 408 nach Christus datiert wird.

Näher an der Stadt, und zwar im Westen, liegt der **Sportbezirk** von Nampo. Auf 80 Hektar können auf diesem 1973 eröffneten Gelände alle möglichen Sportarten ausgeübt werden, es gibt Stadien, Turnsäle, Swimmingpool, Laufstrecken und einiges mehr.

Fährt man durch den Sportbezirk weiter, findet man sich auf der **Waudo-Halbinsel** wieder. Dort befinden sich ebenfalls eine Reihe von Sport- und Freizeitmöglichkeiten sowie ein Aussichtspavillon, dessen Besuch zum Zwecke schöner Panorama-Schnappschüsse durchaus lohnt.

Nampo

Hanggu-Hotel, Waudo-Bezirk, nahe der Wau-Insel am Taedong-Fluss; 9 Stockwerke, 109 Zimmer. Dreisterne-Haus.

Nampo Seemanns-Clubshop, am Hafen von Nampo. Bedarfsartikel, eventuell Souvenirs.

Haeju

Führt der Ausflug weiter südlich an der Küste entlang, trifft man auf die Stadt Haeju. Neben dem Hafen und den üblichen Industriekomplexen ist ein Ausflug dorthin wegen der historischen Monumente und der Naturschönheiten interessant. Die Entfernung von Pyongyang beträgt ungefähr 140 Kilometer, erreichbar ist Haeju am ehesten über die Autobahn Pyongyang–Kaesong oder im Grunde auch per Eisenbahn.

Auf dem Weg dorthin passiert man den **Berg Suyang**, der siebeneinhalb Kilometer vor der Stadt liegt und zu einem Aufenthalt einlädt, in erster Linie wegen der **Wasserfälle**. Das Wasser von Suyang fließt über 128 Meter hohe und zwölf Meter breite Klippen in die Tiefe in einen malerischen kleinen See, der mit Pflanzen überwachsen ist und auf dem sich im Winter kuriose Eiszapfen bilden. Am Berg selbst ist eine alte **Befestigungsanlage aus der Koryo-Zeit** zu besichtigen. In Haeju befindet sich ein altes steinernes **Kühlhaus**, ebenfalls aus der Koryo-Zeit, und eine fünfstöckige **Pagode**.

Hyongje-Inseln

Neun Kilometer südwestlich von Haeju an der Küste kann man vom Hafen aus als Besucher bei Verfügbarkeit mit dem Boot zu zwei Felseninseln übersetzen, den Hyongje-Inseln (Bruderinseln). Deren Spezialität ist, dass sie bei Ebbe eine Reihe von warmen Tümpeln sowie einen Streifen sandigen Strandes hinterlassen, wo gebadet werden kann. Auch ein Sonnenbad dort zu nehmen, ist nicht zu ver-

Haeju

achten. Manchmal organisieren die Tourbegleiter ein Picknick, für das man selbst Krabben und andere Meerestiere auf den Felsen fangen kann, wenn man möchte.

Sokdamgugok

Ebenfalls mit Wasser zu tun hat das Gebiet Sokdamgugok am Sokdam-Fluss, zwölf Kilometer nordwestlich von Haeju. Diese ungewöhnlich schöne Landschaft verfügt über vom Wasser geformte Felsen und ausgeschwemmte Täler. Wegen der außerordentlich erholsamen Umgebung wurde in der Li-Dynastie eine **Lesehalle** und ein **Lehrhaus** in einem schönen Naturgarten eingerichtet, die heute noch zu besichtigen sind (Sohyon-Akademie).

Haeju

Haeju-Hotel, am Nordrand des Hauptplatzes von Haeju; 4 Stockwerke, 56 Zimmer, Dreisterne-Standard

Kaesong

Ausflüge in die Stadt Kaesong stehen zwar auf den meisten Tourplänen, durch ihre Nähe zur sogenannten Demilitarisierten Zone oder Demarkationslinie (DMZ) kann es mitunter sein, dass ein Besuch nicht möglich ist, wenn gerade wieder eine Krise zwischen dem Süden und dem Norden herandämmert. Jedenfalls bildet Kaesong das Ende von 160 Kilometern breiter und leerer Autobahn von Pyongyang und ist auf den ersten Blick eine der üblichen grau-hässlichen Betonbauten-Ansammlungen in der nordkoreanischen Landschaft. In der Tat müsste einem Reisenden, der vom reichen, kapitalistischen Seoul kommend diese Ansammlung unansehnlicher Bauten hinter der Zonengrenze erblickt, dies im ersten Moment wie eine Bestätigung über das Elend Nordkoreas vorkommen, von dem in der südkoreanischen Propaganda so häufig die Rede ist.

Dazu kommt noch, dass Kaesong in einer leichten Niederung liegt und die zentrale Stadtachse wiederum geradewegs auf einen Hügel führt, auf dem – man ahnt es – eine **Monumentalstatue von Kim Il Sung** samt anderen Devotionalien prangt. Registriert man auch noch, dass selbst bei einem kompletten Strom-

▲ Karte S. 139

Die Hauptstraße von Kaesong

ausfall in der Nacht inklusive Finsternis im Touristenhotel diese Statue dank ihrer separaten, stets intakten Stromversorgung weiterhin wie ein Christbaum leuchtet, so ahnt man, dass Nordkorea das Land mit dem einerseits merkwürdigsten, andererseits faszinierendsten Führerkult der Welt ist.

Kaesong besteht aber nicht nur aus Betonhäusern, sondern hat als eine der ganz wenigen Städte Nordkoreas noch ein kleines Stück ›Altstadt‹ im Sinne traditioneller koreanischer Behausungen im Zentrum bewahrt. Dies sind niedrige, strohgedeckte Lehmbauten mit Holz- oder Bambuszäunen und engen Gässchen dazwischen. Von der Anhöhe des Führerdenkmals gelingt sogar der eine oder andere Schnappschuss davon. Nordkoreaner, die die plötzliche Begeisterung über einen Zipfel ›authentisches‹ Korea in der Volksrepublik bemerken, äußern ehrliches Unverständnis über soviel ›rückständige Nostalgie‹.

Andererseits befindet sich in Kaesong ein ganz besonderes Touristenhotel, das man, sofern die Wahl besteht, unbedingt aufsuchen sollte. Es handelt sich dabei um das **Kaesong Folk Hotel** (Korean Traditional Hotel), dessen Bungalows dem

alten Baustil nachempfunden sind und wo man sich auf Reismatten zum Essen und zur Ruhe bettet. Die Ausstattung ist gut, es gibt fließend Wasser, Strom und sogar Fernsehen, ein Restaurant, einen Buchladen und einen Shop. Verlässt man das Hotelareal aber nicht, wird man kaum Chancen haben, das ›wirkliche Kaesong‹ kennenzulernen, denn bei aller Folklore ist das ›Kaesong Folk Hotel‹ ein in sich abgeschlossener Komplex, zu dem Nordkoreaner außer Angestellten und Dienstboten keinen Zutritt haben.

Nicht versäumen sollte man in Kaesong, den berühmten **Ginseng** (Insam) in all seinen Variationen zu probieren. Die Stadt gilt – Kenner sagen: zu Recht – als Zentrum des Ginseng-Anbaus mit der weltweit höchsten Qualität und einer imposanten Exportquote nach China, Japan und Europa. Ginseng-Schnaps, -Kapseln oder andere Produkte eignen sich als vorzügliches Mitbringsel und sind bei weitem nicht so teuer wie in Europa. Bei einem Kauf kann man sich bei Interesse auch in die medizinischen Geheimnisse dieser Wurzel einweihen lassen. Pharmakologisch wird die Besonderheit des Kaesong-Ginseng durch die vorteilhafte Beschaffenheit des Bodens und des Wassers dieser Gegend und die über Jahrhunderte überlieferten feinen Methoden der Bepflanzung begründet. Den Ginseng kann man in drei Sorten mit verschiedenen Qualitätsstufen und medizinischen Inhaltsstoffen teilen: Hongsam, Paeksam und Tansam. Die positiven Wirkungen: Stimulation des Kreislauf, Belebung von Herz, Blutgefäßen, Gehirn, Drüsen, Stoffwechsel, Energieverbrennung; wirkt gegen Abgespanntheit und Müdigkeit, sorgt für höhere Leistungsfähigkeit und nicht zuletzt für körperliche Belastbarkeit bis hin zu sexueller Potenz.

▲ Karte S. 139

Sehenswürdigkeiten

Im Zentrum der Stadt erhebt sich der **Berg Chanam** mit der Kim-Il-Sung-Statue und einem sehenswerten Ausblick auf die Umgebung. Dort befindet sich auch der **Kwandok-Pavillon**, ein alter Bau aus der Zeit der Li-Dynastie. Am südlichen Fuß des Berges findet sich die **Sungyang-Lesehalle** aus der Li-Dynastie, in der Nähe die steinerne **Sonjuk-Brücke** aus dem Jahr 1216, gebaut von Li Song Gye, dem ersten König der Li-Dynastie, der auf dieser Brücke später seinen Widersacher aus dem Koryo-Clan, Chong Mong Ju, ermorden ließ. In einem Pavillon in der Nähe finden sich die aus diesem Anlass errichteten Denkmäler der Loyalität aus den Jahren 1740 beziehungsweise 1872, auf denen der Affront von Chong Mong Ju gegen den Herrscher ausführlich und symbolträchtig verurteilt wird. Weitere Sehenswürdigkeiten sind das **Nam-Tor** inklusive der historischen Glocke, wie man sie ähnlich auch in Pyongyang findet. Das Tor beschreibt die Lage der alten Stadtmauer von Kaesong und ist von einem Pavillon flankiert, der die Glocke beinhaltet.

Nach einem kleinen Stück des Weges stößt man auf den **Studenten- und Kinderpalast**, der 1961 eröffnet wurde und mit 6000 Quadratmetern zwar nicht so

Das alte konfuzianische Lehrinstitut

Die Sungyang-Lesehalle

groß ist wie seine Vorbilder in Pyongyang, aber immerhin über einen Vorführ- und Theatersaal mit 700 Sitzplätzen und 250 Quadratmetern Bühne verfügt. Dreieinhalb Kilometer westlich vom Nam-Tor, in Haeson-ri, liegt das **Grab von King Wang Kon**. Der Gründer der Koryo-Dynastie (877–943) wird auch unter dem Kim-Jong-Un-Regime offensichtlich hoch geschätzt, so jedenfalls, dass sein Mausoleum zur Pilgerstätte der Nordkoreaner wurde und dem Touristen sowieso vorgeführt wird. Es handelt sich in der Tat um eine schöne, in eine anmutige Landschaft eingebettete Stätte mit zwei unaufdringlichen Grabhügeln samt Steinstatuen. Auf der Eingangstür des Grabes hat sich Präsident Kim Il Sung mit einer Widmungsschrift zur Rekonstruktion der Anlage im Jahr 1994 ›aus Anlass des 1117. Geburtstages von King Wang Kon‹ verewigt.

Die Umgebung von Kaesong

Berg Songak

Im Nordwesten von Kaesong liegt der Berg Songak, einen Besuch wert wegen seiner landschaftlichen Schönheit und den ausgedehnten Pinienwäldern. Eine alte Ausgrabungsstätte ist **Manwoldae**, gelegen am südlichen Abhang, der Platz des königlichen Palastes der Koryo-Dynastie als des ersten vereinigten Staates auf der koreanischen Halbinsel. Das Gelände umfasst 125 Hektar und ist durchaus einen Nachmittagsspaziergang wert, wenn man dafür Zeit findet. In der Nähe befindet sich das ehemalige astronomische **Observatorium von Chomsongdae**, dessen schlaue Architektur zur Sternenbeobachtung heute noch zu erahnen ist. Das nordöstlich gelegene **Koryo-Museum** ist in einem alten konfuzianischen Lehrinstitut aus dem 11. Jahrhundert untergebracht, in dem über die Jahrhunderte Konfuzius-Schüler ausgebildet wurden. Heute werden dort Kunst- und theologische Relikte zur Schau gestellt.

Grab von Kongmin

Elf Kilometer westlich von Kaesong liegt das Grab von Kongmin (1330–1374), dem 31. König der Koryo-Dynastie, das allein durch seine Größe und die Zahl der Skulpturen sehenswert ist. Insbesondere aber die Tatsache, dass auf dem Gelände Ginseng wächst, erweckt das Interesse von Besuchern. In einem speziell präparierten Garten im Schatten werden die Wurzeln angebaut, jeweils im Frühling

Wächterfiguren am Grab von Kongmin

und Herbst umgepflanzt, nach sechs Jahren geerntet und für Arzneien verwendet. Insgesamt zwölf Gräber bei Kaesong wurden 2013 in die Liste des UNESCO-Weltkulturerbes aufgenommen.

Pagyon-Wasserfälle

Ein etwas weiterer Ausflug von Kaesong führt zu den Pagyon-Wasserfällen, 25 Kilometer nördlich gelegen. In dem anmutigen Landstrich finden sich die **Befestigungsanlagen von Kumgang** in lieblicher botanischer Umgebung und **Taehung** mit einer historischen Mauer von zehn Kilometern Länge. Der **Kwanum-Tempel** von 970 stammt aus der Li-Dynastie, flankiert eine siebenstöckige Pagode und verdeckt eine Höhle, in der sich zwei alte marmorne Buddhastatuen befinden.

Kaesong Industrial Complex

Südlich von Kaesong liegt der ›Kaesong Industrial Complex‹ (→ S. 172). Mehrere tausend Bewohner der Region haben dort Arbeit in den südkoreanischen Joint-venture-Fabriken gefunden. Das Projekt soll am Ende nicht nur Fabriken umfassen, sondern auch Büro- und Wohnbezirke und sogar einen Vergnügungspark, der fast vor die Tore Kaesongs hingebaut werden und Touristen aus dem Süden offenstehen soll, so die hoffnungsfrohe Planung. Durch diplomatische Verstimmungen mit dem Süden leidet das Projekt allerdings unter häufigen Stagnationsphasen, wurde mal geschlossen und wieder eröffnet und wird vom Norden gerne als diplomatisches Pfand verwendet.

Kaesong

Kaesong Folk Hotel (Korean Traditional Hotel), in der Nähe des Nam-Tores. Bevorzugte Adresse für Kaesong-Besucher, große Anlage mit 20 einstöckigen Bungalows in koreanischem Stil, 50 Zimmer, Restaurant und Shop. Man schläft auf Reismatten und isst traditionell im Schneidersitz am Boden, Dreisterne-Standard.
Chanamsan-Hotel, am Fuß des Chanam-Hügels; 4 Stockwerke, 43 Zimmer. Dreisterne-Standard.

Restaurant Tongil, in der Nähe des ›Kaesong Korean Traditional Hotel, Pugandong. Serviert werden Spezialitäten wie Yakbap (Reiskuchen) und Hühnerfleisch mit Ginsengsoße.

Kaufhaus Kaesong, beim ›Kaesong Folk Hotel‹. Auswahl an Ginsengprodukten.

▶ Karte S. 139

Die Demilitarisierte Zone

Zurück in Kaesong, stellt sich zumeist die Frage nach einem Besuch des Grenzortes Panmunjon mit anschließender Fahrt zur innerkoreanischen Grenze. Wie gesagt, kann dies je nach politischer Lage möglich sein oder auch nicht. Während die Nordkoreaner durchaus Interesse haben, dem Süden Touristen auf ihrer Seite vorzuführen, sind die Beziehungen bekanntlich nach wie vor von Spannungen geprägt, die bis zu gelegentlichen Scharmützeln in der Todeszone reichen. Die Anwesenheit von Touristen in diesen Krisenzeiten ist von beiden Seiten naturgemäß nicht erwünscht, weshalb man also höchstens darauf bauen kann, dass die Reiseführer der Gruppe sich rechtzeitig um die Durchfahrtserlaubnis zur ›Front‹ bemühen. Spricht die politische Situation nicht dagegen, bekommt man eine Reihe hochinteressanter Dinge zu sehen.

Fahrt in die DMZ

Die Fahrt in die DMZ beginnt acht Kilometer südlich von Kaesong an einem **Kontrollposten** mit Panzersperre, wo man aussteigen und auf die militärische Eskorte warten muss. Ein kleiner Shop mit Kaffeeausschank macht die Wartezeit kurzweiliger. In einem zweiten Gebäude erhält der Besucher eine durchaus interessante, aber recht komprimierte Darstellung der Folgen des Koreakrieges aus nordkoreanischer Sicht inklusive Beschreibung der Grenzregion, die man danach besichtigen wird. Spätestens dann muss man den Tourbus wieder besteigen und wird über eine schmale Straße in die DMZ eskortiert. Selbst die Reiseführer müssen ihre Ausweise vorzeigen. Nächster Stopp nach ein paar Kilometern sind die **Baracken**, in denen nach Kriegsende die Waffenstillstandsverhandlungen geführt wurden. Mehrere Holzhütten mit weißüberzogenen Tischen geben zwar optisch nicht viel her, man spürt aber gewissermaßen den zeitgeschichtlichen Geist, der die Hütten durchweht. An den schlichten Tischen saßen auf der einen, natürlich nördlichen Seite die hohen Vertreter der nordkoreanischen Volksarmee, ihnen gegenüber die amerikanischen Generäle.

Der Blick über das Gelände fällt auf einen hohen **Fahnenmast** mit der nordkoreanischen Flagge, dem in einiger Entfernung südlich ein ebensolcher mit südkoreanischer Flagge gegenübersteht. Der Militärführer wird nicht müde zu betonen, dass das Gelände der DMZ auf nordkoreanischer Seite demonstrativ für den Ackerbau genutzt wird, und tatsächlich fallen teilnahmslos durch die Gegend schlendernde bäuerliche Gestalten auf, die sich anscheinend an die konstante Minengefahr bereits gewöhnt haben. Nicht weit entfernt von den Verhandlungsbaracken liegt sogar eine Ansammlung von Häusern, ein Dorfkollektiv der Bauern, das von südkoreanischer Seite aber als potemkinsches Propagandadorf bezeichnet wird und von dort betrach-

Hier wurde der Waffenstillstandsvertrag geschlossen

tet ehrlich gesagt auch so aussieht. Die Nordkoreaner wiederum sprechen von mehr als 200 Familien, die in der ›Panmum-Kooperative‹ konstant wohnen und Einrichtungen wie Kindergarten, Mittelschule und Krankenhäuser zur Verfügung haben. Schon möglich.

Ein Stück weiter von den Verhandlungsbaracken liegt die **Halle**, wo der Waffenstillstandsvertrag abgeschlossen wurde. Sie umfasst rund 900 Quadratmeter, was heute zu sehen ist, sind zwei große Tische, mit grünem Samt gedeckt, und ein kleiner Beistelltisch mit Dokumenten unter Glas in der Mitte. Auffallend ist, dass der nordkoreanische Tisch mit der Landesflagge einen gepflegten Eindruck macht, während der Tisch der Gegner mit einer vergammelten UNO-Flagge aufwartet.

Nachdem man in den Genuss dieser zeitgeschichtlich brisanten Umgebung gekommen ist, führt der Weg weiter dorthin, wo die Nordkoreaner dem Feind schmachvoll Aug' in Aug' gegenüberstehen: Direkt auf der DMZ-Linie stehen eine Reihe von kleinen **Pavillons**, davor und dahinter auf süd- beziehungsweise nordkoreanischer Seite je zwei große Gebäude mit Terrassen auf die jeweils gegenüberliegende Seite.

Die Szenerie ist bizarr: Auf nordkoreanischer Seite stehen braun uniformierte, allesamt recht magere Soldaten mit ernstem Gesichtsausdruck und mit dem Rücken zur südkoreanischen Seite, die mit Militärpersonal in blauen Uniformen und der Mützenaufschrift ›MP‹ (Military Police) abgesichert ist. Letztere machen einen gut durchtrainierten Eindruck, verfolgen jede Bewegung des Besuchers auf der nordkoreanischen Seite mit dem Fernglas und stellen eine demonstrative Wachsamkeit zur Schau. Bewegte Kameras und verspiegelte Außenscheiben auf dem südkoreanischen Wachgebäude lassen ebenfalls das Gefühl der ständigen Beobachtung aufkommen. Links auf der südkoreanischen Seite befindet sich ein Aussichtsturm, auf den neugierige Besucher von Seoul herangekarrt werden, um einen Blick in Feindesland zu erheischen. Winken, Gestikulieren, schlampige Kleidung und sonstiges unbotmäßiges Benehmen ist streng untersagt, Fotografieren dagegen ausdrücklich erlaubt.

In der gemeinsamen **Sicherheitszone** kann der Besucher einen der Pavillons besichtigen. Die Zone ist quer durch einen 40 Zentimeter breiten und sieben Zentimeter hohen Grenzstreifen, der die Demarkationslinie symbolisiert, genau in der

Die blauen Baracken an der Demarkationslinie

Karte S. 134

Nord- und südkoreanische Grenzsoldaten

Mitte abgeteilt. Innerhalb der Pavillons zieht sich die Grenze über die Verhandlungstische und wird von einem Mikrofonkabel dargestellt. Man kann das Kabel überschreiten, vor dem südkoreanischen Ausgang wird man angesichts der grimmigen Grenzsoldaten aber zurückschrecken. Der Besuch von Panmunjon ist insgesamt eindrucksvoll, besonders, wenn man auch schon Gelegenheit hatte, die Grenze von Süden aus zu besuchen. Man kann sich des Eindrucks nicht erwehren, dass beide Seiten eine enorme psychologische Propaganda-Maschinerie auf den Besucher loslassen. Auf südlicher Seite existiert ein Koreakrieg-Museum, das man nur betreten kann, indem man auf ein im Boden eingelassenes Bild von Kim Il Sung tritt – was eine ungeheure Schmach für den Norden bedeutet. Ferner wird im Süden gerne zumindest einer der sieben angeblichen ›Infiltrationstunnel‹ gezeigt, die den Südkoreanern zufolge die Nordkoreaner im Kalten Krieg unter der Grenze gegraben haben, um eine Offensive auf Seoul zu starten. Im Norden darauf angesprochen, neigen sowohl Reiseführer als auch Militärpersonal dazu, dies als südkoreanisches Propagandamärchen abzutun. Jedenfalls wird man im Süden durch einen solchen Tunnel geführt, kann aber nicht mit objektiver Sicherheit feststellen, wer tatsächlich der ›Bauherr‹ war und wozu er diente.

Mysteriös ist die Sache mit der **Mauer**, die Nord- und Südkorea teilt. 27 Kilometer östlich von Kaesong beginnt eine Teilungsmauer aus Beton, die 240 Kilometer lang und fünf bis acht Meter hoch sein soll. Anfragen, diese zu besuchen, werden allerdings abschlägig beschieden. Von Nordkorea wird die Mauer lapidar als ›Symbol der Trennung Koreas‹ bezeichnet. Untersucht man Satellitenbilder, zum Beispiel auf Google Earth, kann man Umrisse einer solchen Mauer tatsächlich erahnen. Teilweise dürfte es sich aber auch nur um langgezogene Panzersperren aus Beton handeln.

Fahrt von Südkorea zum Kaesong Industrial Complex

Seit Ende 2005 ist es für Ausländer möglich, die DMZ zu durchqueren, wenn man eine Besichtigungserlaubnis für den Kaesong Industrial Complex bekommt. Dies ist bisher lediglich Wirtschaftsdelegationen und manchmal auch Journalisten erlaubt. Man fährt dabei mit Bussen von Seoul nach **Paju** an der Nordgrenze Südkoreas und von dort weiter zur neu errichteten Grenzstation **Dorasan**. Dort gibt es eine offizielle Ausreise-Passkontrolle, bei der das mitgeführte Gepäck recht genau kontrolliert wird; man verlässt das Gebäude auf der anderen Seite, steigt wieder in den Bus und wird dann vom südkoreanischen Militär genau bis zur Hälfte der DMZ eskortiert, wo dann nordkoreanische Grenzsoldaten in Armeejeeps als Ablösung warten. Die Busse und alle anderen Autos, die aus Südkorea kommen, müssen die Nummerschilder mit einem Pappkartonstück verdecken und an der Antenne eine rote Fahne aushängen.

Grenzübergang zur DMZ von südkoreanischer Seite

Die Fahrt mit Eskorte geht weiter durch die insgesamt etwa vier Kilometer breite DMZ bis zu einer ebenfalls völlig neu errichteten **Grenzstation** auf der nordkoreanischen Seite. Man verlässt den Bus, der sogleich von Grenzsoldaten auf Zeitungen und sonstiges unerwünschtes Material gesichtet wird. Die Einreise erfolgt mit Gruppenvisa, um die mindestens drei Wochen vorher angesucht werden muss. Die Kontrollen sind relativ streng. Nicht erlaubt sind beispielsweise Fotokameras alter Bauart mit Analogfilmen, da die Aufnahmen bei der Ausreise im Gegensatz zu digitalen Kameras nicht kontrolliert werden können, so das Argument. Im Übrigen ist das Fotografieren während der Fahrt durch die DMZ streng verboten. Auch auf nordkoreanischer Seite sollte außer den Neubauten des Industriekomplexes nichts anderes fotografiert werden. An den Industriekomplex schließt sich noch eine kleine Ortschaft an, und dann sind es noch etwa zwei Kilometer bis nach Kaesong. Vom Komplex selbst kann man die beiden Fahnenmasten in der DMZ (Nord, Süd) gut erkennen, auch die Aussichtsplattform von Panmunjon im Süden ist zu sehen.

▲ Karte S. 134

Durch die DMZ zieht sich parallel zur Straße eine Bahntrasse, neben der eine alte, verrostete Dampflokomotive vor sich hin gammelt. Nach den Plänen der Entwickler der Wirtschaftszone soll diese Bahnlinie als Zubringer für den Industriekomplex Kaesong wieder eröffnet werden.

Einerseits könnten so Waren – die bisher mit LKW durch die DMZ nach Süden abtransportiert werden – per Bahn bis nach Seoul oder bis zu den Häfen in Incheon und zum dortigen internationalen Flughafen transportiert werden. Nach Norden hin führt die Bahnlinie bis nach Pyongyang und von dort weiter über Sinuiju nach China (Gyeongui-Linie). Im Mai 2007 wurde eine erste Eisenbahnfahrt durch die DMZ zelebriert. Regulären Verkehr gibt es noch nicht.

Die DMZ wurde auf dieser Strecke durch Räumkommandos beider Länder von Landminen befreit. Für den rund 250 Meter breiten Korridor für Straße und Bahnlinie mussten auf jeder Seite ungefähr 2000 Minen und die seit Jahrzehnten ungehindert sprießende Flora entfernt werden.

Myohyang-Berge

Eine Fahrt ins Myohyang-Gebirge ist an sich in jedem Nordkorea-Programm dabei, und es zahlt sich durchwegs aus, vor allem, weil sich dort die großartige ›Freundschaftsausstellung‹ für die beiden Führer Kim Il Sung und Kim Jong Il befindet. Weiters hat man Gelegenheit, die berauschende Schönheit der nordkoreanischen Bergwelt auf Wanderungen kennenzulernen, die leider je nach Gehlaune der Reiseführer und Zustand der Wanderwege eingeschränkt sein können. Am besten, man bespricht vorher, dass man einen längeren Ausflug durchaus in Kauf nehmen würde, dann werden auch die Reiseführer nicht nein sagen können. Die Nordkoreaner überschlagen sich in der Beschreibung der Schönheit von Myohyang, und das nicht zu Unrecht. Neben der landschaftlichen Anmut der sanft gewell-

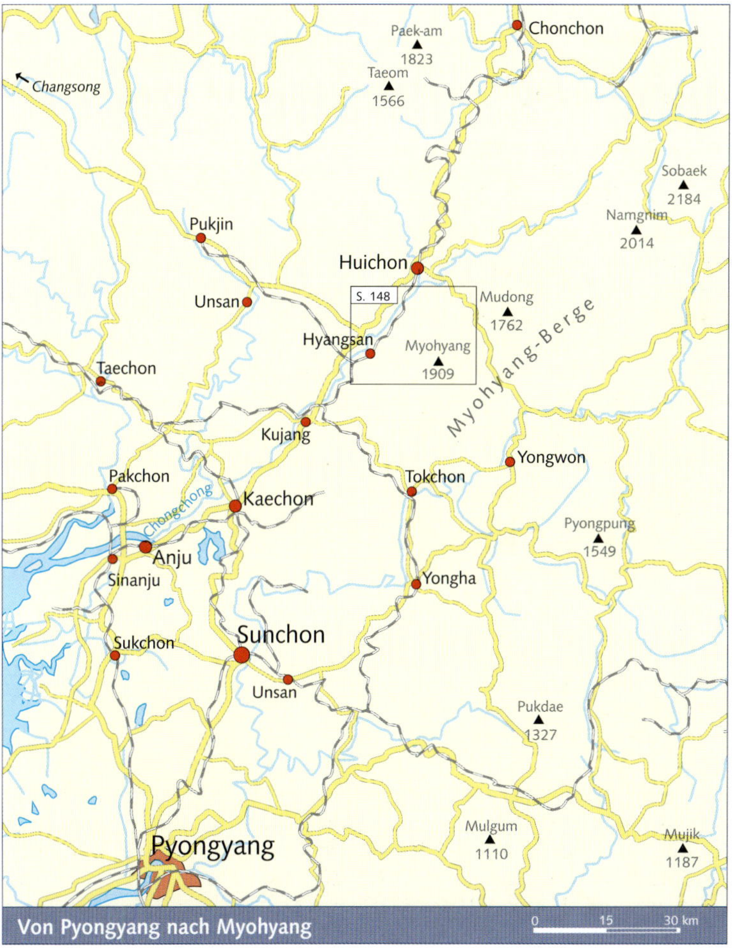

Von Pyongyang nach Myohyang

ten Gebirge ist die Artenvielfalt der Tiere und Pflanzen hervorzuheben. Es gibt 700 verschiedene Pflanzenarten, mehr als 30 Säugetierarten, 115 Vogelarten und mehr als 20 verschiedene Fischarten. Dazu kommen eine Menge von alten Pagoden, Tempel und Aussichtspavillons. Auf einer Reihe von Wanderwegen ist dies alles zu erkunden.

Meistens wird man in einem Stichausflug von Pyongyang nach Myohyang geführt. Es ist auch möglich, mit der Bahn dorthin zu reisen, wenn man diesen Wunsch rechtzeitig äußert. Die Strecke beträgt rund 160 Kilometer auf den gut ausgebauten, einsamen Autobahnen. Auf der Fahrt kommt man an einigen kleinen Städten vorbei, sieht verschiedene Industriekomplexe aus der Ferne, wundert sich, dass aus den Schornsteinen kein Rauch aufsteigt und sieht rätselhafte, verrostete Lokomotiv-Leichen auf den Schienen liegen, die offensichtlich niemand der Mühe wert befindet, wegzuräumen. Die Route führt anschließend entlang des Myohyang-Flusses. Die Unterbringung erfolgt meist in dem pompös angelegten **Hyangsan-Hotel** am Eingang zum Myohyang-Tal, von dem aus man leicht die Freundschaftsausstellung und die Ausgangspunkte der Wanderwege erreicht. Je nach Besucherfrequenz kann man dort aber nicht immer mit ausreichender Energieversorgung oder gleich fließendem Warmwasser rechnen.

Freundschaftsausstellung

Erster Fixpunkt bei einem Myohyang-Besuch ist die Freundschaftsausstellung. Es handelt sich um zwei pagodenartig angelegte Prachtanlagen mit riesigen Portalen, die vor den Berg gebaut sind und sich in seinen Eingeweiden fortsetzen. Ursprünglich nur für den ›Großen Führer‹ angelegt, ergab sich nach dessen Tod bald die Notwendigkeit, auch für den ›Lieben Führer‹ eine solche Anlage anzulegen. Das ganze hat hochreligiösen Charakter und ist auf seine Art einzigartig auf der ganzen Welt.

Betritt man die heiligen Hallen, hat man sich einen Schuhüberzug anzuziehen, um keinen Schmutz zu hinterlassen. Es folgt ein langer, marmorverkleideter Gang, in

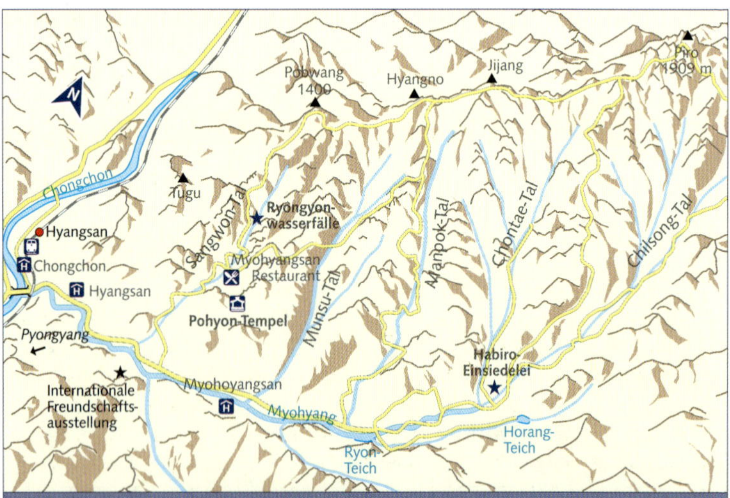

Die Myohyang-Berge

Eingang zur Freundschaftsausstellung

dem aus verborgenen Lautsprechern dezent die ›Internationale‹ hallt. Anschließend durchquert man zahlreiche **Devotionalienräume** auf den je fast 30 000 Quadratmetern Fläche, in denen das Licht mit Sensoren an- und ausgeht, da die gesamte Anlage keine Fenster hat. Hinter Glas ist ein absurdes Sammelsurium an Gegenständen ausgestellt, die von kunsthistorisch-geschichtlichem Wert oder aber reiner Plunder sind: Gaben von Staatsmännern, Diplomaten, halboffiziellen Besuchern und sonstigen Delegationen aus mehr als 150 Ländern der Welt. Diese bestehen zum Beispiel aus Prachtschwertern aus dem Orient oder Löwenfellen aus Afrika, aber auch aus kitschigen Zinntellern oder japanischen Elektrogeräten: Dieses Museum der Huldigung ist eine ganz besondere Mischung. Will man alle Räume in beiden Freundschaftsausstellungen sehen, ist man wahrscheinlich wochenlang beschäftigt. So wird man von den Reiseleitern nur durch die wichtigsten geführt, vor allem durch jene Räume, die den Ländern gewidmet sind, aus denen man selbst stammt. Unabdingbar ist ein Anstandsbesuch vor einer **Wachsstatue von Kim Il Sung** im westlichen Business-Anzug, bei dem man sich tunlichst zu verneigen hat. Begleitet wird man von einer Dame im traditionellen koreanischen Kostüm, die einen durch die Hallen treibt, als hätte sie es sehr eilig. Wenn möglich, erhascht man Blicke auf die besonders prominenten Gaben eines Stalin, Castro, Mao Tse-Tung, Honecker, Ceausescu, Gaddafi, von auffallend vielen Staatschefs aus Afrika und teilweise auf Juxgeschenke westlicher Delegationen, die aber ebenso ernsthaft hinter Glas aufbewahrt werden, wie zum Beispiel eine Honigkerze mit Wappen oder ein billiger Bierkrug. Höhepunkte sind die schusssichere Staatslimousine von Stalin, ein Zugabteil von Mao Tse-Tung, ein ausgestopfter Alligator von den Sandinisten, aber auch Geschenke südkoreanischer Firmen wie Samsung oder Hyundai in Form von Breitwand-Fernsehgeräten oder Luxuslimousinen. Alles in allem kommt man aus dem Kopfschütteln nicht heraus, sollte dies aber um des lieben Friedens willen nicht zeigen. Ein Mittagssnack beruhigt die aufgewühlten Nerven mit einem schönen Ausblick auf die Myohyang-Täler.

Tempelanlage im Sangwon-Tal

Wanderungen um Myohang

Kämpft man sich durch die Schulklassen durch, die in militärischem Drill zur Freundschaftsausstellung eskortiert werden, gelangt man wieder zurück zum Hyangsan-Hotel und kann von dort weitere Ausflüge in Angriff nehmen. Es gibt eine Reihe von gekennzeichneten, wenig anstrengenden Wanderwegen durch eine schöne Landschaft, durch Flusstäler und an Wasserfällen vorbei. Der höchste Berg der Gegend ist der **Piro** mit 1909 Metern.

■ Sangwon-Tal

Es gibt insgesamt fünf Täler, die bewandert werden können, wenn man sich die Zeit dafür nimmt. So zum Beispiel das Sangwon-Tal, das erste auf der Strecke den Myohyang-Fluss stromaufwärts. Die gesamte Länge der Wanderroute beträgt 14 Kilometer und führt zum **Pobwang-Gipfel** und retour. Entlang der Wanderroute finden sich eine Reihe von Tempelpavillons, Wasserfällen, kleinen Bergseen und buddhistischen Bauten. Hervorzuheben sind ein **Mönchsfriedhof** am Eingang des Tales, mehrere große **Wasserfälle**, **Pavillons** auf Felsen, ein kleiner **buddhistischer Tempel** und diverse **Einsiedeleien**. Zum Ende des Aufstiegs gelangt man auf die Spitze des Popwang-Berges, rund 1400 Meter hoch, von dem man eine atemberaubende Aussicht genießen kann. Auf dem Rückweg trifft man wiederum auf einige Tempel und Klöster, die teilweise mit wundervollen Gärten ausgestattet sind.

■ Manpok-Tal

Der nächste Wanderweg befindet sich im Manpok-Tal, der von einer Reihe von Wasserfällen begleitet ist. Die Länge des Wanderwegs auf die Spitze, den **Hyangno-Berg**, und zurück, beträgt rund 13 Kilometer. Gleich beim Anstieg aus dem Myohang-Tal trifft man auf fünf **Wasserfälle** und die besonders sehenswerten neunstufigen Wasserfälle etwa in der Mitte des Weges. Ein **Pavillon** und ein **buddhistischer Tempel** befinden sich dort.

■ Chilsong-Tal

Der attraktivste Wanderweg führt unterdessen auf den **Piro-Berg** durch das Tal des Chilsong. Man geht oder fährt rund fünfeinhalb Kilometer vom Hangsan-Hotel zur Abzweigung des Chilsong-Tales, legt 2,3 Kilometer bis zur **Habiro-Einsiedelei** zurück und kann dann mit dem Aufstieg beginnen. Je nach Route trifft man wiederum auf eine Reihe von Wasserfällen, Felsformationen und Pavillons. Wählt man einen Rundwanderweg, durchquert man zunächst das **Chontae-Tal** und gelangt auf die **Wonmang-Spitze**, von dort geht es über die **Chingwi-Spitze** auf den **Piro**. Dieser überragt eine Hochebene, auf der im Juli und August farbenfrohe Blumenteppiche erblühen. Auf dem Rückweg durch das Chilsong-Tal trifft man auf Höhlen, wiederum auf Wasserfälle, Quellen und Bergseen.

Myohyang-Gebirge

Hyangsan-Hotel, zentrales Hotel am Eingang zum Myohyang-Gebirge; 15 Stockwerke, 228 Zimmer. Ausgangspunkt für Wanderungen und den Besuch der Freundschaftsausstellung, pyramidenförmig angelegt, die meisten Zimmer mit Balkon, eingebettet in eine schöne bewaldete Umgebung, First Class-Standard, rotierendes Restaurant im obersten Stockwerk.

Chongchon-Hotel, am Myohyang-Berg nahe dem Chongchon-Fluss; 3 Stockwerke, 33 Zimmer. Gebäude in traditionellem koreanischem Stil, Dreisterne-Standard.

Chongbyong-Hotel, am Myohyang-Fluss, zwölf Kilometer von Hyangsan; 3 Stockwerke, 22 Zimmer. Haus im koreanischen Stil, Dreisterne-Standard.

Der Osten Nordkoreas ist vielfach noch terra incognita für Ausländer, abgesehen von der Industriestadt Hamhung, dem Badeort Wonsan, dem Touristengebiet in den Kumgang-Bergen und dem Ausflugsziel Paekdu.
Richtung Nordosten wird es noch geheimnisvoller, dort befinden sich im Hinterland die unterirdischen Raketenanlagen des Regimes, eine absolute Sperrzone für Besucher. Hoch im Nordosten, wo Nordkorea eine kurze Grenze mit Russland teilt, liegt die Freihandelszone von Rajin-Sonbon, ausgestattet mit einer Ölraffinerie und einem Hafen. Dieses Kapitel geht auch auf die anderen maßgeblichen Sonderwirtschaftszonen in Nordkorea ein.

Strand beim Sijung-See in der Nähe von Wonsan

DER OSTEN UND DIE SONDERWIRTSCHAFTSZONEN

Die Ostküste

Wonsan

Die Stadt Wonsan an der Ostküste Nordkoreas gilt als beliebter Badeort für Einheimische, insbesondere Schulklassen auf Sommerurlaub im Camp, und als eine der wenigen Gegenden, wo auch Touristen im Rahmen eines regulären Aufenthaltes dem Badevergnügen frönen können. Wonsan hat auch einen Hafen, der unter anderem als Schiffsverbindung zu Japan dient, und ausgedehnte Trockendocks, die für militärische Zwecke angelegt sind, sowie einige große Industriebetriebe, Universitäten und Fachschulen. Wonsan ist von Pyongyang über eine Autobahn und auch über eine Zugsverbindung erreichbar, die Entfernung beträgt rund 200 Kilometer, ist mit dem Auto also auf den leeren Straßen in annehmbarer Zeit zu schaffen.

Songdowon

Der eigentliche Badebezirk befindet sich im nordwestlichen Stadtteil von Wonsan, in Songdowon. Sandige Strände, blaues Meer, Pinienwälder und eine zarte Brise machen den Aufenthalt tatsächlich zu einem erholsamen Erlebnis in einer pittoresken Umgebung, wäre da nicht die flankierende unsensible Betonarchitektur der Hotels und der Wohnbauten an der Küste selbst. Wie auch immer, geboten wird dem Reisenden ein Areal von 500 Hektar Fläche in Songdowon, mit botanischen Gärten, Zoos, Blumenwiesen, Lotosteichen, Freilufttheatern, Pavillons und Kinderspielplätzen. In den Pinienwäldern versteckt finden sich Ferienhäuser und Sportplätze für diverse Freizeitaktivitäten.

Der **Blumengarten** nach chinesischem Muster bietet einen großen Lotosteich, ein Badehaus, einen Brunnen und verschiedene andere Annehmlichkeiten zur Zerstreuung. Im nahegelegenen **Park** kann man Bootsfahrten auf einem künstlichen See unternehmen. Auf dem Gelände befindet sich auch ein **Internationales Kindercamp**, das in erster Linie auf Größe angelegt ist. Auf mehr als 340 000 Quadratmetern können bis zu 1200 Kinder untergebracht werden. Dazu gibt es eine Internationale Freundschaftshalle, Restaurant, Swimmingpool, Theater, Bibliothek, Tischtennishalle, Spielplatz und noch einiges andere mehr.

In Wonsan ist der Reisende mit hoher Wahrscheinlichkeit in einem der folgenden Hotels untergebracht: Im **Kaeson-Hotel**, im **Wonsan-Hotel** oder im **Songdowon-Gästehaus**, die allesamt dem in Nordkorea für touristische Gäste aus dem Ausland üblichen Standard entsprechen, also an sich eine gute Qualität haben; man darf aber nicht die größten Ansprüche an eine unterbrechungsfreie Strom- oder Warmwasserversorgung stellen. Jedenfalls sind die Touristenstrände in Gehweite, wenngleich man sie in den allermeisten Fällen nur in Begleitung der ›Reiseleiter‹ wird aufsuchen können.

Blick auf Wonsan vom Songdowon-Gästehaus

Kooperative Chonsam

Auf der Tourliste steht auch meistens die Kooperative Chonsam, eine Gemeinschaft von ungefähr 300 Haushalten, die - entfernt vergleichbar etwa einem sozialistischen Kibbuz - gemeinsam Ackerbau und Viehzucht betreiben und die Produkte ihrer Arbeit zum Teil auch selbst verwerten können. Die Kooperative funktioniert planwirtschaftlich, mit Produktionszielen, durchgeplantem Tagesablauf, gegenseitiger Kontrolle und auch Sanktionen bei Nichterreichung von Zielen. Ein solcher Abstecher bietet eine der wenigen Gelegenheiten, einmal eine nordkoreanische Familie in ihrem eigenen Haus besuchen zu können. Über die fast schon elende Einfachheit der Lebensumstände der Bauern kann man nur erstaunt sein.

Tongjong- und Sijung-See

In der Umgebung von Wonsan befinden sich zwei große Seen, der Tongjong-See und der Sijung-See. Ersterer ist 37 Kilometer entfernt und durch einen großen Sandhügel auf natürliche Weise vom Meer abgetrennt worden. Heute dient er als Baderesort.

Zweiterer liegt 47 Kilometer südlich von Wonsan auf der Route in die Kumgang-Berge, ist mit 3,5 Metern Tiefe recht flach und ist mit seinem **Sanatorium** am Ufer auch eine Stätte für Kuraufenthalte. Die Spezialität des Sanatoriums sind Schlammpackungen. Meist werden der See beziehungsweise das Sanatorium als Zwischenstation am Weg in die Kumgang-Berge angefahren, zumal man hier auch baden oder Muscheln sammeln kann.

Wonsan

Songdowon Tourist Hotel, am Kaeson-Platz, Tel. +850/3812461, +850/381-2480; 11 Stockwerke, 164 Zimmer. Dreisterne-Standard.

Songdowon Tourist Hotel, im Erholungsgebiet Songdowon. Drei Gebäuden mit 125 Zimmern und einem Restaurant mit 500 Plätzen, Dreisterne-Standard.

Tongmyong-Hotel, in Pongchun-dong; 9 Stockwerke, 52 Zimmer. Dreisterne-Standard.

Songdo-Restaurant, im Songdowon-Erholungsbezirk. Spezialitäten sind Nudeln aller Art und Erbsenkuchen.

Kaufhaus Wonsan, Kaeson-Platz beim Songdowon-Hotel. Unter Umständen Badeartikel.

Songdowon Souvenir Shop, direkt am Strand. Mitbringsel, Badeartikel.

Karte S. 155

Hamhung

Ein nicht so frequentiertes Reiseziel, aber dennoch von Interesse, ist die Stadt Hamhung an der Ostküste nördlich von Wonsan. Hamhung ist nach Pyongyang die zweitgrößte Stadt des Landes und stark auf Industrieproduktion ausgerichtet. Trotz der eher uninteressanten Peripherie mit mehr oder weniger aktiven Fabriken ist die Lage der Stadt, 113 Kilometer von Wonsan entfernt, attraktiv. Sie ist per Auto oder auch per Bahn erreichbar, sofern diese auch in Betrieb ist. Man durchquert auf dem Weg dorthin eine abwechslungsreiche Küstenregion, gesäumt von Kohleabbau-Regionen, aber auch mit Alleen von uralten Gingko-Bäumen.

Hamhung selbst liegt am Songchon-Fluss, hat als Hafen eine entsprechend belebte

Funktion als Warenumschlagplatz, aber dennoch einige Sehenswürdigkeiten aufzuweisen. Dazu gehört zum Beispiel der **Tonghung-Hügel**, der sich am Nordrand der Stadt erhebt. Auf ihm befinden sich eine Reihe von Pavillons, und er überragt ein aufschlussreiches Industriegebiet. Der **Kuchon-Pavillon** auf der Spitze des Tonghung ist ein Relikt aus der Koryo-Epoche und wird deswegen von den Ansässigen wertgeschätzt. Wie viele andere koreanische Städte befindet sich hier auch eine alte **Stadtmauer**, diesmal am Fuße des Tonghung-Hügels. Ebendort wurde auch die **Sonhwa-Halle** im 15. Jahrhundert, der Li-Dynastie, als Versammlungsort errichtet.

Der **Strand** von Hamhung ist in eine Erholungszone aufgegliedert, in der auf rund 300 Hektar und auf 25 Kilometern Länge Strandbesuche möglich sind. Die üppige Vegetation spendet viel Schatten, und auf dem Freizeitgelände finden sich Bademöglichkeiten, Camps und diverse Raststätten. Untergebracht wird man in Hamhung aller Voraussicht nach in einem der beiden Touristenhotels, **Majon** oder **Sinhungsan**.

Zu zweifelhaftem Ruhm gelangte Hamhung in der Weltöffentlichkeit, als entdeckt wurde, dass jeweils im Westen und im Osten der Stadt sich verschiedene Chemiefabriken der Pestizidherstellung widmen, die unter anderem auch als chemische Kampfstoffe eingesetzt werden können, heißt es. Rund um Hamhung befinden sich jedenfalls eine Reihe von Kohleminen, dem Vernehmen nach auch eine nukleare Energieanlage.

Hamhung

Sinhungsan-Hotel, beim Tonghung-Hügel im Songchongang-Bezirk; 6 Stockwerke, 76 Zimmer. Dreisterne-Standard.

Majon Tourist Rest Home, im Majon-Erholungsbezirk; zweistöckige Ferienhäuser, 84 Zimmer.

Kumgang-Berge

Dieser Teil Nordkoreas nimmt in touristischer Sicht eine Sonderstellung ein. Zum einen ist er ein beliebtes Ziel auf diversen geführten touristischen Routen, zum anderen geriet die Gegend in die Schlagzeilen, weil sie die einzige ist, die mittlerweile von Südkorea aus – natürlich unter strenger Isolation –

In Hamhung

Karte S. 157

per Schiff angefahren werden darf. Der Hyundai-Konzern, dem Norden durch diverse Sponsoring-Aktivitäten auffallend freundschaftlich verbunden, hat eine Reiseroute für Besucher aus Südkorea ausverhandelt und sich dies einiges an Abschlagszahlungen kosten lassen. Dennoch, die teure Reise wird gerne gebucht, schließlich hat sie auch etwas mit Nervenkitzel zu tun. Am 18. November 1998 hat das Reiseschiff ›Kumgang‹ von Südkorea aus die erste Reise in Richtung des nordkoreanischen Kumgang-Gebirges gestartet. Dies ist nach der Vereinbarung zwischen dem ehemaligen Konzernchef von Hyundai, Ju-Yung Chung, und Kim Jong Il zustande gekommen. Ju-Yung Chung hat damals Nordkorea Rinder spendiert und eine Einigung mit dem nordkoreanischen Staatschef über das Kumgang-Reiseprogramm erzielt. Zwei Jahre danach geriet das Reiseprogramm wieder in die Klemme, denn Nordkorea hatte unzumutbar hohe Einreisegebühren verlangt, und wegen des Mangels an Unterhaltungsmöglichkeiten sank die Zahl der südkoreanischen Touristen allmählich wieder. Mittlerweile scheint das Projekt wieder auf Schiene zu sein. Eine (noch nicht genutzte) Eisenbahnverbindung (Donghae-Linie) und eine Straße zwischen Süden (Jojin) und Norden (Onjong-ri) am östlichen Ende der DMZ führen durch die Sperrzone und dann über die nordkoreanische Ortschaft **Kosong** über insgesamt 27 Kilometer in eine Talsohle des Kumgang-Gebirges, wo sich das Hyundai-Resort befindet. Für die Öffnung von Bahnlinie und Straße mussten genauso wie bei der Verbindung Dorasan–Kaesong im Westen je rund 2000 Minen in beiden Hälften der DMZ geräumt werden, um einen etwa 100 Meter breiten, sicheren Korridor zu schaffen.

Darüber hinaus sind sich beide Seiten einig, im Kumgang-Gebirge neben der mittlerweile funktionierenden Tourismus-

Die Kumgang-Berge

zone auch eine Sonderwirtschaftszone einzurichten. Die finanziellen Probleme Hyundais durch die südkoreanische Wirtschaftskrise in den Neunzigern haben diese Pläne aber vorerst zwischenzeitlich gestoppt, nun werden sie aber wieder aktuell (→ Sonderwirtschaftszonen, S. 179).

Seit Beginn des Reiseprogramms im November 1998 wurden auf nordkoreanischer Seite zwischen 400 und 500 Millionen US-Dollar Gewinn gemacht, für das Reisebüro Hyundai Asan (www.hyundai-asan.com) fiel erst 2005 erstmals ein bescheidener operativer Überschuss ab, obwohl seit Start rund 1,4 Millionen Touristen (Stand Oktober 2006) das Kumgang-Resort besuchten und nicht wenige von ihnen zum Beispiel für die Mitgliedschaft im dortigen **Diamond-Country-Golfclub** die Kleinigkeit von 20 000 US-Dollar im Jahr bereitwillig zahlen. Überdies hat Nordkorea die Städte **Nadjin** und **Sanbon** etwas nach außen geöffnet und versucht, ausländische Investitionen im Schlepptau von Hyundai zu erhalten. Für die Jahre 1998 bis 2004 soll Nordkorea allein für die touristische Nutzung 940 Millionen US-Dollar vom Hyundai-Konzern erhalten haben, der dafür ein eigenes Reisebüro, Hyundai Asan gegründet hat. Zusätzlich zu den Erträgen aus dem Tourismus erhielt Nordkorea für die Jahre 1998 bis 2005 von Hyundai insgesamt Nutzungs- und Pachtgebühren, Zölle und Steuern für die Ferienregion in der Höhe von 942 Millionen US-Dollar. Die Erweiterungsprojekte von Hyundai gehen von Investments in noch größerer Höhe im Laufe der nächsten Jahre aus.

Einen Rückschlag erlitt das Projekt Anfang August 2003, als der Geschäftsführer von Hyundai Asan, Chung Mong Hun, in Seoul Selbstmord beging. Ihm wurde vorgeworfen, mit Schmiergeldern an Pyongyang zum historischen Gipfeltreffen zwischen Kim Jong Il und dem südkoreanischen Präsidenten Kim Dae Jung beigetragen und diese in den Bilanzen vertuscht zu haben. Die Hyundai-Reisen nach Kumgangsan wurden danach ›als Zeichen des Respekts‹ kurzfristig ausgesetzt.

Wasserbecken beim Kuryong-Wasserfall

Tourismus

Die Masse der Touristen übernachtet auf den **Schiffen**, die alle Annehmlichkeiten von Luxushotels bieten. Eine weitere schwimmende sechsstöckige **Hotelinsel** liegt im Hafen vor Anker. Bei der Einreise nach Nordkorea müssen sich Touristen einer ›große Kontrolle‹ genannten Einreiseprozedur unterzie-

▲ Karte S. 159

hen. Dabei wird gründlich kontrolliert, ob die geltenden Auflagen eingehalten werden, wie Handy-Verbot, keine Kameras mit Zoom-Objektiven, keine Radios und keinerlei südkoreanische Hoheitsabzeichen. In der Kumgang-Region dürfen sich die südkoreanischen Touristen nur in eng abgegrenzten Bereichen bewegen, die durch zwei Meter hohe Zäune mit Stacheldrahtaufbau gesichert und von nordkoreanischen Soldaten rund um die Uhr bewacht werden. Hyundai hat im Kumgang-Gebirge eine beachtliche Infrastruktur geschaffen: mehrere **Großrestaurants** zur Abfertigung von hunderten von Gästen gleichzeitig, ein traditionelles koreanisches **Mega-Badehaus** mit örtlichem Thermalheilwasser, **Souvenirshops** und eine große **Veranstaltungshalle**, in der der nordkoreanische Staatszirkus regelmäßig auftritt. Mehrere hundert Touristenführer, meist Sport- und Touristikabsolventen sowie Philippinos und aus Nordchina stammende Koreaner sorgen rund um die Uhr dafür, dass es den Gästen an nichts fehlt. Spürbar ist das Bemühen um einen ›sanften‹, die Umwelt nicht belastenden Tourismus. Die Besucher werden gerade bei den Gebirgswanderungen zu einem entsprechenden Verhalten gemahnt und auch immer wieder dazu angehalten.

Sehenswertes

Das Kumgang-Gebirge (Kumgang=Diamant) gilt als eines der landschaftlich schönsten der koreanischen Halbinsel. Rund 12 000 Bergspitzen säumen die Region, im Frühling blühen die verschiedensten Blumenarten, im Sommer hat man einen wunderbaren ungetrübten Ausblick auf das Japanische Meer (Koreanisches Ostmeer), und der Herbst taucht die gebirgige Landschaft in satte Farben. Die höchste Erhebung im Kumgang-Gebirge ist der 1639 Meter hohe **Piro-Berg** (nicht zu verwechseln mit dem Piro im Myohang-Gebirge). In den Bergen befinden sich zahlreiche historische **Tempel** und **Kultbauten** sowie diverse **Huldigungsstätten für Kim Il Sung**.

Ojong-Ri

Während man vom Süden nur mit dem Hyundai-Schiff oder über die DMZ-Verbindung in das abgeschlossene Resort gelangt, nähert man sich vom Norden über Wonsan dem Kumgang-Gebirge, das in die Küstenregion, in eine äußere und eine innere Region eingeteilt ist. Eine Straße führt von Wonsan rund 110 Kilometer entlang der Küste in die Berge. Ziel ist vorerst einmal die Kosong-Region am Fuße des Gebirges, wo man in Ojong-Ri im **Kumgangsan-Hotel** untergebracht wird. Dort befindet sich eine heiße Quelle etwa 300 Meter vom Hotel entfernt, die Gegend wird aber hauptsächlich als Ausgangspunkt für Besuche des Kumgang-Gebirges von nordkoreanischer Seite aus benutzt.

Zwölf Kilometer Richtung Berge befindet sich ein natürlicher warmer Teich inmitten von Pinienhainen, der **Kuryong-Teich** nahe dem Ort **Mongnan** mit einem idyllisch gelegenen Restaurant. Auf dem Weg weiter in die Berge passiert man eine Reihe von Wasserfällen und natürlichen Teichen, die teilweise sehr spektakulär oder romantisch anzusehen sind.

Manmul-Gebirge

Eine sehenswerte Region ist das Manmul-Gebirge, das rund zehn Kilometer vom Kumgangsan-Hotel entfernt ist. Dort befinden sich enorme Felsformationen in seltsamer Gestaltung sowie diverse Pavillons und Quellen entlang der Wanderrouten. Eine Bergwanderung kann man weiters zur **Sujong-Spitze** unternehmen, vorbei an malerischen Wasserfällen, Höhlen und weiteren Felsformationen.

Samil-Lagune und Kumgang-Küste

Rund zwölf Kilometer von Onjong-Ri befindet sich die **Samil-Lagune**, ein malerischer Binnensee, der mit Booten zu befahren ist, ein schönes Restaurant beherbergt, das halb in den See hinein gebaut ist und an dessen Ufern zahlreiche Pavillons stehen. Sechs Kilometer östlich der Lagune liegt die **Kumgang-Küste**, wo auch die Schiffe aus Südkorea ankommen. Die felsige Küstenlandschaft ist allein schon einen Sightseeing-Trip wert, die Unberührtheit der Natur tut ihr übriges. Wäre man nicht in Nordkorea, würde sich diese Region hervorragend als Filmkulisse für eine Robinsonade eignen. Felsformationen im Meer erzeugen eine phantastische Szenerie, insbesondere rund um die Küste bei **Manmulsang**, **Sondol** und bei den **Sol-Inseln**. Die Felsentürme erheben sich bis zu 50 Meter und sind in der buddhistischen Mythologie der Region fest verankert.

Aufstieg zum Piro

Auf dem Weg in die innere Region des Kumgang-Gebirges liegt das **Tal des Man-Flusses**. Man passiert das Gebirgsdorf **Naegang**, buddhistische Stätten wie den **Phyohun-** und den **Jongyang-Tempel** sowie mythische Felsformationen. Im Tal des Manpok-Flusses wiederum eröffnen sich eine Reihe von Gebirgsteichen, zu denen eine Wanderung sich absolut auszahlt, alleine, um die ›Schwingung‹ der fast unberührten Landschaft zu genießen. In der Nähe liegt die **Region Paegundae**, mit verschiedenen kleinen Tempeln und Pavillons, bis man schließlich zum Aufstieg auf den **Piro-Berg** gelangt. Dieser ist wie erwähnt die höchste Erhebung in der Region. Geht man den empfohlenen Wanderweg, gelangt man nach einiger Zeit zu einer in den Fels gehauenen Buddha-Statue, der **Myogil-Statue**. Diese wurde in ihrem ursprünglichen Zustand belassen und gibt der Gegend eine für Nordkorea untypische religiöse Aura.

Der weitere Anstieg auf den Piro-Berg kann recht steil und anstrengend werden, langweilig ist er jedoch nicht. Der Weg auf die Spitze führt über Felsstufen, die die **Silberne** und **Goldene Leiter** genannt werden. Am Gipfel, der mit runden Felsen gesäumt ist, wird man schließlich mit einem atemberaubenden Panorama belohnt.

Kumgang-Gebirge

Sijung-Sanatorium, 44 Kilometer südlich von Wonsan am Weg ins Kumgang-Gebirge; 2 Stockwerke, 20 Zimmer. Mit einem Schlammpackungs-Angebot.

Kumgangsan-Hotel, in Onjong-Ri bei Kosong; 526 Zimmer. Große Anlage mit sieben turmförmigen Häusern. First Class, Ausgangspunkt für Ausflüge in die Kumgang-Region.

Oegeumgang-Hotel, in der Nähe des Kumgangsan-Hotels; 11 Stockwerke, 179 Zimmer. Ehemaliges Hotel für nordkoreanische Parteikader, renoviert und neu eröffnet von Hyundai Asan im Juli 2006, fünf Sterne, Restaurant.

Haekumgang-Hotel, in der Bucht des Kumgang-Gebirges bei den Anlegestellen der Hyundai-Ausflugsschiffe von Südkorea; 157 Zimmer. Restaurant, Karaoke-Bar, Nachtclub, Massagen.

Kumgang Family Beach Hotel, neben dem Golfclub an der Küste; 97 Zimmer. Villenanlage, Hotel und Apartments, Restaurant, Karaoke, Geschäfte, Sportmöglichkeiten.

Mongnan-Restaurant, in der Nähe der Kuryong-Wasserfälle. Spezialitäten sind Reiskuchen, rohes und gegrilltes Fleisch je nach Jagdsaison und Fischgerichte.

Tanpung-Restaurant, am Strand des Samil-Sees. Spezialitäten sind Reisgerichte und Fisch.

▸ Karte S. 159

Der Nordosten

Die Ostküste Nordkoreas ab Wonsan ist in mehrfacher Hinsicht noch terra incognita für Reisende. Bis jetzt liegt diese Region nicht unbedingt auf den Routen der staatlichen Tourismusprogramme, und Bestrebungen, sie zu besuchen, werden meistens abschlägig beschieden. Dies hat einerseits damit zu tun, dass die touristische Infrastruktur, wenn man von einer solchen überhaupt sprechen kann, bis auf wenige Ausnahmen wie Kyongsong nicht sehr ausgeprägt ist. Und der zweite, wichtigere Punkt ist, dass die Gegend streckenweise ein militärisch hochsensibles Gebiet ist. An der Küste befinden sich in verborgenen

Buchten mehrere Häfen der Kriegsmarine mit Schiffen und U-Booten – auffällig oft sieht man halbversunkene Wracks aus dem Meer ragen –, auf manchen vorgelagerten Inseln gibt es befestigte Stellungen. Große Teile der Hügel und Gebirge in dem traditionellen Bergbaugebiet aus zum Teil vulkanischem Gestein sind untertunnelt, in anderen Regionen sind auf Satellitenbildern Militärflughäfen auszumachen. Auch ›Umerziehungslager‹ befinden sich in dieser Gegend. Die neuralgischste Zone beginnt gleich südlich von Tanchon mit der atomaren Anlage von Kumho-Ri beziehungsweise Soho-ri bei **Shinpo**. Mit der Errichtung der Anlage mit einem Investitionsvolumen von 4,5 Milliarden US-Dollar wurde 1994 nach dem sogenannten Genfer Abkommen mithilfe eines westlichen Länderkonsortiums begonnen. Sie wurde unter anderem von der Schweizer ›ABB‹ geplant – im Gegenzug sagte Nordkorea zu, auf seine alten graphitgesteuerten Reaktoren vorwiegend russischer Bauart zu verzichten, in denen vermutlich bombentaugliches Plutonium angereichert wurde. Durch die dauernden diplomatischen Spannungen und letztlich den Austritt Nordkoreas aus dem Atomwaffensperrvertrag wurden die Arbeiten an den beiden Reaktoren Ende 2003 aber ausgesetzt und Anfang 2006 komplett eingestellt. Wie es weitergeht, ist unklar.

Ein weiteres halbgebautes Atomkraftwerk befindet sich in **Tanchon**, ein 200-Megawatt-Reaktor mit Graphitstäben. Mit dem Bau wurde 1990 begonnen, die Arbeiten wurden aber ebenfalls eingestellt. Die ›neue Atompolitik‹ Nordkoreas gibt allerdings westlichen Beobachtern Grund zur Annahme, dass die Arbeiten zur Fertigstellung im Jahr 2005 wieder aufgenommen wurden. Die USA haben ausgerechnet, dass die Anlage mit ihren zwei Reaktoren in der Lage wäre, jährlich 275 Kilogramm Plutonium zu produzieren, was für 50 Atombomben ausreichen würde. Sichere Erkenntnisse über einen Weiterbau liegen aber nicht vor, und eventuell vorbeireisenden Touristen wird man die Anlage schon alleine aus diesem Grund eher nicht vorführen. Die weiteren Probleme, in diese Region zu reisen, liegen darin, dass sich zwischen Taechon und Chongjin auch zwei Arbeitslager (›Camps‹ Kwan li so Nr. 16 und Nr. 25) befinden. Und letztlich liegt

▲ Karte S. 163

Landeanflug am Orang-Flughafen

in der Region, und zwar in den schwer zugänglichen Gebirgstälern des südlichen **Chilbo-san,** auch das umstrittene Atombomben-Testareal, das am 9. Oktober 2006 für Aufregung gesorgt hatte. Das Gelände befindet sich in einer stark untertunnelten Region etwas nördlich von Kilchu nahe Kimchaek, jedenfalls haben seismische Daten diesen Ort als wahrscheinlichsten für den unterirdischen Bombentest ausgemacht.

Ein weiterer Punkt ist, dass die nordöstlichen Regionen zum Teil mit Menschen besiedelt sind, die in der nordkoreanischen Gesellschaftshierarchie weiter ›unten‹ stehen. So leben in Nordhamgyong zahlreiche ehemalige Kriegsgefangene aus dem Koreakrieg, die zwischen 1953 und 1960 dort angesiedelt wurden, und ihre Nachfahren.

Das alles macht Reisen in dieser Region stark von der politischen Situation und militärischen Geheimhaltungsinteressen abhängig. Wenn es doch möglich sein sollte, lohnt sich eine Reise, denn die Städte und Orte in dieser Gegend warten durchaus mit ein paar Sehenswürdigkeiten auf.

Tanchon und Komdok

In **Tanchon** sowie im etwas weiter landeinwärts befindlichen Komdok zum Beispiel kann man nordkoreanischen Bergbau in all seinen Facetten – auch was die dadurch ausgelöste Umweltproblematik betrifft – studieren. Die Umgebung der Städte ist reich gesegnet mit mineralischen Bodenschätzen wie Kobalt, Zink, Kupfer, Magnesit, Silber, Blei und Eisen. Einige chemische Anlagen und ein Hafen machen Tanchon mit seinen rund 350 000 Einwohnern zu einem Ort von großer wirtschaftlicher Bedeutung. Verbunden wird die Stadt über eine Straße sowie eine altersschwache Eisenbahnlinie mit Hamhung und Wonsan und von dort mit Pyongyang, nach Norden über eine Route nach Rajin-Sonbong. Abseits der monumentalen, schon sehr angejahrten Metallschmelzen und dem Hafen ist Tanchon mit kulturellen Sehenswürdigkeiten weniger gesegnet, sieht man von den allgegenwärtigen Kim-Statuen, Wandbildern und Masten mit politischen Parolen ab.

In der Bergbaustadt **Komdok** dagegen gibt es ein paar interessante Museen, die über die Geschichte der Metallurgie in der Region Auskunft geben. Übernachtet wird in den beiden Städten in einfachen Pensionen der Minengesellschaften, die auf Besucher eingestellt sind. Die Region um die beiden Städte war von der Wirtschaftskrise in den neunziger Jahren besonders betroffen, weswegen die Gegend von diversen Hilfsorganisationen relativ häufig aufgesucht wurde.

Chilbo-Gebirge

Von Tanchon führt eine Verbindung nach **Kimchaek**, wo ebenfalls der Eisenabbau eine zentrale Stellung in der regionalen Industrie einnimmt. Der Hafen von Kimchaek hat zudem im Koreakrieg eine wichtige Rolle gespielt, woran Denkmäler erinnern. In dieser Gegend befindet man sich bereits im Chilbo-Gebirge, das sich an und für sich ganz gut zum Wandern, Klettern oder Trekking eignete, würde nicht die Gefahr bestehen, dass irgendwo wieder eine unterirdische Atombombe hochgeht.

An der Küste um Kimchaek sollten sich Touristen speziell in der Nähe der Raketenbasen für Taepodong-Raketen in **Musudan-ri** lieber nicht blicken lassen. Und etwas weiter landeinwärts, Richtung Kilchu, wird man schon vom omnipräsenten Militär daran gehindert, überhaupt in die Nähe irgendwelcher Ansiedlungen zu gelangen. Nicht nur das ›Basislager‹ für den Atombombentest im nahegelegenen Gebirgszug, sondern auch diverse Trainingslager der Armee und Raketendepots befinden sich in der Gegend um Kilchu, wodurch Hoteltipps für arglose Besucher überflüssig sind: Es gibt dort keine ›kommerziellen‹ Unterkünfte, schon gar nicht für Ausländer.

Die Gegend wird, wenn man überhaupt hinkommt, normalerweise ziemlich rasch durchquert, wobei die abenteuerlichen Gebirgsstraßen im Winter sowieso nicht befahrbar sind, von der Eisenbahnlinie ganz zu schweigen. Das Chilbo-Gebirge lässt sich auch besser vom Norden erschließen, über die Städte **Kyongsong**, **Orang** oder **Chongjin**, die wiederum besser aus der Sonderwirtschaftszone Rajin-Sonbong erreichbar sind.

Das Chilbo-Gebirge hat deshalb eine so vielfältige Erscheinungsform, weil es aus eruptivem Gestein des Paekdu-Vulkans geformt wurde und über die Jahrhunderte in vielerlei Formen erodiert ist. Das und die vielfältige Flora und Fauna machte die Region auch zu einer Stätte des Weltkulturerbes, anerkannt von der UNESCO.

In den insgesamt drei Regionen des Chilbo-Gebirges, der Inneren, Äußeren und des Meeres-Chilbo, gibt es eine Reihe von Hotels und Unterkünften, etwa das **Chilbo-san Resthouse** oder das **Haechilbo-Hotel**. Leider steht es um Strom- und Wasserversorgung in den Hotels dieser Gegend nicht besonders gut. Die nordkoreanische Regierung hat allerdings kürzlich einen Tourismus-Entwicklungsplan für das Chilbo-Gebiet ausgerufen und erhofft sich dafür Unterstützung aus dem Ausland.

Kyongsong

▲ Karte S. 163

Kyongsong ist durch seine heißen Quellen für einen Besuch interessant, außerdem durch seine idyllische Lage am Fuße von hübsch bewaldeten Gebirgszügen und durch seine Reisfelder. Das Klima ist mild, im Sommer liegen die Temperaturen im Schnitt um die 20 Grad Celsius, und im Winter wird es nicht so kalt wie im Rest der Region.

Hervorzuheben ist die **Thermalquelle von Onpho**, ungefähr zwölf Kilometer nordwestlich von Kyongsong. Dort befindet sich auch ein Thermalzentrum, das sein rund 60 Grad heißes Wasser für diverse Therapieprozesse nutzt. Laut der staatlichen Agentur KCNA kommen etwa 1000 Besucher und Therapiesuchende jährlich nach Onpho, auch ausländische Gäste werden empfangen. Untergebracht ist man im **Onpho Resthouse**, von dort können auch Touren in die Chilbo-Berge unternommen werden. Auch ein Meeresbad lädt zum Verweilen ein.

Die Gegend ist außerdem bekannt für ihre Keramikkünste, es gibt eine eigene Töpferschule. Was Sehenswürdigkeiten betrifft, lohnt sich ein Blick auf die **Kyongsong-Festung** aus dem 17. Jahrhundert, das altertümliche **Kyongsong-Tor** (Nammun) und diverse **Tempelanlagen** (zum Beispiel den Kaesim-Tempel aus dem 9. Jahrhundert) in den Bergen, in denen Wanderwege zu Wasserfällen, felsigen Schluchten und romantischen Hochebenen führen.

Chongjin

Die nächste große Stadt ist Chongjin mit rund 320 000 Einwohnern. Es handelt sich um die Hauptstadt der Region Nordhamgyong, in der in ökonomischer Hinsicht vor allem Textil, Stahl und Kohle sowie der Fischfang eine Rolle spielen. Das Bild, das die Stadt derzeit abgibt, ist das einer schwer verschmutzten, durch die Wirtschaftskrise hart getroffenen regionalen Metropole. Schon allein deswegen hält sich die touristische Attraktivität in Grenzen. Chongjin ist höchstens interessant als Ausgangpunkt für Fahrten nach

Auf dem Weg zum Paekdusan

Chilbo, per Auto oder eventuell auch per Schiff, wenn es die Umstände erlauben. In den letzten Jahren hat Chongjin aber wieder als Güterhafen an Bedeutung gewonnen, vor allem für chinesische und russische Händler. In Chongjin soll es nach Pyongyang die größte Anzahl an freien kleinen Märkten geben, auf denen vor allem chinesische Waren feilgeboten werden. Auch Schmuggelgut aus der Sonderwirtschaftszone Rajin-Sonbong findet schnell seinen Weg dorthin. In der Stadt sieht man ab und zu sogar Straßenbahnen herumfahren, dabei handelt es sich in der Regel um gebrauchte Waggons und Triebwagen aus Pyongyang – die allerdings schon dort meistens ausgemusterte Relikte aus dem Westen sind. Für die Unterbringung stehen das **Chongjin Tourist Hotel** und das **Chonmasan-Hotel** zur Verfügung.

Paekdusan

Diese Region im weitesten Norden von Nordkorea ist für viele Einheimische, jedenfalls aber für die Propaganda, ein ›geheiligter‹ Ort schlechthin. Es handelt sich beim Paekdu-Berg um einen eindrucksvollen erloschenen Vulkan, der allein schon durch seine Formation, Lage, Anmut und Gewaltigkeit Eindruck bei jenen macht, die Naturschönheiten schätzen. Von der nordkoreanischen Propaganda wurde er aber auch zum Geburtsort des ›Geliebten Führers‹ Kim Jong Il gemacht, was weder historisch noch sonstwie plausibel ist. Jedenfalls umgibt das Gelände eine bestimmte Aura, und wer von Pyongyang dorthin reist, sollte sich dessen bewusst sein.

Ein Ausflug nach Paekdusan ist nicht unbedingt Routineprogramm einer Nordkoreareise. Der Grund ist, dass in den überwiegenden Fällen ein Charterflug dorthin durchgeführt wird, was hohe Kosten verursachen kann. Die Anreise auf dem Landweg ist zwar möglich und mit viel Diskussionen eventuell auch durchzusetzen, doch soviel Zeit wird dem durchschnittlichen Reisenden nicht bleiben – auch Diplomaten haben mit solchen Anliegen Schwierigkeiten, wie zu hören ist. Für eine Flugreise samt Programm gibt es zwar bei der Staatlichen Tourismusagentur ein Angebot, mehrere hundert Dollar werden jedoch bestimmt dafür fällig, der Preis einer Pauschalreise erhöht sich entsprechend um einen

Paekdusan-Region

spürbaren Betrag. Wem es das wert ist, den essentiellen Berg Nordkoreas zu besuchen, der sollte diesen Abstecher auch unbedingt in Erwägung ziehen.

Landschaftlich ist die nahezu unberührte und menschenleere Gebirgsregion mit einem erloschenen, wassergefüllten Krater sehr beeindruckend. Übersetzt heisst Paekdusan ›Berg mit weißer Spitze‹ in Anspielung auf die fast dauerhafte Schneekuppe, die am Paekdu liegt. Studiert man die Klimatabelle, so nimmt das nicht wunder: Die Durchschnittstemperatur am Paekdu liegt im Jahresschnitt bei minus 8,3 Grad Celsius, mit Kältespitzen bis zu minus 47 Grad, manchmal kann es im Sommer aber auch bis zu 18 Grad plus warm werden. Stürmisch ist es allenthalben: Im Schnitt sind 274 Tage im Jahr ungünstig vom Wetter beeinflusst und damit stürmisch. Der Paekdu-Berg erhebt sich 2750 Meter über den Meeresspiegel auf einem Lava-Plateau, das den Berg auf mehr als 5000 Quadratkilometern umschließt. Der Vulkan selbst ist seit dem 18. Jahrhundert nicht mehr ausgebrochen. Das Wetter auf dem Berg ist äußerst wechselhaft, was damit zu tun hat, dass sich kalte und trockene Luftströmungen vom sibirischen Festland mit relativ warmen und feuchten Winden von der Meeresküste treffen.

In aller Munde ist der Paekdu wegen seiner Verklärung als ›Berg der Revolution‹. Wie die Fabel vom Befreiungskrieg besagt, hat sich die Koreanische Volksarmee, angeführt von General Kim Il Sung, im Koreakrieg nach dem Vorstoß der Amerikaner und UNO-Truppen in die Bergregion rund um den Paekdu zurückgezogen und von dort aus den Guerillakrieg gelenkt und wohl auch den Austausch mit dem chinesischen ›Freiwilligenheer‹ rege gepflegt. Kim Il Sung zeugte derweil seinen Sohn Kim Jong Il, welcher nach offizieller Lesart in einem Haus am Fuße des Paekdu zur

Welt kam, das heute selbstverständlich eine Pilgerstätte ist. Andere Quellen wiederum behaupten, das Kim Jong Il während der Kriegswirren in der Mandschurei, in der damaligen Sowjetunion, geboren wurde, und die Verklärung um seine Person und den ›heiligen Berg der Revolution‹ etwas übertrieben in der nordkoreanischen Parteigeschichtsschreibung dargestellt sei – jedenfalls aber ist der Paekdu ein wichtiger Berg für Land und Leute in Nordkorea.

Kratersee und Pegae-Spitze

Im Mittelpunkt eines Paekdu-Besuches steht zweifellos der beeindruckende Kratersee, der **Chon-See**. Er liegt auf einer Höhe von 2190 Metern über dem Meeresniveau, ist 384 Meter tief und verfügt über bemerkenswert klares Wasser, sodass man auf bis zu 20 Meter in die Tiefe blicken kann. Rund um den Kratersee erheben sich kahle Gebirgszüge, darunter die **Changgun-Spitze**. Ein mit mineralreichem Wasser gefüllter Teich liegt ebenfalls am Rande des Kratersees. Obwohl das Klima hier auf der Spitze des Paekdu-Kraters sehr rau ist, gedeihen doch einige Pflanzen und Bäume, die gegen Eis und Schnee ankämpfen. Die Unberührtheit der Natur begünstigt den Lebensraum für Tiere wie Braunbären, Hirsche, Murmeltiere und andere. Der Kraterhang ist mit serpentinenreichen Straßen durchzogen.

Die Anfahrt führt in den meisten Fällen von der Stadt **Hyesan** und das Pegaebong-Hotel über **Pochon** und **Samjiyon** über die **Pegae-Spitze**. Auf dem Weg dorthin passiert man eine Reihe von wichtigen Revolutionsstätten. Gleich in **Samjiyon** wird man darauf hingewiesen, dass sich dort das historisch wichtige Biwak der Revolutionsarmee befand, die dann am 20. Mai 1939 zur Front bei Musan marschierte. Ein großzügige Gedenkstätte, 1979 errichtet, zeugt davon. In der Nähe befindet sich der **Samji-See**, der von einer Militärstraße gesäumt ist, die aus der japanischen Besatzungszeit stammt und später von der nordkoreanischen Volksarmee für Aufmärsche und Übungen benutzt wurde.

Am **Pegae-Hügel** sind Überbleibsel eines Militärcamps zu besichtigen, darunter Feuerstellen, Zelte und die damalige

Seilbahn am Paekdu

Kommandozentrale. Auf der Weiterfahrt zum Paekdu gelangt man zum **Geheimen Camp**, wo sich die Zentrale der Volksarmee im Krieg befand. Wie zu erwarten, prangt an dieser Stelle ein Monument zu Ehren Kim Il Sungs, und nicht weniger bedeutend ist das (angebliche) **Geburtshaus von Kim Jong Il**, das sich ganz in der Nähe befindet und in dem der Sohn Kim Il Sungs am 16. Februar 1942 auf die Welt gekommen sein soll. Recht majestätisch thront darüber eine nach Kim Jong Il benannte 1798 Meter hohe Felsformation, die **Kim-Jong-Il-Spitze**. Am Camp und dem Geburtshaus vorbei fließt der **Amnok-Fluss**, mit rund 800 Kilometern der längste der koreanischen Halbinsel. Er entspringt am Chon-See und bildet an seinem Oberlauf eine Reihe von spektakulären Wasserfällen.

Folgt man nun also dem Amnok-Fluss weiter aufwärts, gelangt man an eine Brücke, die als Ausgangspunkt für eine Paekdu-Besteigung dient. Dort gibt es ein **Restaurant**, und eine zwei Kilometer lange Seilbahn führt schließlich auf den Berg hinauf, sofern sie in Betrieb ist und ihre Tragseile nicht abmontiert sind. Auf der Rückfahrt vom Paekdu gelangt man zur **Mudu-Spitze**, auf der sich ebenfalls Relikte eines ›Geheimen Camps‹ befinden. Dort befinden sich auch Übernachtungs- und Verpflegungsmöglichkeiten. Weitere Campanlagen finden sich auf dem **Soyonji-Berg** und dem **Kanback-Berg**.

Taehongdan-Ebene

Etwas weiter östlich gelangt man auf die Taehongdan-Ebene, auf der sich im Jahre 1939 die Volksarmee auf die große Schlacht gegen die Japaner im Musan-Gebiet vorbereitete. Heute befinden sich dort Blaubeerplantagen, die in den frühen achtziger Jahren angelegt wurden. Die Früchte werden zur Herstellung von Säften, Wein und sonstigen Getränken verwendet. Zur Beerenreife im August kann man auch als Tourist an Ort und Stelle Verkostungen anstellen, ein Trinkgeld für die Kooperative wird erwartet. In der Region befindet sich das **Mupo-Biwak**, eine recht versteckte Sammelstelle im Befreiungskrieg, die nur schwer erreichbar ist. 15 Kilometer südwestlich des Mupo-Biwaks erreicht man erneut eine Gedenkstätte, das **Monument der siegreichen Schlacht bei Musan**, errichtet im Jahre 1971. Ein 35 Meter hoher Obelisk und eine Mauer mit dem Konterfei Kim Il-Sungs soll an den patriotischen Kampf gegen die Japaner erinnern.

▲ Karte S. 168

Rimyongsu

Wieder zurück zum Ausgangspunkt, durchquert man das Gebiet um Rimyongsu, eine Holzfällergegend, in der sich ebenfalls historische Biwaks befinden, das **Konchang-Biwak** und das **Biwak am Chong-Hügel**. Inmitten der dichten Wälder erhebt sich die eine oder andere Kim-Il-Sung-Statue. Beeindruckend sind auch die **Rimyongsu-Wasserfälle**, die einem unterirdischen Fluss entspringen und über deren Austrittspunkt aus den Felsen ein malerischer Pavillon thront. Besonders im Winter ergibt sich durch die Eiszapfen und Frostmuster ein spektakulärer Anblick. Weiter am Weg lassen sich noch zwei Gedenkstätten besuchen, jene direkt am **Schlachtfeld von Pochonbo** und das nahegelegene **Monument zur siegreichen Schlacht** ebendort.

Paekdu-Region

Pegaebong Lodge; 3 Stockwerke, 47 Zimmer. Unterkunft für Wanderungen in der Paekdu-Region, Dreisterne-Standard.

Onsupyong-Hotel, nahe Pochonbo; 21 Zimmer. Einfaches Hotel.

Hyesan-Hotel, am Fuße des Peakdu-Gebirges in Hyesan; 4 Stockwerke, 40 Zimmer. Einfacher Standard.

Die Rimyongsu-Wasserfälle

Sonderwirtschaftszonen

Kaesong Industrial Zone

Die verzweifelte Suche nach neuen Ertragsformen für ausländische Devisen hat das Programm der Sonderwirtschaftszonen seit der Wirtschaftskrise in den neunziger Jahren und besonders in letzter Zeit vorangetrieben. Zum einen geschah dies aus purer Notwendigkeit, da die früher praktizierte Tauschwirtschaft mit den kommunistischen Partnerstaaten völlig weggebrochen ist, zum anderen durch äußeren Druck und Einfluss. Ein wichtiger Grund war sicherlich das Erwachen Chinas zur Wirtschaftsweltmacht, von dem sich King Jong Il einige Methoden abschaute. Ein anderer die von Südkorea praktizierte, zwar wechselhafte, aber doch konsequente ›Sunshine Policy‹ mit dem Ziel einer politischen und wirtschaftlichen Annäherung.

Aktuellstes Produkt des Letzteren ist die Sonderwirtschaftszone Kaesong, jener Stadt, die im südwestlichen Nordkorea sehr nahe an der Grenze bei Panmunjon liegt und geographisch ein sehr günstiger Ausgangspunkt für einen in Zukunft geplanten Warenaustausch zwischen Nord und Süd ist.

Textilfabrik in Kaesong

▲ Karte: vordere Umschlagklappe

Geschichte

Treibende Kraft für die Kaesong Industrial Zone ist die südkoreanische Hyundai-Tochterfirma Hyundai Asan, die auch die Tourismuszone in den Kumgang-Bergen betreibt. Im Jahr 2003 erfolgte die Grundsteinlegung für den Industriepark, nachdem langatmige Verhandlungen über die bürokratischen Einzelheiten abgeschlossen waren. Das Hauptproblem war, dass für eine leistungsfähige Verbindung zwischen Süd und Nord in die Demilitarisierte Zone (DMZ) eine Schneise geschlagen werden musste, gerade in der Nähe der geschichtsträchtigen Gegend, wo vor mehr als 50 Jahren, im Juli 1953, der Waffenstillstand zwischen den beiden Koreas unterzeichnet wurde. Jedenfalls einigte man sich darauf, die DMZ auf einer Breite von 200 Metern von Minen zu befreien, Hyundai baute zwei Grenzabfertigungsstationen und sanierte die Straße dazwischen, und im September 2003 konnte die erste Fahrt durchs Niemandsland stattfinden. Die parallel zur Straße laufende Eisenbahnlinie soll auch irgendwann einmal wieder einmal aktiviert werden (→ ›Die Demilitarisierte Zone‹, S. 146).

Die Sonderwirtschaftszone Kaesong wurde ab 2003 mit einer großen Ernsthaftigkeit aufgebaut, nicht zuletzt dank der kräftigen finanziellen Stützung durch ›Hyundai Asan‹. Die erste Ausbauphase wurde 2007 abgeschlossen. Sie umfasste einen 3,3 Quadratkilometer großen Bereich, in dem Fabriken und Verwaltungsgebäude angesiedelt sind. Zu den ersten südkoreanischen Unternehmen, die dort bereits produzieren, gehören der Textilhersteller ›Shinwon‹, der Schuhhersteller ›Samduk‹, der Plastikverpackungsproduzent ›Taesung‹, der Geschirr- und Küchenutensilienhersteller ›Living Art‹, der

Hyundai-Gründer Ju-Yung Chung verließ als 15-jähriger Nordkorea und pumpte bis zuletzt Geld dorthin

Uhrenhersteller ›Romanson‹ sowie Elektronikhersteller und Autozulieferer. Die Waren, die aus Kaesong kommen, sind für den südkoreanischen und letztlich den Weltmarkt bestimmt. In den Kleidern etwa wird daher bei der Herkunftsbezeichnung eher allgemein die Formulierung ›Made in Korea‹, manchmal auch ›Made in Kaesong‹ oder ›Gyesong‹ verwendet. Die Herkunftsbezeichnung ›DPRK Korea‹ wird vermieden, nicht zuletzt, um sich gar nicht erst der Gefahr eines möglichen Boykotts durch westliche Länder auszusetzen. Denn von dort stammen auch bei uns manchmal zu sehende Diskontmarken wie etwa ›Kohlhaas‹ (Mode) oder ›Stafild‹ (Schuhe).

Die USA sehen die Aktivitäten Hyundais in Kaesong übrigens gar nicht gerne. So haben US-Firmen es bis jetzt stets brüsk abgelehnt, sich auch nur im Entferntesten über die Business-Möglichkeiten in Kaesong informieren zu wollen. Auf politischer Ebene werden die Aktivitäten mit einer gewissen aggressiven Sorge betrachtet, da die USA befürchten, die Erträge der Nordkoreaner aus Kaesong und der Tourismuszone Kumgang würden dem Regime dringend benötigte Devisen zur Aufrechterhaltung ihrer Kommandowirtschaft und letztlich ihrer Rüstungspolitik verschaffen: ein Argument, das grundsätzlich nicht von der Hand zu weisen ist.

Arbeitsbedingungen

Die nordkoreanischen Arbeiterinnen und Arbeiter in Kaesong sind jedenfalls jene, die am wenigsten vom neuen Kapitalismus profitieren. Der Monatsmindestlohn startete mit 50 US-Dollar für 48 Wochenstunden und wurde nach mehreren Verhandlungsrunden auf derzeit 160 Dollar erhöht, immer noch ein Fünftel des südkoreanischen Mindestlohns und ein Viertel des durchschnittlichen chinesischen Fabriklohns. Dazu kommt noch eine 15-prozentige Sozialversicherung. Die Löhne werden von den ausländischen Firmen an die nordkoreanische Verwaltung abgeliefert. Was direkt bis zu den Arbeitern durchdringt, kann oder will in Kaesong niemand so wirklich sagen, vermutet werden etwa 30 Prozent des Lohns in nordkoreanischer Währung, das wären dann also rund 7000 Won pro Monat nach offiziellem Umrechnungs-

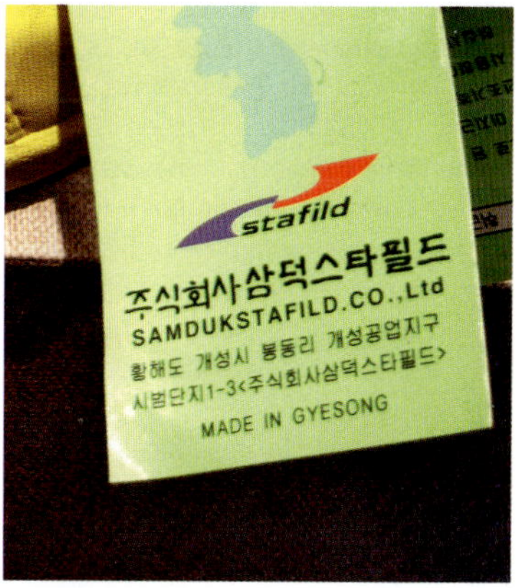

Made in Gyesong

Textilarbeiterinnen in Kaesong

kurs (Stand 2013). Zur Werthaltigkeit dieses Lohns: Damit kann man sich zum Beispiel am freien Tongil-Markt in Pyongyang zwei Kilo billigen Reis oder 250 Gramm Rindfleisch kaufen. Andererseits sind in Nordkorea für Wohnungsmiete samt Wasser, Strom und Heizung (so vorhanden) im Schnitt nur symbolische 150 Won pro Monat zu bezahlen.

Zeitweise sind bis zu 53 000 Arbeiter in Kaesong eingesetzt, in Zukunft sollen es noch viel mehr werden, wenn sich die Lage wieder beruhigt. 2013, während der diplomatischen Krise, waren es knapp 43 000. Sie haben allesamt einheitliche Fahrräder chinesischer Bauart bekommen, um von ihren Häusern in der Umgebung in die Fabriken zu radeln. Wer weiter entfernt wohnt, wird in Wohncamps in oder rund um Kaesong angesiedelt: ›Arbeitskräfteleasing‹ auf nordkoreanisch.

Es war geplant, in der Phase zwei die Kaesong Industrial Zone bis 2009 auf fünf Quadratkilometer auszubauen und die Tätigkeitsbereiche von reiner Lohnarbeit zu Leichtindustrie auszuweiten. Die nächste Phase bis 2012 sollte dann den Ausbau auf insgesamt 11,5 Quadratkilometer umfassen, geplant war die Ansiedlung von Chemie- und Mischindustrien sowie multinationaler Konzerne. Während des Endausbaus in der dritten Projektphase soll rund um die Industriezone eine eigene, 6,6 Quadratkilometer große Stadt praktisch vor den Toren des alten Kaesong entstehen, inklusive Büro- und Wohnhäuser, Freizeitgelände und einem Vergnügungspark. Diese Ausbaustufen wurden aber allesamt verschoben, und der Industriepark ist weit von seinen Zielen entfernt.

▲ Karte: vordere Umschlagklappe

Infrastruktur

Für den bestehenden Park werden Baustoffe, Energie, Wasserversorgung, Abfallmanagement und Kommunikationsinfrastruktur komplett von den Südkoreanern bereitgestellt. Der Strom kommt aus einen grenznahen Kraftwerk im Süden, die Telefonverbindungen (ein sensibler Bereich) werden von Korea Telecom (Süd) und den Nordkoreanern gemeinsam errichtet, das heißt im Klartext, dass die Südkoreaner die Leitungen und Schaltstellen verlegen, die Nordkoreaner die entsprechenden Zensureinrichtungen dazu ergänzen. Die Zone ist unter der Vorwahl +850/1/8585 vom Süden aus erreichbar. Über die heike Frage Internetanschlüsse, E-Mail und Mobilfunk für das südkoreanische Management der Fabriken wird immer noch diskutiert.

Hyundai hat sich im Vorfeld der Planung des Komplexes auch die Eisenbahnverbindungen nach Norden angesehen. Die Verbindung Kaesong–Pyongyang ist in Betrieb, es fahren dort täglich bis zu viermal Güterzüge hin und her. Die Strecke nach Haeju war bis zuletzt aufgrund demolierter Brücken nicht befahrbar, ebenso die Strecke Kaesong–Jangdan durch veraltete Schienenstränge und eingesunkene Bankette. Es wurde vereinbart, die Strecken wieder in Schuss zu bringen. Es gibt auch eine Eisenbahnstrecke zwischen Kaesong und der Grenzstation zu Südkorea, hier ist aber außer verrosteten Lokomotiven abseits der Strecke nicht viel zu sehen.

Aussichten

Hyundai rechnet mit ›beträchtlichen wirtschaftlichen Effekten‹ auf Süd- und Nordkorea, sollte der Kaesong Industrial Complex einmal fertiggestellt sein. Während der Park anfangs Nordkorea Einkünfte in Höhe von 0,7 Milliarden US-Dollar jährlich brachte, sind diese 2012 auf 2 Milliarden Dollar gestiegen. Umgekehrt erzielten die Südkoreaner durch Ersparnis bei den Arbeitskosten, Verkaufserlöse für Rohstoffe und gesteigerte Wertschöpfung mit ›Effekten‹ insgesamt 44,7 Milliarden Dollar bis ins Jahr 2012. Hyundai pokert hier also hoch, kann sich aber, wenn alles gut geht, auch über satte Gewinne freuen. Der Norden muss sich hier mit deutlich weniger zufriedengeben – relativ gesehen jedenfalls. Die Sonderwirtschaftszone in Kaesong ist übrigens nicht für touristische Besuche vorgesehen, außer man äußert diesen Wunsch rechtzeitig bei der Reiseplanung, dann wird bei der KITC-Agentur darüber nachgedacht werden. Zur Zeit sind 123 Firmen in der Industriezone Kaesong aktiv. Zwei Firmen, ein Textilhersteller und ein Elektronikproduzent, haben nach den Spannungen Mitte 2013 ihren Betrieb eingestellt. Der Industriepark blieb den Sommer über wegen politischer Spannungen fünf Monate geschlossen und eröffnete erst wieder am 16. September 2013. Viele Firmen bemängelten das derzeitige ökonomische Klima im Park und sagten, sie würden seit Wiedereröffnung nur 50 Prozent ihrer Kapazitäten nutzen. Andere sagen, dass sie den Park ganz verlassen würden, wenn sich die Situation nicht verbessert. Die fünfmonatige Schließung des Parks im Jahr 2013 kostete südkoreanische Firmen 900 Millionen Dollar an Umsatzverlusten.

Fahrradparkplatz in Kaesong

Rajin-Sonbong-Freihandelszone

Die zweite große Sonderwirtschaftszone in Nordkorea ist jene in Rajin-Sonbong, nach dem Bezirk auch Rason (oder Nasun) Free Economic Trade Zone genannt. Sie wurde Ende des Jahres 1991 im Dreiländereck der nordöstlichen Region zwischen Nordkorea, China und Russland etabliert und umfasst rund 746 Quadratkilometer. Der große Unterschied zu Kaesong und auch Kumgang ist, dass es dort keine Steuerausnahmen gibt, sondern eine 14-prozentige Gewinnsteuer von ausländischen Unternehmen eingeholt und die Entwicklung der Zone nicht vom Investor, sondern von der regionalen Verwaltung bestimmt wird. Die Zone wird auch vom United Nations Development Programme (UNPD) vorangetrieben, das in Ostasien (China, Mongolei und Russland) sowie in der Region des

Die südkoreanische Firma Taesung lässt im Norden Kleider produzieren

Tumen-Flusses mehrere Projekte verfolgt. Die Idee der Rajin-Sonbong-Zone ist die Entwicklung von Infrastruktur und Wirtschaft in einer Region mit zahlreichen Bodenschätzen (Kohle, Eisenerz, Magnesit, Nickel, Kristallen und Quarz), dazu die Ausbeutung der reichen Fischgründe, die Intensivierung der Landwirtschaft und des Tourismus. Die Stadt Rajin besitzt einen großen Hafen samt Schiffswerft, deren Kapazitäten derzeit nur zu zehn Prozent ausgeschöpft sind. Es gibt Eisenbahnverbindungen nach Tumangang zur russischen Grenze, nach Tumen zur chinesischen Grenze und mehrere Straßenverbindungen Richtung China. In Sonbong befindet sich außerdem die größte Ölraffinerie Nordkoreas.

Ähnlich wie in Kaesong haben sich in Rajin-Sonbong im Laufe der letzten Jahre eine Reihe von Unternehmen angesiedelt und bestehende weiterentwickelt. Die Grundidee war, nicht nur Investoren anzuziehen, sondern auch Staatsunternehmen als ›unabhängige Firmen‹ ihren Geschäften nachgehen zu lassen, Zu ihnen gehören eine Reihe von Handelsfirmen wie ›Samgwang Trading‹, ›Daesong Trading‹, ›Okosang Trading‹, ›Rungra Trading‹, ›Korea Machinery Trading‹ oder ›Opalsam Trading‹, dazu eine Metallwarenfabrik (Pyongyang Aluminium Products), ein Keramikhersteller, eine Zementfabrik und andere. Nordkoreanern wurde auch erlaubt, eigene Firmen zu gründen und Produkte auf freien Märkten zu verkaufen, inklusive grenzüberschreitenden Handels zu den Nachbarländern. Es ist müßig zu erwähnen, dass diese Freiheiten vor allem zu einem eklatanten Anstieg des Schmuggels geführt haben und dass Rajin-Sonbong heute neben Sinuiju jene Region des Landes ist, wo sich das ›informelle‹ Versorgungssystem Nordkoreas mit seinen Waren eindeckt.

Tourismus

Ein weiteres Problem entstand durch die Erschließung der Region für den Tourismus, weniger durch die Anwesenheit von Ausländern an sich, aber durch die Entwicklung des Casinos im **Emperor-Hotel** in Sonbong. Dieses Hotel der Emperor-Kette aus Hongkong, an der auch der Casino-Magnat Stanley Ho aus Macao beteiligt ist, entwickelte sich ab dem Jahr 2000 zum absoluten Magneten für chinesische Tagestouristen mit Spieldrang. In den besten Zeiten kamen angeblich bis zu 50 000 ausschließlich chinesische Besucher jährlich, um im Emperor-Casino ihre sauer verdiente Yuan loszuwerden. Die Situation spitzte sich zu, als mehrmals diverse höhere Parteiangehörige aus China in Sonbong empfindlich hohe Beträge verspielten und auch die Probleme

▲ Karte: vordere Umschlagklappe

mit Prostitution und Drogen zunahmen. Bei den Spielsummen handelte es sich in den meisten Fällen um veruntreutes Geld oder Schwarzgeld aus Korruption, beschwerte sich die chinesische Zeitung ›China Daily‹ im Jahr 2005, als ein Beamter der regionalen Verkehrsverwaltung im Grenzbezirk Yanbian umgerechnet fast 400 000 US-Dollar aus öffentlichen Fonds in Nordkorea verspielte. Im Frühjahr 2005 folgte der Schließungsbefehl aus Pyongyang nicht zuletzt auf Druck aus Peking, seitdem muss man im Emperor-Hotel ohne Black-Jack-Tische und Einarmige Banditen auskommen. Durch die insgesamt eher mäßige Entwicklung der Sonderwirtschaftszone Rajin-Sonbong hat sich das Interesse ausländischer Firmen aber ohnehin eher wieder von der Region abgewandt, zumal alles nach China drängt, um dort am Boom viel direkter teilzuhaben.

Unterkünfte

Die Unterkünfte bei einem Besuch von Rajin-Sonbong sind nicht gerade zahlreich, und das erwähnte **Emperor-Hotel** ist sicherlich die beste Wahl für den verwöhnten Reisenden. Es bietet 150 ziemlich gute Zimmer, teilweise mit Meeresblick durch die Lage auf der kleinen, Sonbong vorgelagerten Insel Pipha, ein chinesisches Restaurant, Swimmingpool, Sauna und Karaoke. Eigenen Aussagen zufolge hat die Emperor-Gruppe 180 Millionen Dollar in den Bau des Hotels und rund 30 Millionen in eine damit verbundene Bank (Golden Triangle Bank) in der Zone investiert.

An anderen Hotels sind unter anderem das mit japanischen Geldern erbaute **Rajin-Hotel**, das **Pipha-Hotel** auf der gleichnamigen Insel neben dem Emperor, das **Namsan-Hotel** (eher von Geschäftsleuten und Entwicklungshelfern frequentiert) und das **Sonbong-Hotel** zu nennen.

Zunkuft der Freihandelszone

Über die Zukunft von Rajin-Sonbong sind sich Beobachter uneins. Der Schmuggel floriert, die Rechnung mit der kontrollierten freien Marktwirtschaft ist nicht ganz aufgegangen. Das Hauptproblem ist die entlegene Lage der Region, die weit von allen Achsen des heutigen Welthandels entfernt liegt. Doch abseits von dieser makroökonomischen Sicht fehlt es am Ausbau der Infrastruktur, angefangen von den Straßen bis hin zu funktionierenden Telefonverbindungen, die nun einmal fürs Geschäftemachen wichtig sind. Kritik von ausländischen Firmen kam auch auf, dass die nordkoreanische Verwaltung an allen Geschäftsvorgängen in Rajin-Sonbong mitverdient, also Provision und Steuer kassiert, was in Kaesong und Kumgang nicht der Fall ist. Außerdem sind die

Bewirtung für Gäste in Kaesong: dunkles Bier und Wein aus wilden Trauben

Südkoreanische Autos in Kaesong mit verhängten Nummernschildern und roten Fahnen

Löhne dort geringer. Versuche von UNO-Organisatoren, das Business in der Zone mit Mikrokrediten anzuregen, blieben vorerst im Anfangsstadium stecken. Mit chinesischem Geld soll nun in Rajin-Sonbong ein Seehafen gebaut werden und die Elektrizitätversorgung sichergestellt werden. Im August 2012 wurden Geschäftsleute und Journalisten in die Zone gekarrt, um sich ein Bild über die geplante Entwicklung von Rajin-Sonbong als Drehscheibe für Handel, Tourismus und Produktion machen zu können. Der Tenor: Viele Beobachter sahen in der Zone eher ein wackeliges kapitalistisches Experiment Nordkoreas als ein Projekt mit Vorbildwirkung für die Ökonomie des Landes.

Sonderwirtschaftszone Sinuiju

Ebenso kein besonders ruhmreiches Schicksal in wirtschaftlicher Hinsicht hat die Sonderwirtschaftszone in Sinuiju, dem Eisenbahn-Grenzort an der westlichen Landesgrenze zu China (Dandong), erlebt. Ende 2002 wurde die ›Besondere Verwaltungsregion Sinuiju‹ etabliert. Mit dem ersten Versuch, die Zone dem chinesischen Geschäftsmann Yang Bin zu überlassen, ist Nordkorea schmählich gescheitert. Der Unternehmer, der im Wandel Chinas auf nicht ganz legalen Wegen reich wurde, wurde wegen Steuerhinterziehung und Börsemanipulationen 2003 in China verhaftet. Nachfolgerin wurde interessanterweise die in Südkorea gebürtige chinesischstämmige Sha Rixiang, die lange als Geschäftsfrau in Kalifornien lebte, dort sogar Bürgermeisterin von Fullerton, einem Vorort von Los Angeles, war und sich den amerikanischen Namen Julie Sa gab. Die spezielle Idee in der Zone Sinuiju ist, dass die Region quasi ein eigenes autonomes Gebiet sein soll, in das Nordkoreaner gar keinen Zutritt mehr haben, außer um dort zu arbeiten. Es ging sogar soweit, dem Gebiet nach vormaligem Hongkonger Vorbild eine eigene autonome Regierung, eine eigene Währung und sogar eine eigene Fahne zu überlassen. Geplant war, die vorhandene Bevölkerung komplett umzusiedeln und um das Gebiet eine hohe Mauer zu errichten.

Bis jetzt ist diese sonderbare Utopie noch nicht besonders weit gediehen, und regelmäßig wird vor allem von der unmittelbar angrenzenden chinesischen Seite gerätselt, wie es weitergehen soll. Nach unterschiedlichen Berichten soll die Wirtschaftszone wieder aufgegeben oder es soll ein Nachfolgeprojekt gestartet worden sein. Einige Betriebe wirtschaften

▲ Karte: vordere Umschlagklappe

dort in eigener Verantwortung, ein paar davon gehören höheren nordkoreanischen Militärkadern. Bauern können ihre Waren auf Märkten in Sinuiju anbieten, Korruption gedeiht vor allem unter den Zöllnern. Sinuiju ist jedenfalls neben Rajin-Sonbong das größte Einfallsgebiet für chinesische Waren, die dann ihre Wege ins restliche Nordkorea finden. Nach Angaben von NGOs soll die Einrichtung der Sinuiju-Sonderwirtschaftszone gescheitert sein, schon allein deswegen, weil sie maßgeblich von dem in Ungnade gefallenen und hingerichteten Onkels von Kim Jong Un, Jang Sung Taek, vorangetrieben wurde. Vorgesehen ist nun die Errichtung einer Versuchszone auf zwei Inseln im Yalu-Fluss, Hwanggumphyong und Wihwa.

Als Verkehrsknotenpunkt ist Sinuiju wichtig durch seinen Grenzbahnhof, über den die Eisenbahn-Touristenroute von Peking-Shenyang nach Pyongyang führt. Der Zug überquert die 944 Meter lange **Yalu-Brücke** über den Grenzfluss Amnok und hält dann geraume Zeit am Bahnhof von Sinuiju für die Grenzformalitäten. Sehenswürdigkeiten in der Stadt sind spärlich, es ist auch im Normalfall nicht erlaubt, den Zug zu verlassen. An sich war es bis vor kurzen machbar, von der chinesischen Nachbarstadt Dandong einen Ein-Tages-Trip nach Sinuiju zu buchen – diese Ausflüge werden aber immer wieder ausgesetzt. Ist man aus irgendeinem Grund in Sinuiju untergebracht, dann wird das **Amnokgang-Hotel** (53 Zimmer, direkt am Fluss) die Stätte der Wahl sein.

Uiju

28 Kilometer von Sinuiju entfernt stromaufwärts befindet sich der Ort Uiju, der historische Bedeutung im Befreiungskampf gegen die Japaner erlangte. Ein **Revolutionsmuseum** legt davon Zeugnis ab. Weiterhin sind alte koreanische **Pavillons** aus dem 12. Jahrhundert zu sehen (Thonggun-Pavillon, Rakwon-Pavillon) und ein historisches **Tor** aus der Koryo-Dynastie (Uiju-Nam-Tor).

Geplante Projekte

In Zukunft soll es noch weitere Sonderwirtschaftzonen auf nordkoreanischem Territorium geben. Eine davon kündigt sich in der **Region Wonsan** als Anschluss zum Hyundai-Touristengebiet im Kumgang-Gebirge an. Für die Stadt gibt es Planungen, rund 100 Hektar als Industriepark zu widmen und ihn mit dem vorhandenen Hafen zu verbinden. Wonsan (330 000 Einwohner) soll vor allem japanische Firmen anziehen. Hyundai Asan hat bereits Ideen, den Küstenstreifen zwischen Kumgang und Wonsan zusätzlich als erweiterte Touristenregion zu nutzen und in den Bezirken Dongjeung, Sijoong und Tongcheon Resorts zu errichten. Die Rede ist von ›luxuriösen Freizeitanlagen‹ mit Shoppingmeilen, Restaurants und Unterhaltungsangeboten. Welch eine Differenz zum Umland.

Die zweite Zone, die die nordkoreanische Regierung gerne als Sonderwirtschaftszone etablieren möchte, sind rund 200 Hektar um die 400 000 Einwohner zählende Hafenstadt **Nampo**, die an der Mündung des Taedong-Flusses im Westen des Landes liegt (→ S. 134). Sie ist mit einer relativ gut ausgebauten Straße, einer Bahnlinie und per Wasserweg mit dem 55 Kilometer entfernten Pyongyang verbunden und liegt somit günstig. Die Industrie im Umland konzentriert sich auf Stahl und Metallverarbeitung sowie Maschinen-, Schiffs- und Fahrzeugbau (›Kum Song‹-Traktorfabrik, ›Pyonghwa Motors‹). Dazu kommt, dass 150 Kilometer vor der Küste ein Offshore-Ölfeld mit zwölf Millionen Barrel Öl vermutet wird. Kleinere Vorkommen soll es auch im Mündungsgebiet des Taedong geben.

Reisetipps von A bis Z

Anreise per Flugzeug

In den allermeisten Fällen gelangen westliche Besucher über Peking nach Nordkorea. Zwischen der chinesischen Hauptstadt und Pyongyang fliegt die nordkoreanische Fluggesellschaft **Air Koryo** fünfmal die Woche mit einer Tupolew 154 hin und zurück (Flüge JS 151, JS 152, JS 251, JS 252). Hin- und Rückflug kosteten Anfang 2014 ca. 500 Euro (Economy). **Air China** verlangte für einen Hin- und Rückflug 700 Euro. Air Koryo auf der Route Shenyang–Pyongyang kostet 450 Euro.

Tickets für Air Koryo sind in Peking in einem dem ›Swissotel‹ (Dongsi Shitau Lijiao, Beijing 100027) angrenzenden Gebäude erhältlich bzw. in Pyongyang beim Schalter der Korea International Travel Company (KITC oder Ryohaengsa, → S. 193) im ›Haebangsan-Hotel‹. In den meisten Fällen aber kümmert sich der Tourveranstalter, bei dem man in Europa die Nordkorea-Reise bucht, um den Flug nach Peking und die Weiterreise nach Pyongyang, sodass man sich selbst kaum um diese Dinge wird kümmern müssen. Auch die Rückbestätigungen übernehmen in der Regel die Tourbegleiter in Nordkorea in einer sorgfältigen und ziemlich bürokratischen Zeremonie.

Außerdem verbindet die Air Koryo Shenyang und Wladiwostok mit Linienflügen von und nach Pyongyang. Bangkok, Kuala Lumpur, Shanghai, Shenzen, Dalian, Harbin und Singapur werden unregelmäßig, saisonal oder per Charter angeflogen. Ab und zu gibt es auch den einen oder anderen Charterflug für Touristen oder Diplomaten nach Seoul, wenn die politische Großwetterlage mitspielt. In die EU darf Air Koryo mit ihrem bestehenden Fluggerät nicht mehr fliegen, seit sie auf der schwarzen Liste unsicherer Airlines steht. Dafür wurde ein wöchentlicher Flug nach Kuwait City ins Programm genommen. Angeblich will Air Koryo Flüge nach Deutschland wieder aufnehmen, die in den 1990ern eingestellt wurden, und dafür ihre bestellten neuen Tupolew TU-204 benutzen, für die die EU eine Bewilligung erteilen würde.

Im **Inland** fliegt Air Koryo sternförmig von Pyongyang aus nach Chongjin, Hamhung, Kilju, Kanggye, Sinuiju und Wonsan, wobei diese Flüge den Touristen normalerweise nicht zugänglich sind, außer die KITC entscheidet es – je nach Buchung – anders. Ausnahme sind Charterflüge nach Samjiyon zum Besuch des Paekdusan. Ein Flughafen in der Sonderwirtschaftszone Rajin-Sonbong ist in Bau, jener in Hamhung soll zu einem internationalen ausgebaut werden und die Flugfrequenz allgemein steigen.

Air Koryo wurde im Jahre 1954 als Nachfolger einer sowjetisch-nordkoreanischen Luftbrücke im Koreakrieg als ›Chosonminhang‹ (CAAK) gegründet. Heute besteht die Fluggesellschaft aus einer Flotte von 36 Maschinen sowjetischen Typs (Antonov AN-24, Iljuschin IL-18, IL-61, IL-62M, IL-76 und Tupolew TU 134B, TU 135B) sowie rund 2500 Mitarbeitern. Am internationalen Flughafen in Pyongyang kann man diese Flugzeuge, denen man ihr Alter teils schon deutlich ansieht, bewundern. Die Air Koryo gewinnt zwar keine Preise bei den internationalen Servicewettbewerben

Air Koryo am Flughafen Bangkok

der Fluggesellschaften, hat aber einen korrekten und recht effizienten **Bordservice**. Und nachdem die Piloten ihre Ausbildung beim Militär absolviert haben, kann man davon ausgehen, dass sie ihr Metier beherrschen. Air Koryo hat nun neue Tupolews TU-204 geordert und überlegt auch, neue Iljushins Il-96 und Sukhoi Superjets 100 anzukaufen.

Westliche Maschinen - abgesehen von Air China - parken keine am Flughafen in Pyongyang, und wenn manchmal welche landen, werden sie dort nur aufgetankt und fliegen gleich wieder weiter. Bis vor kurzem war der gesamte nordkoreanische Luftraum auch für Passagiermaschinen gesperrt, nun soll er aber - gegen bare Münze - für einige ostasiatische Fernrouten, insbesondere nach Japan und Südkorea, geöffnet werden, vorausgesetzt natürlich, es gibt gerade keine politischen Spannungen.

Der **Flughafen** liegt rund 30 Kilometer westlich von Pyongyang, die Fahrt in die Stadt dauert rund 20 Minuten.

Flughafensteuern für Peking sind heute in den Ticketpreisen bereits enthalten. Bei Abflügen von Pyongyang werden etwa 10 Euro fällig

■ Flugpläne 2014

Fluggesellschaft	Strecke	Flugzeug	Abflug
Air Koryo	Pyongyang-Peking	JS 151	Mo, Di, Fr, Sa 9 Uhr
	Pyongyang-Peking	JS 251	Do 10.30 Uhr
	Peking-Pyongyang	JS 152	Di, Sa 12.55 Uhr, Mo, Fr 12 Uhr
	Peking-Pyongyang	JS 252	Do 14.05 Uhr
	Pyongyang-Shenyang	JS 155	Mi und Sa 12 Uhr
	Shenyang-Pyongyang	JS 156	Mi, Sa 14.10 Uhr
	Pyongyang-Moskau	JS 621	Do 16 Uhr
	Moskau-Pyongyang	JS 622	Mo 22 Uhr
	Pyongyang-Wladiwostok	JS 271	Mo, Fr 8.20 Uhr
	Wladiwostok-Pyongyang	JS 272	Mo, Fr 14.20 Uhr
	Pyongyang-Bangkok	JS 153	Do 10.20 Uhr
	Bangkok-Pyongyang	JS 154	Do 12.20 Uhr
	Pyongyang-Kuala Lumpur	JS 159	Mo 14 Uhr
	Pyongyang-Kuala Lumpur	JS 159	Sa 23 Uhr
	Kuala Lumpur-Pyongyang	JS 160	Di 1 Uhr
	Kuala Lumpur-Pyongyang	JS 160	So 11 Uhr
Unregelmäßig: Taipeh, Shenzen, Harbin, Dalian, Shanghai, Tianjin, Singapur.			
Air China	Peking-Pyongyang	CA 121	Mo 13.45 Uhr
	Pyongyang-Peking	CA122	Mo 18.20 Uhr
MIAT Mongolian Airlines	Ulan Bator-Pyongyang	OM7321/ OM901	
	Pyongyang-Ulan Bator	OM7322/ OM902	
Korean Air, Asiana führten zuletzt manchmal innerkoreanische Flüge für Pyonghwa Air Travel nach Pyongyang zu den Arirang-Festspielen durch. Fortführung ungewiss.			

Flugbuchung

Hauptbüro der Air Koryo
Koryo Air, Sunan District, Pyongyang
Tel. +850/2/181118108,
+850/2/189998108
Fax +850/2/3814410, +850/2/3814625

Ticketbüros
Bei Flugbuchung muss das Visum bereits ausgestellt sein, → ›Visa‹, S. 199.

Pyongyang
Tongsong-dong, Central District
Pyongyang, D.P.R. of Korea

Bangkok
2922/174, 4th Floor, Charn Issara Tower 2
New Petchbury Road Khwaeng Bangkapi,
Khet Huay Khwang
Bangkok 10320, Thailand
Tel. +66/2/2342805/6
Tel. +66/2/5353974 (Flughafen)
Fax +66/2/2675009
Fax +66/2/5355974 (Flughafen)
bkk@airkoryo.info
c/o Nancy Tours and Travel Centre Co. Ltd.
322/68 Surawongse Watthankam Building,
26th Floor, Surawangse Road, Bangrak
Bangkok 1050, Thailand
Tel. +66/2/2344751, +66/2/2345538,
+66/2/2348186, +66/2/23481725
Fax +66/2/23845212

Berlin
Waltersdorfer Chaussee 170, 12355 Berlin
Tel. +49/30/6765003
Fax +49/30/60540496

Hongkong
c/o Golden Trip Travel Service
5th Floor, Wardley Center
9-11 Prat Avenue, Tsimshatsui, Kowloon
Hong Kong, P.R. of China
Tel. +852/27230500, Fax +852/23686009

Macao
Rua Da Praia Grande 55, 20 Andar-C
Centro Commercial Hoi Vong, Macau
Tel. +853/356634, +853/356635
Fax +853/356631 (Stadtbüro)
Tel. +853/861329, +853/8611113878
Fax +853/861329 (Flughafen)

Moskau
101000 Mosfilmovskaya 72, Moscow,
Russia 103340
Tel. +7/095/1436307 (Stadtbüro)
Flughafen Sheremetyevo-2, Room 617
Tel. +7/095/5787580
Fax +7/095/1436302 (Flughafen)

Peking
Swissotel, Hong Kong-Macau Center,
Dong Si Shi Tiao Li Jiao Qiao
Beijing 100027, P.R. of China
Tel. +86/10/65011557,
+86/10/65011558, +86/10/ 65011559
(Stadtbüro)
Tel. +86/10/64591253
Fax +86/10/65012591 (Flughafen)
airkoryo-bjs@hotmail.com

Shenyang
Chilbosan-Hotel
No. 81 Shiywey Road, Heping District
Shenyang 110003, P.R. of China
Tel. +86/24/23251922, 23251937
Fax +86/24/23251936
gacasy@silibank.com

Singapore
Universal Travel Corporation
101 Upper Cross Street
81-66 People's Park Centre
Singapore 058357, Republic of Singapore
Tel. +65/65333922, +65/65355577
Fax +65/65332562, +65/65327443
utctours@singnet.com.sg

Tokio
c/o Chugai Travel
1-15-3, Higashi Ueno, Taito-ku
Tokyo 110-0015, Japan
Tel. +81/3/38353654
Fax +81/3/38353690
office@chugai-trv.co.jp
www.chugai-trv.co.jp

Wladiwostok
41, Portovaya Street, Artyorn,
Primorski Krai (Airport)
692800 Wladiwostok, Russia
Tel./Fax +7/423/2307684
airkoryoinvvo@mail.ru

Kuwait City
c/o Al-Malek Travels
P.O.Box 7744, Al Dabouse Fahaheel
Kuwait-City, Kuwait
Tel. +965/3911808
Fax +965/3922622

Istanbul
c/o Fly Service Ltd.
Yamac Sok. No. 2/1, Floya
34154 Istanbul, Turkey
Tel. +90/212/6628286,
Fax +90/212/6637259

Anreise per Eisenbahn

Internationale Züge verkehren viermal in der Woche auf der Route zwischen Peking und Pyongyang (→ Fahrplan S. 184). Es ist möglich, als Tourist oder als Gruppe auf dieser Route einzureisen, allerdings muss diese ebenfalls bei der KITC (→ S. 193) oder einem Reiseveranstalter vorgebucht sein. Bei Überschreiten der Grenze nach Nordkorea in Sinuiju sollte man sich auf lange Grenzformalitäten einstellen. Spätestens ab dann gibt es eine eigene Ausländersektion im Zug, auch der Speisewagen ist für Nordkoreaner tabu. Eine Möglichkeit zum Geldwechsel gibt es nicht, daher sollte man genügend kleine US-Dollarscheine oder Yuan dabei haben, um im Zugrestaurant zu bezahlen. Das Überschreiten der Grenze wirkt wie ein Kulturschock: Nach dem geschäftigen China mit seinen fliegenden Händlern und dem Chaos in der Eisenbahn eröffnet sich in Nordkorea eine geradezu gespenstische Disziplin. Es gibt keine Bahnhofsrestaurants mehr, keine Händler, keinen Lärm, aber auch keinen Schmutz in den Bahnhöfen und auf den Bahndämmen. Die grenzpolizeiliche Behandlung ist sehr genau, aber nicht aufdringlich. Der Pass wird zur Überprüfung längere Zeit eingezogen, unterdessen sollte man sich nicht allzuweit vom Zug entfernen und tunlichst das Fotografieren unterlassen. Ab der Grenze, spätestens jedoch im Zielbahnhof, der in den allermeisten Fällen Pyongyang ist, treten die nordkoreanischen Fremdenführer in Erscheinung, denen man dann mehr oder weniger ausgeliefert ist.

Hotelzimmer in Pyongyang

Eine Zugreise nach Nordkorea lässt sich mit einem Trip mit der Transsibirischen Eisenbahn verbinden. Entweder, man fährt mit dieser nach Peking und steigt dann nach Pyongyang um oder man wählt die Route über Wladiwostok. Ob das auch möglich ist, sollte man bei der Buchung mit der KITC oder seinem Reiseveranstalter abklären. Jedenfalls gibt es Berichte von einigen Reisenden, die diese Route erfolgreich absolviert haben, auch wenn es die Ausnahme bleibt.

■ Zugbuchungen

Korean International Travel Company (KITC) bzw. Ryohaengsa
Central District, Pyongyang
Tel. +850/2/18111 (Vermittlung),
+850/2/3818859, +850/2/3818901,
+850/2/3818574, Fax +850/2/3814645
kitc_2@silibank.com
www.korea-dpr.com/travel.htm

National Korean Railways Corporation
Central Station, Pyongyang
Tel. +850/2/3812796, Tel.
+850/2/3214466 (Reservierungen)

Peking
KITC, 2nd floor, Yanxiang-Hotel, No A2 Jiangtai Road,
Chaoyang District, Qionghuating
100016 Beijing, P.R. of China
Tel. +86/10/6437-6224,
+86/10/64376666, +86/10/64373133
Fax +86/10/64369089

China International Travel Service (CITS)
No.103, Fuxingmennei Ave.
Beijing, P.R. of China 100800
Tel. +86/10/66011122
Fax +86/10/66012039
webmaster@cits.net

Zugfahrpläne

Die ›Südroute‹ Moskau-Pyongyang führt mit der Transsibirischen Eisenbahn über 8666 Kilometer am Baikalsee vorbei zum chinesischen Grenzort Manzhouli, weiter nach Shenyang und Dandong und schließlich über Sinuiju nach Pyongyang:

Route	Abfahrt	Ankunft
Moskau-Shenyang-Pyongyang	Fr 23.55 Uhr	eine Woche später, Fr 19.30 Uhr
Pyongyang-Shenyang-Moskau	Sa 10.10 Uhr	sechs Tage später, Fr 18 Uhr

Die ›Nordroute‹ Moskau-Pyongyang führt über 10214 Kilometer ebenfalls am Baikalsee vorbei, dann aber weiter nach Chabarovsk und Wladiwostok und schließlich über Tumangang nach Pyongyang.

Die 1347 Kilometer lange Strecke von Peking nach Pyongyang wird viermal die Woche befahren:

Peking-Pyongyang	Mo, Mi, Do, Sa jeweils 17.30 Uhr	Di, Do, Fr, So jeweils 19.30 Uhr
Pyongyang-Peking	Mo, Mi, Do, Sa jeweils 10.10 Uhr	Di, Do, Fr, So jeweils 8.30 Uhr

Die Fahrpreise belaufen sich auf ca. 150 Euro (Stand Ende 2013) in einem Abteil mit Viererpritsche und 205 Euro in einem Schlafwagenabteil mit Bett.

Andere Reisewege

Zur Zeit gibt es außer dem Flugzeug und der Eisenbahn keine regelmäßige Möglichkeit für Touristen, nach Nordkorea zu gelangen. Die Grenzüberquerung auf eigene Faust zu versuchen, ist vergeblich. Auch ist es nicht möglich, von Südkorea aus in den Norden zu gelangen. Zwar gibt es zarte Anzeichen einer Öffnung, für Nichtkoreaner bleibt dieser Reiseweg aber wohl noch bis auf weiteres verschlossen, auch wenn je eine Bahn- und eine Straßenverbindung zwischen den beiden Staaten unter großem Medienrummel wieder vereint wurden. ›Normale‹ Grenzübertritte sind dort nicht möglich. Einzige Ausnahme ist eventuell eine Buchung für die Schiffs- und Busausflüge der Hyundai-Gesellschaft in die Kumgang-Berge und retour via Seoul.

Eine Anreise im eigenen Auto ist ausgeschlossen. Auch Busverbindungen gibt es nicht. Die allerletzte Alternative besteht in dem nordkoreanischen **Passagierschiff**, das einmal im Monat zwischen Wonsan und Nagasaki verkehrt und hauptsächlich in Japan lebende Nordkoreaner hin- und hertransportiert, aber zunehmend auch touristische Gruppen aus Japan. Die Abfahrtszeiten variieren und können bei der KITC (→ S. 193) erfragt werden.

Hält man sich in Japan auf, kann man auch Kontakt zu nordkoreanischen Organisationen (meistens auf Universitäten) suchen, um mehr über die Schiffspassage und Buchungsmöglichkeiten zu erfahren. Ohne nordkoreanisches Visum ist eine Überfahrt nicht möglich.

Was die **Kumgang-Ausflüge** von Hyundai Asan betrifft, sind diese seit einiger Zeit auch für Ausländer buchbar. Angeboten werden Drei-Tages-Trips per Bus in die Kumgang-Berge ab Seoul über Hwajinpo in Südkorea in die ›Special Tourism Zone‹ nach Norden. Mit dem Schiff fährt Hyundai vorläufig nicht mehr nach Kumgang. Inbegriffen sind zwei Übernachtungen in den neuen Hyundai-Hotels und ein Ausflug in die Berge. Das Ganze kostet zwischen ab 400 Euro US-Dollar (Stand 2013), je nach Saison. Abendessen, Lunch, Besuch im Heißwasser-Thermalbad, eine ›akrobatische Performance‹ nordkoreanischer Zirkuskünstler und eine Musikshow kosten jeweils extra. Näheres auf www.mtkumgang.com/eng/main.jsp. Hyundai Asan bietet nun auch Reisen zum Mount Paektu, nach Pyongyang, zum Mount Myohyang und zum Mount Chilbo an.

Wer Nordkorea per Bahn über Sinuiju verlässt, kann auch einen 24-Stunden-Aufenthalt im chinesischen Grenzort **Dandong** dazubuchen. Dort kann man noch einen letzten Blick auf das Reich von Kim Jong Il werfen, das Museum des Koreakrieges besuchen, eine Bootsfahrt am Yalu (Amnok) unternehmen und jede Menge nordkoreanische Duty-Free-Ware kaufen. Passend: Das ›Hongyuan‹-Hotel gleich am Hauptbahnhof von Dandong. Auf die riesige Kim-Il-Sung-Statue in Sinuiju antwortet Dandong auf seiner Seite mit einer enormen Mao-Statue. Der Aufenthalt kostet bei Koryo Tours in Peking (www.koryogroup.com) derzeit zwischen 160 und 320 Euro pro Person (ein oder zwei Tage).

Botschaften

(→ ›Visabeschaffung‹, S. 199)

Checkliste für Einzelreisende

1. Information über mögliche Reiserouten und Hotelstandorte in Nordkorea einholen.
2. Zusammenstellung einer Reiseroute. Statt Punkt 1. und 2. kann der Einfachheit halber auch ein vorgegebenes Tour-Programm der KITC (→ S. 193) gewählt werden.
3. Einreichung bei der KITC in Peking oder Pyongyang per Fax, Telex oder Brief (in Peking auch persönlich). Gleichzeitig Visumsantrag abgeben. Falls in Nordkorea zusätzlich Organisationen oder Institutionen besucht werden wollen, Beifügung einer offiziellen Einladung. Eine Empfangsbestätigung sollte per Fax oder Telex innerhalb von 48 Stunden erfolgen.
4. Warten auf die Prüfung der Reiseroute und des Visumsantrags durch die Einreisebehörde in Pyongyang. Die KITC gibt 20 Tage als Bearbeitungszeit an.
5. Bei positiver Erledigung wird die Reisebestätigung gegen vollständige Bezahlung der Reise von der KITC zugesandt (oder liegt im Pekinger Büro bereit), und das Visum kann bei der vereinbarten nordkoreanischen Botschaftsvertretung abgeholt werden. KITC bucht auf Wunsch auch den Flug (Achtung: nur Air Koryo möglich); dies kann man aber auch selbst erledigen (Visum notwendig).
6. Nach Ankunft in Pyongyang und Erledigung der Einreiseformalitäten wird man von seinen ›Guides‹ am Flughafen in Empfang genommen. Spontane Änderungen der Reiseroute sind dann nur unter relativ großem bürokratischen Aufwand möglich.

Wem das zu kompliziert ist, der sollte sich gleich an einen **Reiseveranstalter** in Europa wenden (→ Adressen für Österreich, Deutschland und Schweiz, S. 194) oder in Peking auf die Suche nach entsprechenden Travel Agencies gehen.

Bei Gruppenreisen übernimmt der Veranstalter alle Formalitäten inklusive der Visabesorgung. Reisen nach Nordkorea werden aber normalerweise erst für Gruppen ab sieben bis zehn Personen organisiert, weil es sich sonst für das Reisebüro nicht rechnet. Gegen Aufpreis ist aber wohl auch die Organisation für kleinere Gruppen oder Einzelreisende möglich, wenn sich diese die zeitraubenden Formalitäten ersparen wollen.

Medienmitarbeiter, Journalisten, Geschäftsreisende, Delegationsmitglieder, Forscher, Mitarbeiter ausländischer Firmen, die in Nordkorea tätig sind, sowie deren Angehörige brauchen ein Sondervisum.

Nicht zu vergessen ist, dass man auch für die Durchreise durch China ein (Transit-) Visum benötigt, falls man in Peking einen Stopp einlegen will (→ ›Reisebuchung‹, S. 193).

Einreise und Formalitäten

Es gibt unterschiedliche Berichte über die Kontrollen, denen Einreisende am Flughafen in Pyongyang ausgesetzt sind. Es kann durchaus zur genauen Durchsicht des Gepäcks kommen, es ist aber auch möglich, dass man einfach nach kurzem Blick in den Pass und aufs Visum durchgewunken wird und sein Gepäck vom Rollband heben kann. Wie sich die nordkoreanischen Grenzbeamten verhalten, ist schwer einzuschätzen. Auf jeden Fall sollte man aber stets freundlich und korrekt bleiben und eventuelle Fragen - auch wenn man lange im Flugzeug gesessen hat und müde ist - geduldig beantworten. Das Flughafengebäude in Pyongyang ist relativ klein, sodass man noch bei der Passkontrolle schon von seinen künftigen Reiseführern pfeilgerade ins Visier genommen wird. Diese kümmern sich dann um den Abtransport bzw. die Weiterfahrt. Vor der Landung ist eine **Zolldeklaration** auszufüllen. Diese listet detailliert auf, was alles nicht nach Nordkorea gebracht werden darf:

- Waffen, Munition, Sprengstoff, Gifte, Narkotika, Funkgeräte und Zubehör, Pflanzen und Samen, Ferngläser, GPS-Geräte.
- Publikationen aller Art, ›die dem nordkoreanischen sozialistischen System feindlich gesinnt oder für die politsche, ökonomische und kulturelle Entwicklung schädlich sind‹. Besonders letzteres ist Auslegungssache. Eine ›schädliche Publikation‹ kann

Vertrautes Warenangebot im Department Store

bereits ein südkoreanischer Reiseführer sein, der die Dinge aus ›Feindessicht‹ beleuchtet. Je nachdem, ob man kontrolliert wird oder nicht, bleiben derartige Dinge im Gepäck oder können konfisziert werden.

Was **Foto- und Digitalkameras**, deren Zubehör und Filme betrifft, ist die Haltung der Nordkoreaner ambivalent. Sie sind zwar in der Zollerklärung zu deklarieren, werden aber neuerdings als Reiseaccessoires akzeptiert. Im Land allerdings wird man häufig auf Fotografier- und Filmverbote stoßen, auf die man von den Guides mehr oder weniger dezent hingewiesen wird. Allzu heftiges Knipsen oder Filmen könnte durchaus mit einer Konfiskation von Kamera und Filmen enden - oder eben auch nicht, wenn man vorsichtig ist und unauffällig bleibt (sozusagen ›aus der Hüfte‹ fotografiert).

In diesem Zusammenhang empfehlen sich übrigens Digitalkameras, die dezenter sind als Spiegelreflexkameras mit ihrem lauten Auslöser-Klicken (→ ›Fotografieren‹, S. 187).

Weitere Dinge, die in die Zollerklärung eingetragen werden müssen, sind Geschenke, Warenproben, Schmuck, Antiquitäten, Tierprodukte, (wertvollere) Armbanduhren, Transistorradios (zum Beispiel Weltempfänger), Tonbandgeräte, Mobiltelefone, Smartphones, Tablets und Computer. Weiters ist die Summe der mitgeführten Barschaft je nach Währung genau anzugeben.

Bei der **Ausreise** wird man allerdings - zumindest in der Touristengruppe - selten kontrolliert, ob all die persönlichen Gegenstände auch wieder mitgenommen werden. Die Grenzkontrollen scheinen durchaus lasch und durchlässig zu sein, wenngleich man sich darauf auch wieder nicht verlassen kann.

Es ist auch möglich, bei der Einreise nach einem **Impfzeugnis** gefragt zu werden, vor allem, wenn man nachgewiesenermaßen aus einem Land mit Typhus- oder Choleragefahr kommt. In diesem Falle ist ein Impfpass nützlich. Ein Aidstest kann in Sonderfällen (bei Langzeitaufenthalten als ausländischer Experte etc.) verlangt werden.

Feiertage

1. Januar: Neujahrstag
16. Februar: Geburtstag von Kim Jong Il (1942)
20. Februar: Tag der Maschinenarbeiter
5. März: Tag der Landwirte
8. März: Internationaler Tag der Frauen
22. März: Tag der Fischer
5. April: Tag der Gesundheit
6. April: Wiederaufforstungstag
8. April: Tag der Kommunikation
15. April: Geburtstag von Kim Il Sung (1912)
25. April: Tag der Gründung der Volksarmee
1. Mai: Internationaler Tag der Arbeit
11. Mai: Tag der Eisenbahn
15. Mai: Tag der geologischen Forschung
21. Mai: Tag der Bauarbeiter
1. Juni: Internationaler Kindertag
6. Juni: Tag der der Gründung der koreanischen Kinderunion
7. Juni: Tag der nationalen Industrie
1. Juli: Tag der Minenarbeiter
7. Juli: Tag der Kohlen-Bergleute
10. August: Tag der Waldarbeiter
15. August: Nationaler Befreiungstag (1945)
20. August: Tag der Luftwaffe
28. August: Jugendtag
28. August: Tag der Marine
5. September: Tag der Stadtverwaltung
5. September: Tag der Erziehung
9. September: Tag der Gründung der DVRK (1948)
15. September: Tag des Handels
9. Oktober: Tag der Metallarbeiter
10. Oktober: Tag der Gründung der Arbeiterpartei der DVRK (1945)
14. Oktober: Tag der Werktätigen des Rundfunks
2. Sonntag im Oktober: Tag des Sports
15. Oktober: Tag der Textilindustrie
1. November: Tag der Presse
16. November: Tag des Transports (Land- und Wassertransport)
6. Dezember: Tag der chemischen Industrie
27. Dezember: Tag der Proklamation der sozialistischen Verfassung (1972)

Restaurants sind rar und meist eher schlicht

Fotografieren

Ein ganz besonderes Problem ist das Fotografieren. In den letzten Jahren sind die Nordkoreaner zwar etwas weniger strikt geworden, sodass man Fotoapparate und Videokameras zumindest problemlos einführen kann, wenn man sie deklariert hat. Was aber fotografiert werden darf, bestimmt immer noch der Reiseleiter und nicht das eigene Reportageauge. Deshalb empfiehlt es sich, vor einer Aufnahme nachzufragen, ob es auch erlaubt ist. Denn **Verbote** gibt es viele: Aufnahmen von Militärs, Checkpoints, ramponierten Häusern, Baustellen, Menschenschlangen, ›Armut‹ usw. sind nicht gestattet, ebensowenig das Fotografieren aus dem Bus.

Auch das **Fotografieren von Alltagsszenen**, bei denen man sich normalerweise nichts gedacht hätte, kann zu Problemen führen. Das betrifft auch Nahaufnahmen von Menschen, die man nicht um ihre Einwilligung gefragt hat. Passanten sind überdies angehalten, ›verdächtiges Fotografieren‹ den zahlreich vorhandenen ›Aufpassern‹ zu melden. Dies kann zur Konfiszierung von Kameras und Filmen und zu einer Ermahnung oder noch Schlimmerem führen. Hat man im Gegensatz dazu ein Vertrauen zu den Reiseleitern aufgebaut, indem man sich an die Regeln hält, wird man beim behutsamen Fotografieren in Ruhe gelassen, was für das Gelingen guter Aufnahmen nur förderlich ist (→ ›Verhaltensregeln‹, S. 197).

Geld

Im Juli 2002 kam es in Nordkorea zu einer Art ›Währungsreform‹. Der bisherige offizielle und künstliche Wechselkurs zum US-Dollar zum Won von 1:2,15 wurde ohne viel Kommentar auf 1:150 festgesetzt, der Won also fast um das 70-fache abgewertet. Dies als Ausdruck einer sehr sachten Öffnung in Richtung einer ›freieren‹ Wirtschaft: Kam der Staat bis jetzt zum überwiegenden Teil für alle Grundbedürfnisse wie Wohnung, Ernährung und Kleidung auf, wurden kleine Märkte zugelassen, und die Einwohner können – oder vielmehr müssen – sich manche Waren selbst kaufen. Prompt haben sich die Preise nach oben verzerrt.

Am 30. November 2009 implementierte die nordkoreanische Regierung eine weitere Währungsreform, bei der 1000 ›alte nordkoreanische Won‹ zu 10 ›neuen nordkoreanischen Won‹ gewechselt werden konnte. Allerdings war es den Bürgern nur gestattet sein, einen Maximalbetrag von 100 000 bis 300 000 Won pro Person umwechseln zu dürfen, nach inoffiziellem Wechselkurs etwa 50 bis 150 Euro. Andere Ersparnisse in alten Won wurden folglich wertlos.

Die nordkoreanischen Behörden schätzten im Dezember 2009, dass nach der Reform der offizielle Wechselkurs bei 30 bis 40 Won je Dollar feststehen werde. Doch später stieg er auf rund 135 Won pro Dollar, was die steigenden Preise widerspiegelte. Der Schwarzmarktkurs stieg weiter auf 2000 Won Mitte 2010 und auf 4000 Won je Dollar bis November 2012. Als Folge davon versuchten die Nordkoreaner, aus Furcht vor einer Abwertung der eigenen Währung Fremdwährungen zu sichern.

Ein Kilo Reis kostete Anfang 2013 offiziell rund 50 (am freien Markt mehr als 3000) Won, viel zu viel für eine Familie.

Park Nam Ki, der frühere Leiter des Finanzkomitees der Arbeiterpartei, wurde für die gescheiterte Währungsreform zusammen mit dem Finanzminister Mun Ik Bong kurzerhand exekutiert.

Anfang 2014 lag der offiziell in den Hotels in Pyongyang angegebene Kurs bei 183 Won für einen Euro, obwohl kein Devisenumtausch möglich war. Am Schwarzmarkt gab es für einen Euro bis zu 5000 Won, erzählen Botschaftsmitarbeiter, was die ungeheure Kaufkraftverzerrung widerspiegelt. Dem Touristen nützt das aber nichts, weil er sich mit Originalgeld in Nordkorea kaum etwas kaufen kann.

Die nordkoreanische Währung ist in keinem Land der Welt konvertibel, außer dass man sie vielleicht in den nordkoreanischen Grenzgebieten zu China zu einem sehr attraktiven Schwarzmarktkurs kaufen kann.

Bislang handelte es sich ohnehin um eine Art Kunstgeld, da die meisten Bezüge der nordkoreanischen Arbeiter, Beamten und Militärs in Bezugsscheinen ausgegeben wurden, die die eigentliche Schattenwährung waren. Mit der Krise in der Industrie und Landwirtschaft und der absoluten Konsumartikelverknappung hat der Won eigentlich seine Bedeutung eingebüßt. Von den durchschnittlichen Gehältern, die nach der Abwertung des Won erhöht wurden und 500 Won (einfacher Arbeiter), 2000 Won (zum Beispiel Reiseleiter), 2000 Won (Arbeiter), 4000 Won (Facharbeiter), 7000 Won (Uniprofessor), 8000 Won (pensionierter General) und 10 000–20 000 Won (höherer Parteiangestellter) ausmachen, gingen bis jetzt minimale – symbolische – Beträge für Miete und Heizung drauf, der Rest wurde auf ein staatliches Bankkonto getragen, daheim gelagert oder – wo immer möglich – in ausländische Währung (chinesische Yuan, japanische Yen, US-Dollar, mittlerweile Euro) umgetauscht.

Nunmehr aber sieht die Situation anders aus. Durch den neuen Wechselkurs und die Anhebung der Preise sollen den Nordkoreanern ›Anreize‹ für Mehrleistungen in der Arbeit gegeben werden. Die Regierung beharrt darauf, dass dies nicht als Hinwendung zum Kapitalismus interpretiert werden dürfe, sondern vielmehr als ›Vervollkommnung‹ des Kommunismus. Noch fehlen die Erfahrungen, wie sich dieses Währungsexperiment auf die Wirtschaft auswirkt, allerdings kann man sich des Eindrucks nicht erwehren, dass die politisch Verantwortlichen in Nordkorea teilweise einer ziemlichen Naivität unterliegen. Eine Preiserhöhung, der ein immer stärker schwindendes Warenangebot gegenübersteht, muss zwangsläufig zu Inflation führen. Die nächste Wechselkurskorrektur ist nur eine Frage der Zeit, und die Sehnsucht der Nordkoreaner nach ausländischer Währung wird immer größer. Eine ähnliche Entwicklung konnte man in Kuba beobachten – mit dem Resultat der kompletten Freigabe des US-Dollar.

Der Tourist jedenfalls wird mit dem nordkoreanischen Won kaum in Berührung kommen. Zwar kann man in den Hotels und Nomenklatura-Kaufhäusern US-Dollar, Euro, Yuan und Yen wechseln, man bekommt allerdings nichts Besonderes dafür. ›Shoppen‹ in den großen Kaufhäusern zahlt sich nicht aus, da viel zweitklassige Ramschware aus Ostasien angeboten wird. Ein Rundgang durch das ›sozialistische Einkaufsparadies‹, das für nordkoreanische Normalbürger ohnehin unerreichbar ist, ist aber sehr wohl empfehlenswert, um Eindrücke zu sammeln. In den Touristenshops wiederum gibt es außer ein paar Andenken, Spirituosen, Ginseng oder Bildern nicht viel, es lohnt sich nicht, dafür extra Geld einzutauschen, US-Dollar oder Euro werden akzeptiert.

Es gibt überdies mehrere Arten der Landeswährung. Zum einen ist dies der ›Original‹-Won für die Bevölkerung, für den es auch Münzen gibt. Diese Währungsart ist für den Besucher eigentlich nutzlos, weil er damit weder etwas kaufen noch ihn auf offiziellen Weg eintauschen kann. Bei den wenigen Gelegenheiten, wo man die lokale Währung brauchen würde (U-Bahn in Pyongyang, eventuell für eines der spärlichen Münztelefone oder für Briefmarken), wird meistens der Reiseleiter einspringen. Manchmal lässt sich der Reiseleiter auch überreden, eine geringe Menge des lokalen Won als Andenken einzutauschen, wenn auch nicht offiziell. Ein Devisenschwarzmarkt existiert eigentlich nicht, wobei es aber nicht ausgeschlossen ist, dass man nach einiger Suche oder diskretem Nachfragen doch an die richtigen Leute geraten kann. Dass damit ein hohes Risiko einem geringen Nutzen gegenübersteht, versteht sich von selbst.

Daneben gab es den rötlich-farbenen ›Ausländer-Won‹. Diesen erhielt man bei einem offiziellen Umtausch in den Geschäften, gleichzeitig dazu einen kleinen Zettel mit der Kursnotiz, ohne den man nicht bezahlen konnte. So waren auch die Preise in den Geschäften unterschiedlich angeschrieben:

Auch Feierlichkeiten sind gut organisiert

Ein Paar Schuhe chinesischer Provenienz beispielsweise konnten in ›echter‹ nordkoreanischer Währung 30 Won kosten, für Ausländer aber 200. In Hotelrestaurants, für Tickets, Souvenirs und ähnliches konnte man - wenn man unbedingt Won anbringen wollte- nur in dieser Won-Währung bezahlen. Nach der Währungsreform 2009 wurde der Ausländer-Won abgeschafft.

Eigentlich ist es aber absolut unnötig, Fremdwährung einzutauschen. Beim Wechselgeld haben die Nordkoreaner eine Meisterschaft entwickelt, in verschiedenen Hartwährungen herauszugeben. Auf Zahlungen an der Hotelbar wird der Restbetrag meist in einer Mischung aus Dollar, Yen oder Yuan ungefähr ausgeglichen - was halt gerade in der Kasse ist.

Zu Zeiten des Comecon gab es noch eine dritte Währungsart: Und zwar grün- bzw. blaugefärbte Geldscheine als Wechselwährung für Geld aus den Ostblockstaaten oder verschiedenen Drittweltländern. Dieses ist heute weitgehend verschwunden und hat keinerlei Bedeutung mehr. Neben **US-Dollar**, **Euro**, **Yuan** und **Yen** werden in den Hotelwechselstuben auch **kanadische und australische Dollar** und **britische Pfund** akzeptiert.

Die **Einfuhr von nordkoreanischer Währung**, auf welchen Weg man sie auch immer vorher erhalten hat (etwa in China), ist streng verboten. Sich auf **Kreditkarten** zu verlassen, ist nicht zu empfehlen, da sie auch in Hotels fast nirgends akzeptiert werden und wenn, dann funktioniert die Datenleitung meist nicht. Das gleiche gilt für **Travellerschecks**, deren Einlösung mit unüblich hohen Bearbeitungsgebühren verbunden ist.

Grenzüberschreitende Bankgeschäfte kann man in der Staatlichen Handelsbank, Sungni Street, Pyongyang (nahe dem Kim-Il-Sung-Platz) zu erledigen versuchen. Für Transaktionen aus dem Ausland ist ein Zertifikat dieser Bank notwendig, und Geld ist auch nur dort abzuheben. Schecks, die von der Handelsbank oder von der Zentralbank und ihren Zweigstellen in den Hotels ausgegeben werden, sind wiederum nur bei diesen gültig.

Gesundheit

Nordkorea ist nicht gerade der beste Platz, um krank zu werden oder einen Unfall zu haben. Man wird aber mit Bestimmtheit damit rechnen können, dass die nordkoreanischen Tourbegleiter alle notwendigen Dinge unternehmen, um eine medizinische Versorgung sicherzustellen. Die Krankenhäuser leiden allerdings unter einem Mangel an Medikamenten und sind generell keine besonders angenehmen Orte. Im Bedarfsfall sollte eine Überstellung nach Peking erwogen werden.

Notrufe der Rettung

Tel. +850/2/6211110 (Allgemeines Krankenhaus des Roten Kreuzes)

Tel. +850/2/22758 (Erste-Hilfe-Spital Pyongyang)

Tel. +850/2/22160 (Ausländerkrankenhaus, Mansudong District)

Tel. +850/2/6213111 (Kim Man Yu-Spital, Pyongyang Ost)

Tel. +850/2/6216145 (Freundschaftskrankenhaus Pyongyang)

Bei Notfällen in der Provinz stehen keine Notrufnummern zur Verfügung. Hilfe sollte von der Hotelrezeption oder vom Guide angefordert werden können. Medizinische

Garantiert unbedenklich: Menü im Korea Folk Hotel in Kaesong

Betreuung von Ausländern muss bar bezahlt werden. Eine **Rückverrechnung mit der Reiseversicherung** ist möglich, aber mühsam. Auf einer Rechnung bestehen! Als Alternative kann man auf Wunsch auch eine **Reise-Unfallpolice bei der Internationalen Versicherungsgesellschaft** in Pyongyang abschließen (Tel. +850/2/45477 oder 45217). Diese wird auch von der KITC (→ S. 193) vermittelt.

Für Ausländer besteht in Nordkorea keine Gefahr für eine Ansteckung mit gefährlichen Krankheiten. Zwar werden manchmal Vorkommen von Cholera und Typhus in entlegenen Provinzen gemeldet, die Wahrscheinlichkeit, dorthin zu gelangen, ist aber gleich null. Es gibt auch keine Impfvorschriften bei der Einreise, außer man kommt selbst aus einem Seuchengebiet. Offiziell gibt es in Nordkorea auch kein Aids. Kommt man allerdings in die Verlegenheit einer medizinisch heiklen Behandlung etwa bei einer offenen Wunde, sollte dem Arzt sehr genau auf die Finger geschaut werden, ob er auch sterilisierte Instrumente verwendet. Für Langzeitaufenthalte ist ein negativer HIV-Test vorzuweisen.

Das **Wasser** in den Hotels ist trinkbar, aber stark gechlort. Empfehlenswert ist es, sich mit einem Vorrat an Mineralwasserflaschen einzudecken. Leitungswasser sollte generell vor der Benutzung zum Trinken, Zähneputzen und zur Eiswürfelbereitung entweder abgekocht oder anderweitig sterilisiert werden. **Milch** ist nicht pasteurisiert und sollte ebenfalls abgekocht werden. Trocken- und Dosenmilch nur mit keimfreiem Wasser anrühren. Milchprodukte aus ungekochter Milch am besten vermeiden. **Fleisch- und Fischgerichte** nur gut durchgekocht und heiß serviert essen. Der Genuss von Schweinefleisch, rohen Salaten und Mayonnaise sollte vermieden, Gemüse gekocht und Obst geschält werden.

Die Nordkoreaner legen großen Wert auf **Sauberkeit**, deshalb sieht man sie auch dauernd beim Putzen, Fegen und Schrubben. Der Wäscheservice in den Hotels ist prompt und billig. Besonders in Pyongyang wird man an den Hauptverkehrsstraßen keinen Dreck, nicht mal Papierschnipsel am Boden finden. Man sollte sich dem anpassen und selbst seine Zigarettenstummel oder seine Bonbonpapiere an geeigneten Orten entsorgen.

Sonstige gesundheitliche Bedrohungen: Hepatitis A und B kann vorkommen. Es gelten die gleichen Sicherheitswarnungen wie überall auf der Welt (Verwendung eigener Toilettenartikel wie Zahnbürsten, Rasierer, Nagelscheren usw., Vorsicht bei Kontakt mit Blut und anderen Körperflüssigkeiten sowie bei Zahnbehandlungen und Spritzen). Weiters besteht ein geringes **Malariarisiko** im Sommer und Herbst im Tieflandgürtel entlang der Grenze zu Südkorea sowie von Yongchon westwärts bis zur Insel Kangwha. Erhöhtes Ansteckungsrisiko für **Japanische Enzephalitis** besteht von Juli bis Oktober in ländlichen Gebieten. **Tollwut** kann vorkommen.

Statistik für Nordkorea laut UNO/World Bank 2012

(in Klammern Vergleich Deutschland)

Lebenserwartung: Männer/Frauen 65,6/68,5 (77/82)

Säuglingssterblichkeit: 58,8 von 1000 (3,5)

Gesundheitsausgaben pro Kopf/Jahr: 55 US-Dollar (3000)

Gesundheitsausgaben gemessen am BNP (Bruttonationalprodukt): 4,6% (11%)

Klima und Reisezeit

In Nordkorea gibt es sehr ausgeprägte Jahreszeiten und damit auch signifikante Temperaturschwankungen. Im Schnitt kann man im kältesten Monat Januar mit Temperaturen zwischen minus zwei und minus 15 Grad Celsius rechnen. Im Sommer steigen die Temperaturen im Juli und August auf bis zu 28 Grad. Im Frühling wird es erst ab April wärmer, während die Herbstkälte mit Oktober eintritt.

Als klimatisch ideale Reisezeit gelten im wesentlichen die Monate Juni, Juli, August und September. Allerdings gibt es im Juli und August durch die Monsunzeit mit 60 Prozent des gesamten Niederschlags

Im Sommer regnet es häufig und ausgiebig

den meisten Regen. Ideal für einen Besuch ist also der September.Die **Winter** in Nordkorea sind kalt und trocken. Für gewöhnlich gibt es klares Wetter und wenig Schneefall. Es kann aber eiskalt werden, sodass geeignete warme Kleidung für längere Perioden mit Temperaturen unter null Grad zu empfehlen ist. Die Hotelzimmer sind im Winter meistens überheizt, sodass der Übergang ins Freie einem Klimaschock gleichkommt. Der Winter ist geprägt von den kalten und trockenen Luftmassen, die von Nordwesten aus Sibirien über China herüberwehen und für lange bitterkalte Wochen sorgen können. Die Januar-Durchschnittstemperatur in Pyongyang ist minus sieben Grad.

Im **Frühling** baut sich die Kälte langsam ab, wenngleich ein warmer Mantel nicht zuletzt wegen des manchmal hartnäckigen Windes, der zwischen März und Mai bläst, anbehalten werden sollte. Die Nächte bleiben recht kalt.

Der **Sommer** ist warm, es empfiehlt sich durch die häufigen Regenfälle aber das Mitführen von Regenjacke und wasserdichtem Schuhwerk. Der Südwestmonsun bläst warme und feuchte Luftmassen vom Gelben Meer her, es kann im Tiefland ausnehmend schwül werden. Die Durchschnittstemperatur in Pyongyang im Juli liegt bei 24 Grad. Im Herbst wird es ab September vor allem in der Nacht wieder spürbar kälter, während es tagsüber recht mild bleiben kann.

Post und Kommunikation

Will man von Nordkorea aus Post verschicken, wendet man sich am besten an eines der **Post Offices** in den großen Hotels. Zwar gibt es auch auf den Straßen der Städte manchmal Briefkästen (erkennbar an der blauen Farbe), aber sicher ist sicher. Briefe und Pakete lassen sich auch vom **Internationalen Postamt** in Pyongyang, Haebangsan Street, abschicken. Briefmarken erhält man ebendort oder in einem nahegelegenen Spezialgeschäft für Philatelisten. Postkarten sind (in relativ schlechter Qualität) in den Hotelshops zu erhalten, desgleichen Umschläge und Verpackungsmaterial.

Telefonieren kann man auf sehr teurem Weg über das Telefon im Hotelzimmer, oder – wo verfügbar – in Telefonbüros in den Hotels, weiters am Internationalen Postamt und im International Communications Centre. Dort sind auch Telex und Fax vorhanden, die Preise sind allerdings fürstlich. Eventuell kann man es über ein

Call-Back-Service über Peking versuchen oder man benutzt eine internationale Telefonkarte (zum Beispiel von AT&T). Wenig Freude machen die Telefonzellen auf der Straße: Erstens verlangen diese schwer zu ergatternde Jon-Münzen (Jon ist die Untereinheit des Won, 1 Won=100 Jon), zweitens kann man nur national telefonieren. Dies wird man als durchschnittlicher Besucher höchstens einmal für einen Taxiruf oder - schlimmstenfalls - für eine Rettung benötigen.

International Communication Center
Potonggang-dong Nr. 2, Potonggang District
Pyongyang, D.P.R. of Korea

DHL-Büro in Pyongyang
Korea Foreign Transport Corporation
Sungri Street, Jung Song Dong
Central District
Pyongyang, D.P.R. of Korea
Tel. +850/2/3818053
Mo–Fr 9.30–17.30 Uhr

Internetcafé
Mansu Street, East District
Vis-à-vis der iranischen Botschaft.

Call-Back-Telefonservice
Nach Peking:
99/86/10/Telefonnummer in Peking
Nach Hongkong:
99/852/Telefonnummer in Hongkong
Nach Taipeh:
99/886/2/Telefonnummer in Taipeh

Mobiltelefone können nunmehr nach Nordkorea mitgenommen werden. Es ist möglich, eine SIM-Karte im Hotel zu kaufen, man kann damit aber nur ins Ausland, zu Botschaften und seinem Hotel telefonieren. Sonstige Gespräche im Land sind nicht möglich und auch kein mobiler Internetzugang.

Reisebuchungen/Touristische Informationen

National Tourism Administration
Central District
Pyongyang, D.P.R. of Korea
Tel. +850/2/18111 (Vermittlung) bzw. +850/2/381-8901, +850/2/3818574
Fax +850/2/3817607

Korean International Travel Company (KITC) bzw. Ryohaengsa
Central District
Pyongyang, D.P.R. of Korea
Tel. +850/2/18111 (Vermittlung) bzw. +850/2/3818859, +850/2/3818901, +850/2/3818574
Fax +850/2/3814645
kitc_2@silibank.com
www.korea-dpr.com/travel.htm
Verschiedene Touren: Rundreisen, Wandern, Baden, Studienreisen etc.

KITC in Peking
2nd floor, Yanxiang Hotel, No A2 Jiangtai Road
Chaoyang District, Qionghuating
100016 Beijing, P.R. of China
Tel. +86/10/64376224, +86/10/64376666, +86/10/64373133
Fax +86/10/64369089

KITC in Dandong
Xian Qian Road, Yuan Bao District
Dandong, P.R. of China
Tel. +86/415/2812542, +86/415/2810457
Fax +86/415/2818438

KITC in Bangkok
867139 Moodansilintheb Patanakan Road, Soi 46 Soun Luang
Bangkok 10250, Thailand
Tel. +66/2/3215797 oder +66/2/6534083
Fax +66/2/3221109

Koryo Group/Koryo Tours
Room 43, Red House Hotel, No. 10 Taiping Zhuang, Chunxiu Lu Dongzhimenwai, Chaoyang District
Peking 100027, P.R. of China
Tel. +86/10/64167544
Fax +86/10/64167544
www.koryogroup.com

Korean International Youth Tourist Co.
Potonggang District
Pyongyang, D.P.R. of Korea
Tel. +850/2/4216624, +850/2/4216644, +850/2/4217066, +850/2/3817201
Fax +850/2/3817607

Korea Third International Travel Company
Ryugyong-dong, Potonggang District
Pyongyang, D.P.R. of Korea

Tel. +850/2/18111 ext. +850/2/3818859
Fax +850/2/3814716, +850/2/3812100

Koryo Cultural Tourist Company
Pyongyang International Cultural Center
Central District
Pyongyang, D.P.R. of Korea

Kumgangsan International Tourist Co.
Central District
Pyongyang, D.P.R. of Korea
Tel. +850/2/3814284, +850/2/3811562, +850/2/3815431
Fax +850/2/3812100, +850/2/3814622

Agency for Tourism Promotion & Information
Songsadong, Mangyongdae District
Pyongyang, D.P.R. of Korea
Tel. +850/2/7213525, +850/2/7213675
Fax +850/2/3817607
www.dprknta.com

Pyongyang Travel Information Office
Heabangsan Hotel, Sungri Street
Central district, Pyongyang, D.P.R. of Korea
Tel. +850/2/34436

China International Travel Service Head Office
China Travel Building, No. 103, Fuxingmen Nei Street
Beijing, P.R. of China 100800
Tel. +86/10/66011122
Fax +86/10/66052235

International Railway Ticket Booking Centre
Tel. +86/10/65120507
Fax +86/10/65120503
tianwei@cits.com.cn.

China International Travel Service Hong Kong Limited
Room B, 13th Floor, Tower A, New Mandarin Plaza, 14 Science Museum Road
Tsim Sha Tsui district, Kowloon
Hong Kong, P.R. of China
Tel. +852/27325888
Fax +852/27217154

Dandong China International Travel Service
No. 20-2, Shiwei Road, Chunxing district
Dandong city, Liaoling province, P.R. of China 118000
Tel. +86/415/2129575, +86/415/2122237, +86/415/2127493
Fax +86/415/2141922

Golden Trip Travel Service
5th Floor, Wardley Center
9-11 Prat Avenue, Tsimshatsui, Kowloon
Hongkong, P.R. of China
Tel. +852/27230500
Fax +852/23686009

D.P.R. Korea-Macao International Tourism Company
Nam Van Commercial Centre, 23/F
57–59 Rua da Praia Grande, Macao
Tel. +853/333355, Fax +853/333939

Reiseveranstalter in Europa

Akademischer Reisedienst
Fröbelgasse 46
A-1160 Wien
Tel. +43/1/8923443
Fax +43/1/8920320
www.studienreisen.at

Die Windrose
Reisekontor Herbert O. Loizenbauer
Sechterberg 95
A-4101 Bad Mühllacken/Feldkirchen a.d. Donau
Tel. +43/7233/7276
Fax +43/7233/6525
www.diewindrose.com

Discovery Expeditions
Acacialaan 29
B-2460 Kasterlee, Belgien
Tel. +32/14/232424
Fax +32/14/232423
www.discovery-expeditions.com

Geoplan Privatreisen
Mohriner Allee 70
D-12347 Berlin
Tel. +49/30/79742279
www.geoplan-reisen.de

German Travel Network
Rothenburger Str. 5
D-90443 Nürnberg
Tel. +49/911/92899185
Fax +49/911/92899186
www.g-t-n.de

Ikarus Tours
Am Kaltenborn 49–51
D-61462 Königstein/Ts.
Tel. +49/6174/29020

Fax +49/6174/22952
www.ikarus.com
Indo Orient Tours/Indoculture Tours
Weinbergstraße 102
CH-8006 Zürich
Tel. +41/1/3630104
Fax +41/1/3625107
www.indoculture.ch
Korea International Travel Company
German Office, c/o Korea-Reisedienst
Naoum-Horst
Weidkampshaide 10
D-30659 Hannover
Tel./Fax +49/511/6478616
www.nordkoreareisen.de
KoreaKonsult
c/o Julie Dalard, Rödklövervägen 79
S-16573 Hässelby, Schweden
Tel. +46/73/9810372, +46/70/116555
www.koreakonsult.com
Lernidee Erlebnisreisen
Kurfürstenstr. 112
D-10787 Berlin
Tel. +49/30/7860000
Fax +49/30/7865596
www.lernidee.de
P.D. Pande Nepal-Tours
Paulusstr. 25
D-33602 Bielefeld
Tel. +49/521/61498
Fax +49/521/64181
www.nepaltourz.de
Tanago
Sedanstr. 9
D-12167 Berlin
Tel. +49/30/79748381
Fax +49/30/79748417
www.tanago.de
Unterwegs – Individuelles Reisen
Würzburger Str. 62
D-63739 Aschaffenburg
Tel. +49/6021/4391990
www.unterwegsinasien.de
Urlaub und Natur
Schultheiß-Kiefer-Str. 23
D-76229 Karlsruhe
Tel. +49/721/9463616
Fax +49/721/9463617
www.urlaubundnatur.de
VNC Asia Travel
Izaak Evertslaan 1
NL-6814 JH Arnhem
Tel. +31/26/3030160
Fax +31/26/3529391
www.vnc.nl

Transport im Land

Das Problem des Transports im Land stellt sich weder für Gruppen- noch für Einzelreisende. In allen Fällen sorgt das staatliche Touristenbüro für entsprechende Reisebusse oder sonstige Fahrzeuge, die meist einen guten Standard aufweisen. Darauf wird auch viel Wert gelegt. Das Fahren über längere Entfernungen ist auf den breiten und leeren Autobahnen sehr entspannend und überdies aufschlussreich. Interessant ist das komplette Fehlen von Tankstellen. Die KITC verfügt über eigene Benzinzapfstellen, man darf sich also nicht wundern, wenn im Bus hinten ein großer Kanister mit Treibstoff mitgeführt wird. Ausflüge abseits der großen Straßen zu verschiedenen Sehenswürdigkeiten sind dann wieder ein recht holpriges Abenteuer. Fotografieren unterwegs ist mit den Reiseleitern abzusprechen.

Selbstfahren mit dem Auto ist ausgeschlossen, internationale Autovermietungen wird man vergeblich suchen. Eine Grenzüberquerung von China oder Russland mit dem eigenen Auto ist nicht möglich. Ausnahmen für Selbstfahrer bestehen höchstens für Botschaftsmitarbeiter oder Angehörige von Hilfsorganisationen, denen aber meist ein Fahrer zugeteilt wird. Aus gutem Grund: Denn außer für Pyonygang existiert keinerlei Kartenmaterial, an das man sich bei Überlandfahrten halten könnte, von Stadtplänen ganz zu schweigen. Hinzu kommt, dass die Straßen in nordkoreanischen Städten nur in den seltensten Fällen beschriftet sind und es auf den Landstraßen keine Wegweiser gibt – abgesehen von solchen, die auf eine ›revolutionäre Stätte‹ oder ein Kim-Il-Sung-Denkmal weisen.

Eine Alternative bietet die **Eisenbahn**. Neben der möglichen Anreise per Zug von Peking oder Wladiwostok nach Pyongyang hat die KITC (→ S. 193) auf Anfrage auch Bahnreisen im Programm. Obwohl die Bahn nach wie vor als militärische Einrichtung ersten Grades gilt, hat die Regierung das touristische Befahren einzelner Strecken erlaubt.

Inlandsflüge sind normalerweise für Besucher nicht zugänglich. Die einzige Option sind Charterflüge, und diese führen den Besucher meistens zum ›Revolutionsberg‹ Paekdusan. Ausflüge dorthin sind allerdings von einer Mindestanzahl an Reisenden abhängig und zudem teuer, wenn sie nicht im offiziellen Tourprogramm enthalten sind.

Taxirufnummern: +850/33428, +850/45615, +850/42007.

Unterkunft

Die Unterkunft für Reisende ist in Nordkorea in allen Fällen vorgebucht, das heißt auch, dass man sich das Hotel, in dem man untergebracht wird, nicht aussuchen kann. Das ist aber nicht weiter schlimm, denn fast alle Ausländerhotels verfügen über einen international üblichen, überraschend guten Standard. Auf welchen man letztlich trifft, hängt mit der gebuchten Tour zusammen. Es gibt für Ausländer Fünf-, Vier- und Drei-Sterne-Häuser. In Pyongyang funktioniert die Infrastruktur und die Versorgung mit Heizung und Warmwasser normalerweise problemlos, auf dem Land kann es dann und wann schon zu Stromausfällen in den Hotels kommen, auch Warmwasser ist nicht immer sofort verfügbar.

Traditionelles Zimmer im Kaesong Folk Hotel

Eine Besonderheit ist das **Kaesong Folk Hotel**: Dort kann man in traditioneller koreanischer Umgebung nächtigen, was bedeutet, dass man sich abends auf der Reismatte austreckt und im Schneidersitz am Boden zu Abend isst.

Die großen Hotels verfügen über **Stromanschlüsse** mit 220 Volt mit einem amerikanischen Steckertyp (Adapter mitbringen!). Die Telefonanlage ist fest verkabelt, man kann also keinen Laptop anschließen und versuchen, eine Internetverbindung aufzubauen. Für diese Zwecke gibt es in manchen Hotels eigene **Business-Zentren**, wo E-Mails verschickt werden können. Auch gibt es in den großen Hotels Wechselstuben, Buchhandlungen, ein Postamt, Devisenshops, manchmal ein Fitnesszentrum oder sogar Swimmingpool, Golfplatz, Discos, Karaoke-Bar, Nachtclub und Casino (etwa im ›Yanggakdo Hotel‹ in Pyongyang).

Eine Eigenheit der nordkoreanischen Hotels (dies haben sie mit russischen Hotels gemeinsam) ist, dass manchmal nur bestimmte Etagen begehbar sind und andere laufend renoviert werden. Wer sich also im Stockwerk irrt, kann auch im schönsten Deluxe-Hotel plötzlich auf einer Baustelle stehen.

Ist man mit einer Tour-Gruppe im Land unterwegs, kümmern sich die Reiseleiter um sämtliche Reservierungen. Es kommt auch kaum vor, dass wegen Überbelegung umgebucht werden muss, da die Hotels selten ausgelastet sind.

Private Unterkünfte gibt es nicht, wie es überhaupt Ausländern verboten ist, bei Nordkoreanern zu übernachten. Dasselbe gilt es zu beachten, wenn man auf die Idee kommen sollte, einen Nordkoreaner oder gar eine Nordkoreanerin ins Hotel einzuladen. Beziehungen jeder Art – abgesehen vom Austausch normaler distanzierter Höflichkeiten – zwischen Einheimischen und Ausländern sind verpönt und können für beide Seiten unangenehme Folgen haben.

Speisesaal im Hotel

Dies kann bereits bei einem übertrieben großzügigen Trinkgeld samt warmem Händedruck für die Kellnerin beginnen. Dinge wie Escortservices oder Animiermädchen sind in Nordkorea selbstredend unbekannt, als westlich-dekadent verpönt und demzufolge strengstens verboten.

Im allgemeinen wird in den **Hotelrestaurants** und den Bars kein Trinkgeld erwartet. Die Abrechnung ist aber durch viel Zettelwirtschaft umständlich, und meistens wird beim Herausgeben in verschiedenen Westwährungen schon einmal aufgerundet. Hat man für die Reise Vollpension gebucht, ist das aber natürlich nicht gleichbedeutend mit ›All Inclusive‹. Vor allem Extra-Getränke beim Abendessen sind gesondert zu bezahlen. Auch andere Hotelservices wie zum Beispiel der Swimmingpool sind nicht kostenlos.

Verhaltensregeln und Risiken

Eine Reise nach Nordkorea ist kein Sonntagsspaziergang. Sobald man nordkoreanischen Boden betreten hat, steht man unter Beobachtung, ob man es merkt oder nicht. Dem einen oder anderen kann diese Einschränkung der körperlichen und geistigen Bewegungsfreiheit mit der Zeit auf die Nerven gehen – es ist aber anzuraten, mit einer eventuellen Unzufriedenheit hinter dem Berg zu halten, versuchen, die Situation, das Land und sein bestimmendes System zu verstehen, ohne es etwa gleich gutheißen zu müssen. Schließlich ist man ja dorthin gereist, um etwas völlig Anderes, Anachronistisches kennenzulernen: Der aufmerksame Beobachter wird mehr über das Land lernen als einer, der sich bei jeder Gelegenheit beschwert, weil er bevormundet wird.

Auch wenn Nordkorea bemüht ist, bei Touristen positive Eindrücke zu hinterlassen und die Reisen recht straff und gut organisiert sind, muss man sich bewusst sein, dass es sich um ein sehr fragiles Verhältnis zwischen **Reiseleitern** und Besuchern handelt. Ein kleines Missverständnis, eine überhebliche Bemerkung, ein Heiterkeitsausbruch beim Anblick der 125. Kim-Il-Sung-Statue, zynische Bemerkungen, schlechtes Benehmen an einem feierlichen Ort können das Verhältnis trüben. Häufig wird man bei Besuchen von Gedenkstätten und Statuen gebeten, Blumen niederzulegen oder sich zu verbeugen, was man um des lieben Friedens willen auch machen sollte. Eine Diskussion anzuzetteln, ist wenig sinnvoll. Dies deshalb, weil man ohnehin auf einem sehr ungleichen Niveau diskutieren würde. Der westliche Besucher, die freie Rede und das Recht auf Meinungsäußerung gewohnt, wird mit einem nordkoreanischen Touristenführer nur bedingt sinnvoll Argumente austauschen können. Die Reiseleiter sind natürlich bis unter die Haarspitzen auf den Umgang mit Ausländern trainiert, haben auf viele Standard-Kritikfloskeln die vorbereitete Antwort, und wenn sie einmal keine wissen, lenken sie vom Thema ab oder verweisen gerne auf die südkoreanisch-imperialistische Propaganda. Nur ganz selten wird man Gelegenheit haben, einen Reiseleiter alleine zu sprechen. Meistens treten sie zu zweit auf. Dieses raffinierte System erlaubt nicht nur das effiziente Aufpassen auf den Ausländer, sondern auch die Kontrolle untereinander. Und kommt es zu einem Eklat, etwa, weil man etwas Verbotenes fotografiert hat und die Polizei oder irgendein öffentlicher Aufpasser einschreitet, bekommen auch die Reiseleiter große Schwierigkeiten. Letztere sozialisieren sich auch nicht und ziehen sich zum Beispiel zu den Essenzeiten stets zurück. Es wird daher auch nicht gelingen, einen Reiseleiter in Weinlaune zu bringen oder ihm auf sonst einem humorvoll-jovialen Weg eine Bemerkung zu entlocken, die er andernfalls vielleicht nicht machen würde.

Regeln gibt es auch, wenn man das Hotel verlässt. Im Gegensatz zu früher kann man sich zwar in Pyongyang frei bewegen, allerdings wird das von den Reiseleitern nicht mit großer Begeisterung aufgenommen. Im Zweifelsfall sollte man nachfragen und ungefähr seine Route bekanntgeben, keine Kamera mitnehmen und sich darüber im Klaren sein, dass man auf dem Spaziergang auch beobachtet wird, wenn die Guides im Hotel zurückbleiben. Aufgrund des meist sehr engen Tourplans gibt es ohnehin wenig Gelegenheiten, in Ruhe einen ausgedehnteren Spaziergang zu unternehmen. Abends nach Einbruch der Dunkelheit wird man mangels Straßenbeleuchtung nicht viel mitbekommen und läuft sogar Gefahr, sich zu verirren – eine Horrorvorstellung für die Reiseleiter. Auf dem Land sind die Einschränkungen noch restriktiver.

Eine einigermaßen **würdevolle Haltung** wird beim Besuch wichtiger Orte erwartet. Das betrifft insbesondere das Mansudae-

Das Ablegen von Blumen an Gedenkstätten ist für Nordkoreaner eine Selbstverständlichkeit

Monument in Pyongyang, die Internationale Freundschaftsausstellung im Myohang-Gebirge und das Kim-Il-Sung-Geburtshaus in Manyongdae. Unangebracht ist es, dort in schlampiger Kleidung aufzutreten, auch das Essen, Trinken, Rauchen oder Kaugummikauen sollte man sich verkneifen, ebenso laute Unterhaltungen oder gar unverhohlene Heiterkeitsausbrüche.

Kleine **Geschenke** werden gerne angenommen. Dazu zählen Zigaretten, Obst, Kugelschreiber, Feuerzeuge, Spielzeug für die Kinder, ein Polaroid-Foto, Süßigkeiten und Schokolade. Von Geldgeschenken sollte abgesehen werden, außer dem Trinkgeld für Reiseleiter und Fahrer am Ende der Reise (Richtwert: ein US-Dollar pro Tag je Guide, ein halber Dollar pro Tag für den Fahrer). Unpassend sind ausländische Bücher und Zeitschriften als Geschenke, auch wenn es noch so gut gemeint ist: Dies könnte für den Beschenkten unangenehme Befragungen durch die Behörden zur Folge haben.

Belästigungen und Bettelei gegenüber Ausländern kommen in Nordkorea nicht vor. Vielmehr begegnen einem Passanten mit ausgesuchter Ignoranz, verschreckter Schüchternheit oder höchstens verstohlenem Interesse. Seit aber vor allem die Kinder in der Schule aufgefordert wurden, ausländischen Besuchern gegenüber freundlich zu sein und zu grüßen, winken sie einem gelegentlich zu. Auf einen Nordkoreaner auf der Straße zuzugehen und zu versuchen, ein Gespräch zu beginnen, wird bei diesem höchstes Erschrecken hervorrufen und ihn in Verwirrung stürzen. Nicht zu unrecht, denn er könnte bei flüchtiger Betrachtung in den Verdacht kommen, den Ausländer näher zu kennen und würde sich damit eine Reihe von Schwierigkeiten bis hin zu Verhören aufhalsen. Das sollte man auch bei harmlosen Kontaktversuchen immer bedenken.

Vor **Gewalttaten und Diebstählen** muss man sich in Nordkorea zwar nicht explizit fürchten, etwas Vorsicht schadet aber nie. Die Wahrscheinlichkeit, dass man in Unannehmlichkeiten verwickelt wird, ist aber sehr gering. Auf derartige Delikte stehen in Nordkorea harte Strafen, und die Reiseleiter sowie die allgegenwärtige Geheimpolizei haben Augen und Ohren immer offen. Im Hotel kann man seine Wertsachen im Tresor an der Rezeption verwahren lassen. Im Restaurant, an der Bar, im Casino, im Billardraum oder in der Karaoke-Disco ist man ohnehin immer nur unter seinesgleichen.

Die einzige Gelegenheit, bei der Nordkoreaner übermütig werden könnten, ergibt sich an einem der zahlreichen **Feiertage** zu Ehren des ›Großen Führers‹. An solchen Tagen pilgern große Gruppen in die Parks der Städte, um zu feiern, zu tanzen, zu singen und sich vor allem schon am Vormittag zu betrinken. Ausgelassene, angeheiterte Menschen können dabei vorbeipilgernde Touristen mehr oder weniger aufdringlich zum Tanzen und Mittrinken auffordern. Wenn man das nicht wünscht, wird der Reiseleiter dazwischengehen.

Im Großen und Ganzen sollte man während eines Nordkorea-Besuches die Intelligenz beweisen, seine eigene politische Meinung zurückzuhalten und ein positives Klima zu den Reiseleitern herzustellen. Auch humorvoll gemeinte Bemerkungen über das System und den Führerkult könnten falsch interpretiert werden, allzu große Neugier wirkt verdächtig und könnte als journalistischer Trieb oder gar als Spionage-Interesse erscheinen, je nach Stimmung der nordkoreanischen Begleiter. Was man mit Sicherheit in Nordkorea nicht braucht, ist ein Verhör wegen Spionageverdacht.

Gibt es Probleme aufgrund von eigenem Fehlverhalten oder missverständlichen Denunziationen, ist **diplomatische Hilfe** ratsam (→ Adressen der Botschaften, S. 200).

Visabeschaffung

Bürger der Europäischen Union müssen bei der Einreise nach Nordkorea ein **Visum** vorweisen. Die Visumausstellung wird unterschiedlich gehandhabt: Entweder bekommt man eine Bescheinigung in den Pass eingeklebt, oder das Visum wird als Beiblatt (›Touristenkarte‹) eingelegt. Dies sollte man rechtzeitig klären, denn wenn das Visum einmal fix im Pass ist, könnten Probleme bei der Einreise in bestimmte andere Staaten, allen voran **Südkorea, USA und Israel**, entstehen. Allerdings wird das Visum komplett in koreanischer Sprache ausgestellt. Die Wahrscheinlichkeit, dass dies Grenzbeamte außer in Südkorea bei flüchtiger Betrachtung als ›Schurkenstaat-Visum‹ identifizieren, ist gering, wie der Verfasser aus eigener Anschauung bezeugen kann. Reist man aber mit einem nordkoreanischen Visum im Pass nach Südkorea, könnte es sein, dass es zu genauen ›Interviews‹ oder sogar einer Einreiseverweigerung mit nachfolgender Abschiebung kommt. Auch in den USA wird der Pass mit Sicherheit bei der sogenannten ›zweiten Befragung‹ bei der Einreisebehörde oder beim FBI – wenn sich irgendeine Ungereimheit anderer Art am Grenzkontrollschalter ergeben hat, was in letzter Zeit in Zuge der verstärkten ›Homeland Security‹-Überprüfungen leicht möglich ist – genau untersucht. Dann ist guter Rat teuer, ganz zu schweigen vom Rückflugticket im Abschiebungsfall.

Bei Buchung einer Tour, wie es also meistens der Fall ist, wird der Reiseveranstalter das Visum organisieren. Gruppenvisa wie zum Beispiel in China sind nicht üblich, jeder Nordkorea-Reiseteilnehmer bekommt sein eigenes. Die **Visumgebühr** beträgt ungefähr zwischen 40 und 70 Euro, je nach Botschaft.

Will man die Reise auf eigene Faust organisieren, so geht die Buchung der **Individualreise** beim KITC (→ S. 193) Hand in Hand mit dem Visumantrag. Am besten, man nimmt Kontakt mit der Agentur in Pyongyang auf (am ehesten per Fax), schlägt zum Beispiel auf Basis des vorliegenden Reiseführers eine Route vor und bittet gleichzeitig um den Visaantrag, welcher dann mit der approbierten Route zurückgeschickt wird. Mit beiden geht man dann zur Botschaft im Heimatland, um sich das Visum in den Pass geben zu lassen, oder man bemüht sich in Peking darum.

Ein Visumantrag kann unter www.visa-express.de aus dem Internet heruntergeladen werden. Zuletzt wurden auch wieder Visa für US-Bürger für Gruppenreisen erteilt, Journalisten und ›ähnliche Berufe‹ waren ausgenommen. Im folgenden die Adressen:

▸ **Nordkoreanische Botschaften im Ausland**

Botschaft in Deutschland
Glinkastr. 5–7
10117 Berlin
Tel. +49/30/2293189
Fax +49/30/2293191

Botschaft in Österreich
Beckmanngasse 10–12
A-1140 Wien
Tel. +43/1/8942311
Fax +43/1/8943174
d.v.r.korea.botschaft@chello.at

Botschaft in der Schweiz
Pourtalestr. 43
CH-3074 Muri
Tel. +41/31/9516621
Fax +41/31/9515704
dprk.embassy@bluewin.ch

Botschaft in Peking
Ritan Beilu, Jiangguomenwai
Chaoyang District, Beijing
Tel. +85/10/65321186
Fax +85/10/65326056

Konsulat in Hongkong
20/F Chinachem Century Tower
178 Gloucester Road
Wanchai, Hongkong
Tel. +852/2803/4447

Botschaft in Jakarta
Jalan Teluk Betung 1–2
Meteng, Jakarta Pusat 12050
Indonesia
Tel. +62/21/31908425,
+62/21/31908437
Fax +62/21/31908427,
+62/21/31908436

Botschaft in Singapur
7500A Beach Road, 09-320 The Plaza
Singapore 199591
Republic of Singapore
Tel. +65/64403498
Fax +65/63482026

▸ **Botschaften in weiteren Ländern** → Adressenverzeichnis im Anhang, S. 211.

Ständige Vertretung der DVRK bei den Vereinten Nationen
820 2nd Avenue, 13th Floor
New York, NY 10017,USA
Tel. +1/212/9723105/6,
+1/212/9723128
Fax +1/212/9723154
dprk@un.int
Stellt keine Visa aus, kann aber Kontakt aus den USA mit der nordkoreanischen Botschaft in Peking herstellen.

▸ **Botschaften von EU-Ländern in Nordkorea**

Botschaft von Schweden
Mansudong District, Pyongyang
Tel. +850/2/3817908
Fax +850/2/3817258
ambassaden.pyong-yang@foreign.ministry.se

Botschaft der Bundesrepublik Deutschland
Mansudong District, Pyongyang
Tel. +850/2/3817385
Fax +850/2/3817397
geremb@public.gb.com.cn

Botschaft von Großbritannien
Mansudong District, Pyongyang
Tel. +850/2/3817980
http://ukindprk.fco.gov.uk/en

Österreich und die **Schweiz** unterhalten keine diplomatischen Vertretungen in Nordkorea. Zuständig sind die jeweiligen Botschaften in **Peking**. Für Schweizer eventuell nützlich ist die Adresse dieses Kooperationsbüros in Nordkorea:

Swiss Development Cooperation
Daedonggang District, Munhundong,
Yubo Street No. 3
Pyongyang
Tel. +850/2/3817645 oder
+850/2/3817646 (project office)
Fax +850/2/3817643
pyongyang@sdc.net

Zuletzt haben auch Polen, Tschechien, Rumänien und Bulgarien eine Botschaft oder diplomatische Mission in Pyongyang eröffnet. Brasilien eröffnete 2009 eine Botschaft. Mit Italien, Australien, Neuseeland, Spanien und Kanada gibt es Gespräche, die Eröffnung diplomatischer Missionen von Japan, Südkorea und den USA gilt in nächster Zeit als nicht sehr wahrscheinlich. Ansonsten gibt es rund 30 Botschaften und eine wechselnde Zahl an Repräsentationsbüros ausländischer Staaten in Pyongyang, die meisten davon im ›Ausländerbezirk‹ **Mansudong**. Botschaften unterhalten u.a. China, Russland, Vietnam, Kuba, Brunei, Laos, Mongolei, Thailand, Kambodscha, Indien, Nigeria, Äthiopien, Algerien, Ägypten, Pakistan, Indonesien, Palästina, Rumänien und eine Reihe anderer Staaten des Ex-Ostblocks sowie Entwicklungsländer.

Die nordkoreanischen Botschaften fragen im Visumantrag recht genau nach den persönlichen Umständen, insbesondere **Beruf und Arbeitgeber**. Es versteht sich von selbst, dass man als Tätigkeit – falls zutreffend – nicht ›Journalist‹ oder ›Reporter‹ angeben sollte, also überhaupt alle Berufe, die mit Medien zu tun haben, unter den Tisch fallen lässt. **Journalisten** in offizieller Ausübung ihres Berufes müssen auf jeden Fall ein entsprechendes Sondervisum beantragen. Wer sich die Einreise durch falsche Angaben erschwindelt und als Journalist enttarnt wird, riskiert die Ausweisung und die Konfiszierung eventuell gesammelten Materials und der Fotokamera samt Filmen. Die nordkoreanischen Reiseleiter können ernsthafte interne Probleme mit ihren Vorgesetzten bekommen. Es hilft auch nichts, wenn man ›Journalist auf Urlaub‹ ist.

Ähnlich vorsichtig sollten auch urlaubende **Berufssoldaten** und **Beamte im Regierungsdienst** sein. Besser ist es, wenn man etwas Unverfängliches, wie zum Beispiel ›Lehrer‹, ›Sekretärin‹, ›Kraftfahrer‹ oder ›Vertreter‹ im Visumantrag angibt, sich unauffällig benimmt und nicht zuviele ›einschlägige‹ Fragen stellt. Allgemeine Berufsbezeichnungen wie ›Angestellte/r‹, ›Arbeiter/in‹ oder ›Beamte/r‹ reichen in der Regel nicht aus, das hängt aber von der jeweiligen visumausstellenden Behörde ab.

Bei **Gruppenreisen** ist das Visum für gewöhnlich kein Problem, bei Einzelreisenden wird schon genauer nachgefragt. Berichten von Solo-Travellern zufolge sind die Chancen für ein Nordkorea-Visum an der Botschaft in Peking oder in Hongkong am besten, aber bei weitem nicht sicher. Die Wartezeit divergiert von einigen Tagen bis zu mehreren Wochen oder gar Monaten, was damit zu tun hat, dass alle Visumanträge von den Botschaften nach Pyongyang gefaxt und dort erledigt werden. Auch wird dort die gewünschte Reiseroute begutachtet, die mitgeschickt werden muss. Je nach politischer Lage, Nationalität des Reisenden oder Tagesverfassung der Einreisebehörden ist die Bearbeitungszeit unterschiedlich lange und kann nicht mit Sicherheit vorhergesagt werden.

Wenn man bereits im Land ist und das **Visum** für einen Folgeaufenthalt **verlängern** möchte, ist dies durchaus möglich, allerdings muss mit der KITC (→ S. 193) ein Zusatz-Reiseprogramm ausgehandelt und vor allem gleich in barer Münze bezahlt werden. Die Agentur übernimmt dann auch die Visumsverlängerung. Überhaupt ist der Nordkoreabesuch, gleich ob als Gruppe oder als Einzelreisender, komplett im Voraus zu bezahlen.

Literaturempfehlungen

Ein kleiner Exkurs: Es ist erwähnenswert, dass sich christliche Glaubensgemeinschaften – abseits der Mun-Sekte – stets sehr stark an nordkoreanischen Flüchtlingen und deren publizistischer Wirkung interessiert zeigten. So wurde etwa Kang Chol-Hwan, Lagerflüchtling und Co-Autor des aufsehenerregenden Buches ›Aquariums of Pyongyang‹, nach seiner Flucht vom amerikanisch-südkoreanischen, in Los Angeles lebenden evangelischen Pfarrer Reverend Douglas Shin als Übersetzer unter die Fittiche genommen. Seitdem flicht Kang auf seinen Vorträgen durch die USA, wo er herumgereicht wird, immer öfter fundamentalchristliche Themen ein, obwohl davon im ursprünglichen Text und in seiner gesamten Biographie nie die Rede war. John Feffer vom liberalen Think Tank ›Foreign Policy in Focus‹ in Washington sieht die Ursachen dafür in einem Schulterschluss neokonservativer und evangelikaler Kräfte in den USA, die die Nordkoreafrage auch zum religiösen Konflikt zwischen Atheismus und politischem Christentum machen wollen.

Doch nicht nur in den USA, auch in Deutschland kommt das vor. Die aus Nordkorea geflüchtete Soon Ok Lee, deren Schilderungen über ihr Lagerleben ein sehr drastisches Bild von den dortigen Arbeitslagern zeichnen, ist nach ihrer Flucht offenbar komplett in die Fänge der streng evangelisch-konservativen, deutsch-schweizerischen Pilgermission St. Chrischona geraten. Deren christlich-fundamentaler Mitteilungsdrang verleiht dem in den Erzählungen durchwegs interessanten Buch – erschienen im Brunnen-Verlag in Gießen, der der Mission gehört – vor allem gegen Ende eine schwer zu ertragende christliche Heilsdramatik, die den Text überflüssigerweise entwertet.

Neue Bücher und Filme nach Erscheinungsdatum (Auswahl)

Harden, Blaine; Rennert, Udo, Flucht aus Lager 14. Die Geschichte des Shin Dong-hyuk, der im nordkoreanischen Gulag geboren wurde und entkam, Deutsche Verlags-Anstalt, Frankfurt 2012.

Harden, Blaine, Escape from Camp 14. One Man's Remarkable Odyssey from North Korea to Freedom in the West, Penguin Books, London 2012.

Demick, Barbara, Nothing to Envy – Ordinary Lives in North Korea, Spiegel & Grau, New York 2010.

Kirkpatrick, Melanie, Escape from North Korea: The Untold Story of Asia's Underground Railroad, Encounter Books, New York 2012.

Cha, Victor, The Impossible State: North Korea, Past and Future, HarperCollins, New York 2012.

Goodspeed, Peter, Inside the Hermit Kingdom: The grim present and uncertain future of North Korea, National Post Ebook 2012.

Nicolaus, Jörg, Nordkorea – Manie und Alltag, Averse Publishing, Berlin 2012.

Meuser, Philipp, Architekturführer Pjöngjang, DOM Publishers, Berlin 2011.

Haggard, Stephan, Famine in North Korea: Markets, Aid, and Reform. Columbia University Press, New York 2007.

Chancel, Philippe, Nordkorea. Fotografien aus einem abgeschotteten Land. Schwarzkopf & Schwarzkopf, Berlin 2006.

Delisle, Guy, Pyongyang: A Journey in North Korea (Comic), Jonathan Cape Ltd., London 2006.

Saccone, Richard, Living with the Enemy: Inside North Korea, Hollym Books, New Jersey 2006.

Petredis, Paul, G., Escape From North Korea, Trafford Publishing, Victoria 2006.

Koepke, Jim, My North Korea Vacation (Roman), PublishAmerica Frederick 2006.

Yun, Philip W.; Shin, Gi-Wook, North Korea: 2005 and Beyond, Asia-Pacific Research Network, Queson City 2006.

Wallace, Robert, Sustaining the Regime: North Korea's Quest for Financial Support, University Press of America, Lanham 2006.

Fleury, Pieter, North Korea, A Day in the Life, Dokumentarfilm (DVD), Facets Studio, Chicago 2006.

Simon, Lutz; Simon, Karin, Nordkorea – verschlossen und geheimnisvoll. Eine Reise ins Land von Kim Il Sung und Kim Yong Il, Simon Verlag, Bonn 2006.

Kracht, Christian; Munz, Eva; Nikol, Lukas, Die totale Erinnerung. Kim Jong Ils Nordkorea. Rogner & Bernhard, Berlin 2006

Scholl-Latour, Peter, Koloss auf tönernen Füßen. Amerikas Spagat zwischen Nordkorea und Irak. Ullstein, Berlin 2006.

60 Minutes – The Hermit Kingdom, Dokumentarfilm (DVD), CBS, New York City 2006.

Becker, Jasper, Rogue Regime. Kim Jong Il and the Looming Threat of North Korea, Oxford University Press, Oxford 2005.

Kang, Hyok, Ihr seid hier im Paradies. Meine Kindheit in Nordkorea, Goldmann, Frankfurt 2005.

Lee, Soon Ok, Lasst mich eure Stimme sein! Sechs Jahre in Nordkoreas Arbeitslagern. Brunnen-Verlag, Gießen 2005.

French, Paul, North Korea: The Paranoid Peninsula, A Modern History, Zed Books, London 2005.

Portal, Jane, Art Under Control in North Korea, Reaktion Books, London 2005.

Lintner, Bertil, Great Leader, Dear Leader: Demystifying North Korea Under The Kim Clan, Silkworm Books, Chiang Mai 2005.

Cucullu, Gordon, Separated at Birth: How North Korea Became the Evil Twin. The Lyons Press, Guilford 2005.

Haberle, Susan E., North Korea: A Question and Answer Book, Fact Finders, New York 2005.

Breen, Michael, Kim Jong Il. Nordkoreas ›Geliebter Führer‹, Europäische Verlagsanstalt, Hamburg 2004.

Fritz, Martin, Schauplatz Nordkorea. Einblicke in ein rätselhaftes Land. Herder, Freiburg 2004.

Choe, Hyondok, Wohin steuert Nordkorea? Soziale Verhältnisse – Entwicklungstendenzen – Perspektiven. Papyrossa Verlagsgesellschaft, Köln 2004.

Moeskes, Christoph, Nordkorea. Einblicke in ein rätselhaftes Land. Ch. Links Verlag, Berlin 2004.

Martin, Bradley K., Under the Loving Care of the Fatherly Leader: North Korea and the Kim Dynasty, Thomas Dunne Books, New York City 2004.

Harrold, Michael, Comrades and Strangers: Behind the Closed Doors of North Korea, John Wiley & Sons, New Jersey 2004.

Treston, Mark D., North Korean Memoirs, iUniverse Inc., Lincoln 2004.

Cumings, Bruce, North Korea: Another Country (Reprint), New Press Inc., New York 2004.

Tragert, Joseph, The Complete Idiot's Guide to Understanding North Korea, Alpha (Penguin) New York City 2004.

Hang, Xing; **Nanchu**, In North Korea: An American Travels Through an Imprisoned Nation, McFarland & Company, Jefferson 2003.

Cha, Victor D.; **Kang, David C.**, Nuclear North Korea: A Debate On Engagement Strategies, Columbia University Press, New York City 2003.

Rigoulot, Pierre, Nordkorea. Steinzeitkommunismus und Atomwaffen – Anatomie einer Krise. Kiepenheuer und Witsch 2003.

Tevres, Jens; **Vichare, Vimal**, Hände weg von Nordkorea! Ahriman Verlag Freiburg 2003.

Derichs, Claudia; **Heberer, Thomas** (Hrsg.), Einführung in die politischen Systeme Ostasiens. China, Japan, Nordkorea, Südkorea, Taiwan. Utb Verlag April 2003.

Cumings, Bruce, North Korea: The Hermit Kingdom. New Press 2003.

Parks, Peggy J., North Korea (Nations in Conflict). Blackbirch Marketing 2003.

Cha, Victor D.; Kang, David C., Nuclear North Korea: A Debate on Strategies of Engagement. Columbia University Press November 2003.

Mobley, Richard A., Flash Point North Korea: The Pueblo and EC-121 Crises. United States Naval Inst. 2003.

Vollertsen, Norbert, Inside North Korea. Encounter Books 2003.

Nanchu et al., In North Korea: An American Travels Through an Imprisoned Nation. McFarland und Company 2003.

Feffer, John, North Korea/South Korea: U.S. Politics und the Korean Peninsula. Seven Stories Press 2003.

Merrill, Yesook, et al., North Korea in the World Economy. Curzon Press 2003.

Pyon, Hui Gun, Korean Short Stories: A Collection from North Korea. Fredonia Books 2003.

Springer, Chris, Pyongyang, The Hidden History of the North Korean Capital. Entente Bt. 2003.

Park, Heung-Kook (Transl.), North Korea Handbook. M. E. Sharpe 2003.

Armstrong, Charles K., The North Korean Revolution, 1945–1950. Cornell University Press 2002.

Chol-Hwan, Kang, The Aquariums of Pyongyang: Ten Years in the North Korean Gulag. Basic Books, 2002.

Cornell, Erik, North Korea Under Communism. Routledge Curzon 2002.

Lankov, Andrei, From Stalin to Kim Il Sung: The Formation of North Korea, 1945–1960. Rutgers University Press 2002.

International Business Publications USA, North Korea Investment and Business Guide. 4th edition 2002.

Akahara, Tsuneo, The Future of North Korea. Routledge 2002.

Park, Han S., North Korea: The Politics of Unconventional Wisdom. Lynne Rienner Publishers 2002.

Natsios, Andrew S., The Great North Korean Famine. United States Institute of Peace 2002.

Bermudez Jr., Joseph S., The Armed Forces of North Korea. I B Tauris und Co Ltd 2001.

Oh, Kong Dan, et al., North Korea through the Looking Glass. The Brookings Institution 2000.

Lee, Hy-Sang, North Korea: A Strange Socialist Fortress. Praeger Trade 2000.

Noland, Marcus; C. Fred Bergsten, Avoiding the Apocalypse: The Future of the Two Koreas. Institute for International Economics 2000.

Mohr, Oliver, Hinter dem 38. Breitengrad. Mit ›Cap Anamur‹ in Nordkorea. Lamuv-Verlag 2000.

Chomsky, Noam, Rogue States, The Rule of Force in World Affairs. South End Press 2000.

Hunter, Helen-Louise, Kim Il-song's North Korea. Praeger Publishers 1999.

Downs, Chuck; Lilley, James R., Over the Line: North Korea's Negotiating Strategy. AEI Press July 1999.

Eberstadt, Nick et al, The End of North Korea. AEI Press 1999.

Suh, Dae-Sook; Chae-Jin Lee, North Korea After Kim Il Sung. Lynne Rienner Publishers 1998.

Frank, Rüdiger, Die DDR und Nordkorea – Der Wiederaufbau der Stadt Hamhung von 1954–1962. Shaker Verlag 1996.

Chun, Young-Soon; Chuche-Ideen und (Neo-) Konfuzianismus in Nordkorea. LIT Verlag, Hamburg 1996.

Park, Han S., North Korea: Ideology, Politics, Economy. Prentice Hall 1995.

Kirkbride, Wayne A., North Korea's Undeclared War; 1953–?, Weatherhill 1995.

Schaller, Peter, Nordkorea. Ein Land im Banne der Kims. Kuo-Tykve Verlag 1994.

Pan, Christoph, Nordkorea. Die ideologische und soziologische Basis. Braumüller, Wien 1992.

Maretzki, Hans, Kim-ismus in Nordkorea. Eine Analyse des letzten DDR-Botschafters in Pyongyang. Tykve Verlag, Böblingen 1991.

Dege, Eckart, Kleiner Reiseführer Nordkorea. Kiel 1991.

Zellers, Larry, In Enemy Hands: A Prisoner in North Korea. University Press of Kentucky 1991.

Bermudez Jr., Joseph S., Terrorism: The North Korean Connection. Crane Russak und C, 1990.

Suh, Dae-Sook, Kim Il Sung: The North Korean Leader. Columbia University Press 1989.

Ambrosius, Mario, et al., Korea. Geteiltes Land. Ed. Myron, Berlin 1988.

Wurlitzer, Bernd, In Korea. 1988.

Becker, Anne K., Korea (KDVR). Verlag Die Wirtschaft 1988.

Gerig, Uwe; Kuo, Xing-Hu, Roter Gott im ›Paradies‹. Reisenotizen und Bilder aus Nordkorea. 1987.

Rinser, Luise, Nordkoreanisches Reisetagebuch. Fischer, Frankfurt/Main 1986.

Kuo, Xing-hu, Nordkorea. Ein fernöstlicher Gulag. 1985.

Chon, Tuk Chu, Die Beziehungen zwischen der DDR und der Koreanischen Demokratischen Volksrepublik 1949–1978. Minerva Publikation 1982.

Cho, M. Y., Die Entwicklung der Beziehungen zwischen Peking und Pyongyang 1949–1967. Wiesbaden 1967.

Überblick über die Medienlandschaft Nordkoreas und nordkoreabezogene Informationsquellen

Zeitungen

Minju Choson Bulletins der Obersten Volksversammlung.

Gyotong/Gyonsol Sinmun Bulletins der Ministerien.

Rodong Sinmun Offizielles Organ der Koreanischen Arbeiterpartei.

Joson Inmigun Offizielles Organ der Koreanischen Volksarmee.

Rodong Sinmun Zeitung der Gewerkschaftsorganisation.

Tong-il Sinbo Zeitschrift zu Fragen der Wiedervereinigung.

Chongnyonjonwi Organ des Sozialistischen Jugendverbandes.

Pyongyang Sinmun Hauptstadtzeitung der Arbeiterpartei.

Do Ildo Provinzbeilagen der Rodong Sinmun.

Cheyuk Sinmun Sportzeitung.

Fremdsprachige/Ausländische Zeitschriften

The Pyongyang Times Offizielles Zeitungsorgan in englischer Sprache, zu lesen unter http://naenara.com.kp/en/periodic/times/index.php.

Korea Today Monatsjournal für Ausländer, im Internet als pdf unter http://naenara.com.kp/en/periodic/todaykorea/index.php (engl.).

The People's Korea/Choson Sinbo Halbmonatliche Zeitung der Auslands-Nordkoreaner in Japan, http://chosonsinbo.com (kor.).

North Korea News Informationsblatt über Nordkorea, erscheint in Seoul, www.nknews.org (engl.).

Tongil Pyongron ›Wiedervereinigungsjournal‹, Sitz in Japan, www.tongilpyongron.com (jap.).

Rodong Chongryon Nordkoreafreundliche Zeitung in Japan, www.chongryon.com (jap.).

Kymsugansan Nordkoreanische Zeitschrift in russischer Sprache, erscheint in Pyongyang.

Fernsehen und Radio

Staatliches Komitee für Radio und Fernsehen der DPRK

Zentrale Fernsehanstalt Koreas des Post- und Telekommunikationsministeriums

Kaesong TV An der Demarkationslinie.

Mansudae TV Kultursender.

Radio Pyongyang

Korean Central Television, KCTV bzw.

Juche TV Zentrales staatliches Fernsehen

Voice of Korea Internationales Programm von Radio Pyongyang, Kurzwelle, www.vok.rep.kp/CBC/german.php.

Nachrichtenagenturen

Korean Central News Agency Zentrale Koreanische Nachrichtenagentur, www.kcna.co.jp (engl.).

Nachrichtenagentur Minjok-Tongshin, www.minjok.com.

Internet

Infoportale, Nachrichten

http://naenara.com.kp

Naenara-Info-Portal über Nordkorea, gehostet vom Korea Computer Center KCC in Pyongyang (dt.).

www.chosun.com
North Korea Report (engl.).
www.tongilnews.com
Online-News-Magazin (kor.).
www.kcna.kp
Staatliche Nachrichtenagentur.
http://pyongyangsquare.com
Unabhängige Infoseite in Peking (engl.).
http://koreanstudies.com
Link auf ›DPRK‹, interessante Linksammlung (engl.).
http://eng.nis.go.kr/svc/major.do?method=content&cmid=11927
Überblick über die Rolle des südkoreanischen Geheimdienstes bez. Nordkorea.
www.northkoreatech.org
Private Seite mit Nordkorea-Foren und Linklisten (engl.).
www.silibank.com
E-Mail-Service für Nordkorea.

Organisationen im Ausland

www.korea-dpr.com
Website der Korean Friendship Association.
www.chongryon.com
Vereinigung der Exilkoreaner in Japan (jap.).
http://aindf.dyndns.org
http://ndfsk.dyndns.org/kuguk8/Title1.htm (engl.)
Seiten der das nordkoreanische Regime unterstützenden südkoreanischen ›Anti-Imperialist National Democratic Front‹, in Südkorea verboten.
http://eng.unikorea.go.kr
Wiedervereinigungsministerium in Südkorea.
www.onekorea.org
Wiedervereinigungsinitiative in den USA (kor.).
www.kfausa.org
Korean Friendship Organisation in den USA.
www.cnet-ta.ne.jp/juche/defaulte.htm
Internationales Institut zum Studium der Juche-Idee (engl.).

Wirtschaft

www.nkeconwatch.com
Wirtschaftsmeldungen zu Nordkorea, private Seite aus den USA.
www.tumenprogramme.org
Sonderwirtschaftszone Raijn-Sonbong/Tumen (engl.).
www.pyeonghwamotors.com
Pyeonghwa Motors, Homepage der Autofabrik ›Pyonghwa‹, Host in Seoul (engl.).
www.kbc-global.com
Korea Business Consultants (engl.).

Tourismus

www.koryogroup.com
Staatliches Reisebüro Koryo Tours (engl.).
www.hyundai-asan.com
Reisen mit Hyundai ins Kumgang-Gebirge (engl.).
www.juchetravelservices.com
Nordkoreareiseveranstalter mit Sitz in London.
www.pyongyang-metro.com
Inoffizielle Seite über die U-Bahn in Pyongyang (engl.).

Bücher, Briefmarken, Musik

www.korea-publ.com
www.dprk-book.com
www.rainbow-trading.co.jp
Bücher (engl., Rainbow Trading jap.).
www.korea-stamp.com
Briefmarken (teilw. engl.).
www.korea-dpr.com/music.html
Musik.
www.korea-dpr.com/e_library.html
Online-Bibliothek (engl.).

Adressen

Zusammengestellt in Kooperation mit Burkhard Herbote, www.herbote.com, Herausgeber World Travel und Tourism Online. Das nordkoreanische Telefonsystem wurde in den letzten Jahren sukzessive umgestellt. Die Telefonnummern, Web- und Email-Adressen spiegeln den Stand von Anfang 2013 wieder. Aktuelle Informationen und weiterführende Kontaktadressen unter: www.worldtourismdirectory.com.

Nordkorea

Academy of Science of DPRK
Sosong District, Pyongyang
D.P.R. of Korea
Tel. +850/2/3818544
Fax +850/2/3814410
pyevol@co.chesin.com

Agency for Tourism Promotion & Information
Songsadong, Mangyongdae District, PyongyangD.P.R. of Korea
Tel. +850/2/7213525,
+850/2/7213675
Fax +850/2/3817607

Central Bank of the Democratic People's Republic of Korea
Central District, Pyongyang
Tel. +850/2/3813946,
+850/2/3816882

Central Bureau of Statistics
Inhung-Dong, Moranbong District, Pyongyang, D.P.R. of Korea
Tel. +850/2/3814416
Fax +850/2/3814416, +850/2/3817680
extcbs.p@co.chesin.com

Central Scientific and Technological Information Institute
37 Sungri Street, Chung-guyok, Central District, Pyongyang
Tel. +850/2/3814158
Fax +850/2/3814537

Chosun Joint Operation Bank
Jung-guyok, Pyongyang
D.P.R. of Korea
Tel. +850/2/3814151, Fax
+850/2/3814497

Committee for Promotion of External Relations
Jungsong-dong, Central District, Pyongyang, D.P.R. of Korea
Tel. +850/2/3834200,
+850/2/3835848
Fax +850/2/3816163

Committee for the Promotion of International Trade of D.P.R.K. (KOMT)
P.O.Box 504, Jungsong-dong, Central District, Pyongyang
D.P.R. of Korea
Tel. +850/2/3818054,
+850/2/3818820, Tel. +850/2/18111,
ext. +850/2/8054
Fax +850/2/3814440,
+850/2/3814776
namnamkp@co.chesin.com, micom@co.chesin.com, kcp301@co.chesin.com.

Daedong Credit Bank
Pyongyang, D.P.R. of Korea
Tel. +850/2/18111 ext. 8643
dbd@silibank.com

DPRK Chamber of Commerce
c/o Ministry of Foreign Trade, Central District, Pyongyang
D.P.R. of Korea
micom@co.chesin.com

DPRK General Bureau for Cooperation with International Organizations (GBCIO)
Jungsong-dong, Central District, Pyongyang, D.P.R. of Korea
Tel. +850/2/18111 ext. +850/2/8306,
+850/2/3815926
Fax +850/2/3814461,
+850/2/3815827
gbcio@co.chesin.com

Foreign Trade Bank of the DPRK
Jungsongdong, Central District, Pyongyang
D.P.R. of Korea
Tel. +850/2/3812588,
+850/2/3813079, +850/2/3814531,
+850/2/3816508
Fax +850/2/3814467
ftb@co.chesin.com

Kim Il Sung Open University
Pyongyang, D.P.R. of Korea
www.ournation-school.com (kor.)

Korea Computer Centre (KCC)
Pyongyang, D.P.R. of Korea
Tel. +850/2/18111, ext. +850/2/8456
Fax +850/2/3814598
Host für http://www.naenara.com.kp/en, Nordkorea's offiziell Regierungswebsite.

Korea Daesong Bank
Pothonggang District, Pyongyang
D.P.R. of Korea
Tel. +850/2/4213002
Fax +850/2/3814576

Korea General Company for Economic Cooperation
Central District, Pyongyang
Tel. +850/2/3813645,
+850/2/3817124, +850/2/3813654
Fax +850/2/3814611

Korea International Exhibition Corporation
Jungsong-dong, Central District
Pyongyang, D.P.R. of Korea
Tel. +850/2/3818030, 3816054,
+850/2/3816057, Tel.
+850/2/38118111, ext. +850/2/8054,
+850/2/8030
Fax +850/2/3814722,
+850/2/3814410, +850/2/3814440
kiec@silibank.com

Korea International Trade Arbitration Committee
Jungsong-dong, Central District,
Pyongyang, D.P.R. of Korea
Tel. +850/2/3815926
Fax +850/2/3815827
kitac@co.chesin.com

Korea Joint Venture Bank/Habyong Bank
Central District, Pyongyang
Tel. +850/2/3813052,
+850/2/3819620
Fax +850/2/3814497

Korea Third International Travel Company
Ryugyong-dong, Potonggang District,
Pyongyang, D.P.R. of Korea
Tel. +850/2/18111, ext.
+850/2/3818859, Fax
+850/2/3814716, +850/2/3812100

Korea Trade Bank
Central District, Pyongyang
D.P.R. of Korea
Tel. +850/2/3812577,
+850/2/3813455, +850/2/3816508
Fax +850/2/3814467

Korea-Europe Technology & Economic Services
15 Sojae-chon, Konguk-dong,
Potonggang District, Pyongyang
D.P.R. of Korea

Korean International Youth Tourist Co.
Potonggang District, Pyongyang
D.P.R. of Korea
Tel. +850/2/4216624,
+850/2/4216644, +850/2/4217066,
+850/2/3817201
Fax +850/2/3817607

Kumgang Export-Import Bank
Central District, Pyongyang
D.P.R. of Korea
Tel. +850/2/3812029,
+850/2/3812797

Kumgangsan International Tourist Co.
Central District, Pyongyang
Tel. +850/2/3814284,
+850/2/3811562, +850/2/3815431
Fax +850/2/3812100,
+850/2/3814622

Ministry of Culture and Arts
Chollima Street, Central District,
Pyongyang, D.P.R. of Korea
Tel. +850/2/3814503,
+850/2/3814410
minofcul@co.chesin.com

Ministry of Finance
Saemaul 1-dong, Pyongchon District,
Pyongyang, D.P.R. of Korea
Tel. +850/2/18111, ext. +850/2/5868
Fax +850/2/3814410
defmof@co.chesin.com

Ministry of Foreign Affairs
Kim Il Sung Square
Central District, Pyongyang
D.P.R. of Korea
Tel. +850/2/3823152,

+850/2/3823154, +850/2/3823155, +850/2/3816137
Fax +850/2/3814636, +850/2/3814410, +850/2/3814416, +850/2/3812100

Ministry of Foreign Trade
Jung District, Pyongyang
D.P.R. of Korea
Tel. +850/2/3815584, +850/2/3813861, +850/2/3818451
Fax +850/2/3816163, +850/2/3814042
micom@co.chesin.com

Ministry of Posts and Telecommunications
Oesong-dong, Central District, Pyongyang, D.P.R. of Korea
Tel. +850/2/3813180, Fax +850/2/3814418
mptird@co.chesin.com

National Korean Railways Corporation
Pyongyang Station, Pyongyang
D.P.R. of Korea
Tel. +850/2/3812796, +850/2/3214466 (reservations)

Pyongyang International Information Centre of New Technology and Economy
Pyongyang, D.P.R. of Korea
Tel. +850/2/3843821
Fax +850/2/3813822
piitec@co.chesin.com
Biotechnology Centre, Environment Information Media Centre, Korea-Europe Technology and Economy Service, Patent & Tademark Agency, Energy Centre, IT Centre, Foreign Language Training Centre.

Pyongyang Koryo Hotel
Changgwang Street, Donghungdong
Central District, Pyongyang
D.P.R. of Korea
Tel. +850/2/3818106, +850/2/18111, ext. +850/2/7600
Fax +850/2/3814422

Pyongyang Taxi Services
Pyongyang, D.P.R. of Korea
Tel. +850/2/3813428, +850/2/4215615, +850/2/4212007

Ryohaengsa Korea International Travel Company (KITC)
Jungsong-dong, Central District, Pyongyang, D.P.R. of Korea
Tel. +850/2/18111 ext. +850/2/8901, +850/2/8574, +850/2/8283, +850/2/3818859, +850/2/3817201, +850/2/3817202, +850/2/3818901
Fax +850/2/3817607, +850/2/3814645
kitc_2@silibank.com
www.korea-dpr.com/travel.htm

The Committee for Cultural Relations with Foreign Countries
Yonggwang Street 2
Central District, Pyongyang
D.P.R. of Korea
D.P.R. of Korea, Tel. +850/2/3816048, Tel. +850/2/18333, ext. +850/2/8048
Fax +850/2/3814644
dmw@co.chesin.com.

The Korea Committee for the Promotion of External Economic Cooperation (KCPEEC)
Jung District, Pyongyang
D.P.R. of Korea
Tel. +850/2/3818111, +850/2/3816163, +850/2/3814630
Fax +850/2/3614630, +850/2/3814664, +850/2/3816163, +850/2/3814498

The National Tourism Administration of the D.P.R. of Korea
Jungsong-dong, Central District
Pyongyang, D.P.R. of Korea
Tel. +850/2/18111, ext. +850/2/8901, +850/2/8574, +850/2/3817201, +850/2/3818901 (international calls)
Fax +850/2/3817607, +850/2/3814630
nta@silibank.com, info@dprknta.com (Tokyo Branch)
http://www.korea-dpr.com/kfa_travel.html

World Trade Center Pyongyang
c/o Korea Committee for Promotion of External Economic Cooperation
Central District, Pyongyang
D.P.R. of Korea
Tel. +850/2/18111, ext. +850/2/8563
Fax +850/2/3814630

Yanggakdo International Hotel
Yanggak Island, Pyongyang
D.P.R. of Korea
Tel. +850/2/18111, ext. +850/2/2134
Fax +850/2/3812930

Deutschsprachiger Raum

Österreichische Gesellschaft zur Förderung der Beziehungen zur Koreanischen Demokratischen Volksrepublik
c/o Palais Palffy, Josefsplatz 6
A-1010 Wien

Freundschaftsgesellschaft BRD/KDVR
c/o Dr. Hans Haubenschild
Sadowastr. 22
10318 Berlin
Tel. +49/30/5099377
Fax +49/30/5030155
drhans.haubenschild@arcor.de.

Gesellschaft BRD-KDVR e.V.
c/o Thomas Reichardt
Zinnowitzer Weg 8
15834 Rangsdorf
Tel. +49/33708/22215
thomasreichardt@yahoo.de

KSG KOREA-Studiengesellschaft
Nordstr. 29
40822 Mettmann
Tel. +49/2104/971904
Fax +49/2104/971906
korea-studiengesellschaft-ksg@t-online.de

Schweizer Unterstützungskommittee zur Wiedervereinigung Koreas
c/o M. Lötscher
Mischelistr. 55
CH-4153 Reinach
Tel. +41/617111995

amnesty international – Nordkorea-Koordinationsgruppe
Nationales Sekretariat
Heerstr. 178
53108 Bonn
Tel. +49/228/983730
Fax +49/228/630036
www.amnesty.de

Asien

Korea Business Consultants
Room 10-05, Kun Tai Building,
10 Chao Wai Da Jie
Beijing 100020, China
Tel. +86/10/6599-5262,
+86/10/65995263
Fax +86/10/65995264
info@fbda.net, www.kbc-global.com

Panmunjon Travel Centre
Chung-Gu, Sogong-dong,
Lotte Hotel 2nd floor
Seoul City
Republic of Korea
Tel. +82/2/771/55935, Fax
+82/2/771/5596
jsa@korea.com
www.koreadmztour.com (engl.)

PIC International Supplies/Pyongyang Information Center
102F Pasir Panjang Road #07-05
Citilink Complex
Singapore 118530
Tel. +65/62759226, +65/62222411
Fax +65/62759227
picsupplies@pacific.net.sg
Anbieter von nordkoreanischer Software, darunter e-books, koreanische Schreibsoftware und Schriftsätze, Karaoke-Editing-Programme, interaktive CDs, andere Software zum Downloaden. Kontaktaufnahme über E-mail, da die Produkte nicht direkt auf der Homepage angeboten werden.

Silibank – Shenyang Public Information Industry Co., Ltd.
Shenyang, China
Tel. +86/24/23228877850
www.silibank.com
E-Mail-Service für Nordkorea.

Tumen River Area Development Programme/Rajin-Sonbong
UNDP, Tayuan Diplomatic Compound
3-1-51/52, No. 1 Xindong Lu,
Chaoyang District
Beijing 100600, China
Tel. +86/10/65326871,
+86/10/65325543
Fax +86/10/65326465

Chongryon/Vereinigung der Nordkoreaner in Japan
So-Rengokai Chuo-Hombu,

2-14-15 Fujimi, Chiyoda-Ku
Tokyo 102, Japan
Tel. +81/3/32627111
information@chongryon.com,
info@kcna.co.jp
www.chongryon.com, www.kcna.co.jp

Choson Sinbo/The People's Korea
Infodienst der Nordkoreaner in Japan
2-4 Tsukudo Hachiman-cho, Shinjukuku
Tokyo 162-0815, Japan
Tel. +81/3/32605881
Fax +81/3/32688583
http://chosonsinbo.com (kor.)

International Institut of the Juche idea
1-7-14-302, Ikebukuro
170-0014 Tokyo, Japan
Tel./Fax +81/3/39813192
iiji@po.cnet-ta.ne.jp
http://juche.v.wol.ne.jp

dprk.com
Shinart B/D, 3F,
705-17 Yeoksam-dong, Kangnam-ku
Seoul 135-080
Republic of Korea
Tel. +82/2/5561410
Fax +82/2/32888282
song@dprk.com
www.korea-dpr.com

Australien, Russland, USA

New Zealand-DPRK Society
Don Borrie
Chairman
Ryonhua 2, Central District, Pyongyang,
DPR Korea
https://sites.google.com/site/nzdprksociety
http://dprkorea.org.nz

Gesellschaft für russisch-koreanische Freundschaft
Arbat Novyj ulica. 14
103885 Moscow, Russia
Tel. +7/095/2901305

Botschaften Nordkoreas im Ausland

→ auch ›Visabeschaffung, S. 199.

Ägypten
6 El-Saleh Ayoub Street, Zamalek
Cairo, Egypt
Tel. +20/2/3408219, +20/2/3419532
Fax +20/2/3414615

Äthiopien
Bole Kifle Ketema, Kebele 01,
Nouse No 2001,
Ethiopia
Tel. +251/11/6615040, Fax
+251/11/6625417
dprkemb@ethionet.et

Australien
57 Culgoa Circuit, O'Malley
Canberra, ACT 2606, Australia
Tel. +61/2/62864770
Fax +61/2/662864795

Bangladesh
P.O. Box 2121,
House-6, Road-7, Baridhara
Dhaka-1212, Bangladesh
Tel. +880/2/601250, +880/2/606358.

Brasilien
SHIS QI 25 Conjunto 10, Casa 11
Brasilia, D.F., Brazil
Tel. +55/61/33671940
Fax +55/61/33673177

Bulgarien
Boulevard S. Aliende Mladost 1, #4
1000 Sofia, Bulgaria
Tel. +359/2/775348, +359/2/779596

Dänemark
Wird von der schwedischen Botschaft in Stockholm mitrepräsentiert.

Ghana
No.139 Nortei Ababio Loop,
Roman Ridge
P.O. Box 13874
Accra, Ghana
Tel. +233/21/777825

Indien
D-14 Maharani Bagh
New Delhi 110065, India
Tel. +91/11/268296445,
+91/11/26426549
Fax +91/11/26829656,
+91/11/26829645

Iran
Africa Expressway,
Vahid Dastjerdi Avenue No. 349
P.O. Box 1681

Teheran, Iran
Tel. +98/21/8783341
Fax +98/21/8757056

Italien
Via Ludovico di Savoia 23
00185 Rome, Italy
Tel. +39/6/77209094, Fax.
+39/6/7720 9111

Kambodscha
No. 64 Street 214
Phnom Penh, Cambodia
Tel. +855/23/211901/2
Fax +855/23/211903

Kuba
Calle 17 No. 752, Vedado
Havana, Cuba
Tel. +53/7/333304/5, +53/7/333367
Fax +53/7/333073

Laos
Ban Thaphalanxay, Beuang Sisattanak
Vientiane, Laos
Tel. +856/21/315261
Fax +856/21/315260

Libanon
P.O. Box 9636
Mousaitbeh, Lebanon
Tel. +961/1/311490, +961/1/868722.

Libyen
Shara Ben Ashur Ahmed Street
Tripoli, Libya
Tel. +218/21/607982,
+218/21/609529
Fax +218/21/607982

Malaysia
9 Jalan Madge, Off Jalan U Thant
55000 Kuala Lumpur, Malaysia
Tel. +60/3/4569913, +60/3/4511602
Fax +60/3/4569933

Mexiko
Eugenio Sue 332
Mexico City, Mexico D.F.
Tel./Fax +52/55/5545-1871

Mongolei
Huvisgalchdiin Street,
Chingeltei duureg P.O.Box 1015,
Ulan Bator 15160
Mongolia
Tel. +976/11326153, +976/11325663,
Fax. +976/11330529

Nepal
Jhamsikhel
Lalitpur, Nepal
Tel. +977/1/521084, +977/1/521855,
+977/1/527698, +977/1/527702

Pakistan
House No. 9, Street 18, F-8/2
Islamabad, Pakistan
Tel. +92/51/2252765,
+92/51/2252754
Fax +92/51/2252754
Konsulat: 26/1 und 26/2, 1st Gizri Street
Phase IV, D.H.A.
Karachi, Pakistan
Tel. +92/21/5888139,
+92/51/5431390

Peru
Los Nogales 227, San Isidro
Lima 27, Peru
Tel. +51/1/4411120
Fax +51/1/4409877
embcorea@hotmail.com

Polen
ul. Bobrowiecka 1a
00-728 Warsaw, Poland
Tel. +48/22/8405813,
+48/22/8405710, +48/22/8405852
Fax +48/22/8405709,
+48/22/8405710

Rumänien
Sos. Nordului 6
Bucharest, Romania
Tel. +40/21/6331926,
+40/21/6331928/8

Russland
Ul. Mosfilmovskaya 72
117192 Moscow, Russian Federation
Tel: +7/495/143-6308,
+7/495/1436319,
Fax. +7/495/1436312
Handelsabteilung
Trade Section
ul. Aleksei Tolstoy 14
Moscow
Tel. +7/095/2038018
Fax 2028397

Serbien und Montenegro
Dr. Milutina Ivkovica 9
11000 Belgrad, Serbia

Tel. +381/11/668739,
+381/11/667939
Fax +381/11/668739

Schweden
Norra Kungsvagen 39
18131 Lidinge, Sweden
Tel. +46/8/7673836
Fax +46/8/7673835
koryo@telia.com
Handelsabteilung
Poppelvagen 8 B
19141 Sollentuna, Sweden
Tel./Fax +46/8/356920

Südafrika
958 Waterpoort Street, Faerie Glen
Tswane, South Africa
Tel. +27/12/9918661, Fax
+27/12/9918662
dprkembassy@lantic.net

Syrien
Abbasiyeen, Faress Alkhouri St.
Damascus, Syria
Tel. +963/11/4450277,
+963/11/4417614

Taiwan
Visa Agency of D.P.R. of Korea
in Taiwan
Southeast Travel & Tour, No. 60,
Section 2, Chungshan North Road
Taipei, Taiwan, ROC
Tel. +886/2/25678111
Fax +886/2/25215733
www.settour.com.tw

Thailand
14 Mooban Suanlaemtong 2, (Soi 28),
Pattanakan Road, Prakhanong
Bangkok 10250, Thailand
Tel. +66/231914423, +66/231926867,
+66/22458369
Fax +66/23186333, +66/22459952
Handelsabteilung
150/152 Soi 4, Ramkhamhaeng Road,
Hua Mark
Bangkok 10240, Thailand
Tel. +66/23145204, +66/23142475

Tschechische Republik
Na Zitorce 6
16000 Prague 6, Czech Republic
Tel. +420/224320783
Fax +420/224318817

United Kingdom
73 Gunnesbury Avenue
London W5 4LP, United Kingdom
Tel. +44/20/89924965, Fax
+44/20/89922053

Usbekistan
41-6 Niyazova Street
700000 Tashkent, Uzbekistan
Tel. +998/71/2493464,
+998/71/2493460

Vietnam
25 Cao Ba Quat Street
Hanoi, Vietnam
Tel. +84/4/8453008
Fax +84/4/8231221

Ständige Vertretungen

Ständige Vertretung bei der International Maritime Organization
14 Allandale Avenue
London N3 3PJ, United Kingdom
Tel./Fax +44/20/83469733

Ständige Vertretung bei den Vereinten Nationen in Europa
1, Chemin de Plonjon
1207 Geneva, Switzerland
Tel. +41/22/7354370
Fax +41/22/7860662
mission.korea-dpr@ties.itu.int

Ständige Vertretung bei der UNESCO
47, Rue Chaveau
92200 Neuilly-sur-Seine, France
Tel. +33/1/47475385
Fax +33/1/47471961, +33/1/47476141
ks2@wanadoo.fr

Ausländische Botschaften in Nordkorea

(→ auch Visabeschaffung, Seite 199)

Algerien
Mansudong, Daedongang District
Pyongyang, D.P.R. of Korea
Tel. +850/2/3817360
Fax +850/2/3817627

Äthiopien
Mansudong, Daedongang District
P.O. Box 55
Pyongyang, D.P.R. of Korea

Tel. +850/2/3817750
Fax +850/2/3817618

Brasilien
3 Mansudong Nr 41
Pyongyang, D.P.R. of Korea
Tel. +850/2/3817955
Fax +85072/3817699

Bulgarien
Mansudong, Daedongang District
P.O. Box 15
Pyongyang, D.P.R. of Korea
Tel. +850/2/3813116

China
Kin Mai Dong, Moran Bong District
Pyongyang, D.P.R. of Korea
Tel. +850/2/3813133, +850/2/3813116
Fax +850/2/3813425

Großbritannien
Mansudong Diplomatic Compound
Pyongyang, D.P.R. of Korea
Tel. +850/2/3817980 (aus dem Ausland)
Tel. 02/387980 (in Nordkorea)
https://www.gov.uk/government/world/north-korea

Indien
6, Mansudong, Daedongang District
Pyongyang, D.P.R. of Korea
Tel. +850/2/3817277, +850/2/3817274
Fax +850/2/3817619

Iran
Munhung-dong,
Munsu Street,
Daedongang District
Pyongyang, D.P.R. of Korea
Tel. +850/2/3817492, +850/2/3817493, +850/2/3817386
Fax +850/2/3817612
Irembpy@iranchina.org

Indonesien
5 Foreigners Building,
Mansudong, Daedongang District
P.O. Box 178
Pyongyang, D.P.R. of Korea
Tel. +850/2/3817387
Fax +850/2/3817620

Serbien
Mansudong, Daedongang District
Pyongyang, D.P.R. of Korea
Tel. +850/2/3817339, +850/2/3817624

Kambodscha
Mansudong, Daedongang District
Pyongyang, D.P.R. of Korea
Tel. +850/2/3817283
Fax +850/2/3817625

Kuba
Mansudong, Daedongang District,
P.O. Box 5
Pyongyang, D.P.R. of Korea
Tel. +850/2/3817368,
+850/2/3817370,
+850/2/3817591
Fax +850/2/3817702

Laos
Munhung Dong, Daedongang District
Pyongyang, D.P.R. of Korea
Tel. +850/2/3817363
Fax +850/2/3817722

Malaysia
Munhung-dong Diplomatic District
Pyongyang, D.P.R. of Korea
Tel. +850/2/3817125
Fax +850/2/3817845

Mongolei
Mansudong, Daedongang District
Pyongyang, D.P.R. of Korea
Tel. +850/2/3817322
Fax +850/2/3817323

Nigeria
P.O. Box 535
Pyongyang, D.P.R. of Korea
Tel. +850/2/3817286, +850/2/3817558

Pakistan
Building No. 23, Block 66, Mansudong, Daedongang District
Pyongyang, D.P.R. of Korea
Tel. +850/2/3817479
Fax +850/2/3817622

Polen
Mansudong, Daedongang District
Pyongyang, D.P.R. of Korea
Tel. +850/2/3817327

Rumänien
Munhengdong
Pyongyang, D.P.R. of Korea
Tel. +850/2/3817336

Russland
Russisches Generalkonsulat in Chongjin
Chongjin, North Hamgyong

D.P.R. of Korea
Tel. +850/73/230203
Fax +850/2/230803

Syrien
Mansudong, Daedongang District
Pyongyang, D.P.R. of Korea
Tel. +850/2/38149323

Tschechische Republik
Mansudong, Taedonggang, Bldg. No. 3, Apartm. 39
Pyongyang
D.P.R. of Korea
Tel. +850/2/3817021
Fax +850/2/3817022
Pyongyang@embassy.mzv.cz

Ungarn
Haebangsandong, P.O. Box 22
Pyongyang
Tel. +850/2/3813114
Fax +850/2/3813421

Vietnam
7 Munsu Street, Pyongyang
Tel. +850/2/3817353
Fax +850/2/381763
Konsulat: Tel. +850/2/3817111

Weitere diplomatische Vertretungen in Nordkorea: Libyen, Palästina, Yemen, Ruanda, Benin, Gabun, Jordanien, Mali, Nicaragua, Brunei.

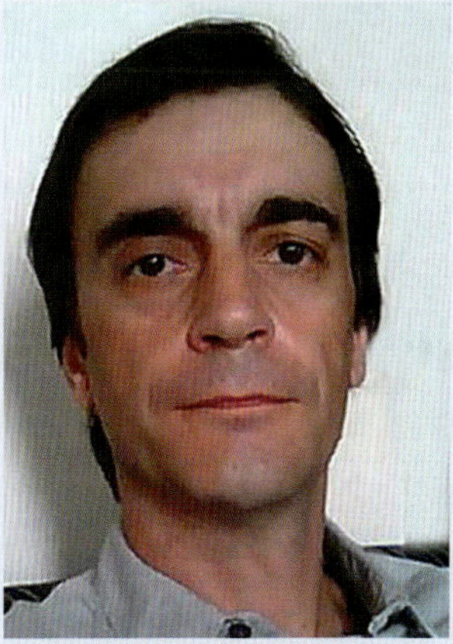

Über den Autor

Arno Maierbrugger, Dr. phil., Mag. phil, geboren 1967 in Villach/Österreich, lebt als Journalist in Südostasien. Er arbeitete für Tages- und Wochenmedien in Österreich und Deutschland, als stellvertretender Wirtschafts-Ressortchef bei ›Gulf News‹ in Dubai, der größten Tageszeitung der Golfregion, schreibt für Medien wie ›Gulf Times‹ in Qatar, ›The Edge‹ in Malaysia, ›Brunei Times‹ und ›The Nation‹ in Thailand und ist zur Zeit für eine auf Asienthemen fokussierte Medienorganisation mit Büros in Hongkong, Bangkok, Manila und Kuala Lumpur tätig.

Register

Bildnachweis

calflier001/Wikimedia: S. 164
Mark Fahey (Sydney/Australia)/Wikimedia: S. 150
Joseph Ferris III /Wikimedia: S. 158
Volkmar E. Janicke: S. 8, 24/25, 89, 108, 110/111, 125, 138
Edward N. Johnson, U.S. Army, Installation Management Command, Korea Region, Public Affairs Office U.S. Army official Korean Demilitarized Zone image archive: S. 57 (Genehmigung: PD-USGov-Military-Army)
Mark Scott Johnson, Sydney/Australia (Wikimedia): S. 35, 169, S. 171
S. 173
Arno Maierbrugger: S. 11, 17, 39, 49, 51, 53, 55, 59, 73, 82, 83, 92, 99, 104, 106, 130, 145, 146, 149, 167, 172, 173, 174, 175, 176, 177, 178, 180
Karsten Prachold: Titelbild, Klappenbilder, S. 12, 13, 18, 20, 21, 22, 23, 26, 27, 33, 34, 36, 40, 45, 46, 47, 48, 60, 62, 63, 64, 67, 68, 75o., 77, 80, 81, 87, 88, 94, 98, 102, 103, 105, 107, 112, 113, 114, 116, 117, 118, 119, 120, 122, 123, 124, 127, 128, 134/135, 136, 140, 141, 142, 143, 144, 183, 186, 187, 190, 192, 197, 198
Ryuugakusei/Wikimedia: S. 85
David Stanley, Nanaimo/Canada: S. 14, 160
stngiam/Wikimedia: S. 152/153, 156
Trescher-Archiv: S. 43, 52, 65, 74, 75u., 78, 95, 96, 131, 189
www.kremlin.ru, Presidential Press and Information Office: S. 56
yeowatzup/Wikimedia: S. 29

Titelbild: Monument der Wiedervereinigung in Pyongyang
Klappe vorne: Brunnen vor dem Großen Studienhaus des Volkes in Pyongyang
Klappe hinten: In Mangyongdae